高职高专房地产类专业规划教材

房地产市场营销

（第2版）

主　编　胡　钰
副主编　张文洲　高　博
　　　　洪　媛　张海波

武汉理工大学出版社
·武　汉·

内 容 提 要

本书是高职高专房地产类专业规划教材，主要介绍了房地产市场营销的基础知识，房地产市场营销环境分析，房地产市场调研的方法与程序，房地产消费者购买行为分析，房地产市场细分与目标市场定位，房地产产品、定价、营销渠道与促销策略，房地产营销策划，房地产营销绩效评估以及企业如何对营销风险进行控制等。

本教材可作为高等职业技术学院、普通高等专科学校、本科院校的二级学院、成人高校房地产类专业的教学用书，也可作为继续教育、自学考试、专业技能考试和国家相关证书考试的教学培训和参考用书。

图书在版编目(CIP)数据

房地产市场营销/胡钰主编. —2 版. —武汉：武汉理工大学出版社，2016.12
(2019.1 重印)
(高职高专房地产类专业规划教材)
ISBN 978-7-5629-5112-4

Ⅰ.①房… Ⅱ.①胡… Ⅲ.①房地产市场-市场营销学 Ⅳ.①F293.352

中国版本图书馆 CIP 数据核字(2016)第 258562 号

项目负责人：崔庆喜　　**责任编辑**：丁　冲
责任校对：徐　环　　**封面设计**：芳华时代
出版发行：武汉理工大学出版社
社　　址：武汉市洪山区珞狮路 122 号
邮　　编：430070
网　　址：http://www.wutp.com.cn
经　　销：各地新华书店
印　　刷：荆州市精彩印刷有限公司
开　　本：787×1092　1/16
印　　张：17.25
字　　数：358 千字
版　　次：2016 年 12 月第 2 版
印　　次：2019 年 1 月第 2 次印刷
印　　数：2001—3000 册
定　　价：35.00 元
凡使用本教材的教师，可通过 E-mail 索取教学参考资料。
E-mail：wutpcqx@163.com
凡购本书，如有缺页、倒页、脱页等印装质量问题，请向出版社发行部调换。
本社购书热线电话：027-87384729　87664138　87165708(传真)

出版说明

在我国，房地产业已经成为国民经济的支柱性产业，而与之密切相关的物业管理行业，作为极具增长潜力的新兴服务产业，被称作“房地产的第二次开发”，更是迎来了加速发展的契机。房地产和物业管理行业的发展离不开优秀专业人才的支撑，这些人才既需要具备现代物业管理、房地产经营与管理领域的专业知识、理念和素质，熟悉相关行业的管理方法和手段，又要具备较强的实践操作能力和创新能力。

为了响应教育部关于“推出一批特色鲜明的高质量的高职高专教育教材，形成一纲多本、优化配套的高职高专教育教材体系”的号召，满足我国高速发展的房地产、物业管理等行业对优秀高职人才的迫切需求，我社在广泛、细致、深入调研的基础上，经申报立项，组织编写了这套系列教材。本系列教材将分期分批出版。

本系列教材的编写具有以下特色：

◆**定位准确，服务高职高专教育。**本系列教材的编写紧紧围绕“为高等职业教育服务”这一宗旨，精选高职高专学生终生发展所需的基础知识和基本技能，遵循“适度、够用”的原则，突出“能力本位”和“就业导向”等高职教育特色，以实现社会需要、学科特点和学生发展三者的有机统一。

◆**内容全面，知识性与实用性兼顾。**本系列教材以高职高专房地产类专业基本课程建设为依据，内容覆盖面广，知识点多，为学生提供更丰富、多层次、跨学科的全面的专业知识。同时，本系列教材在适当介绍理论知识的基础上，突出强调实践环节的设计，在选材和案例分析上紧扣物业和房地产业务实践，以满足用人单位对人才的知识和技能要求。

◆**可读性强，体例风格新颖。**针对高职高专的教学特点，本系列教材几乎每本均设置了“学习目标”、“本章小结”、“关键概念”、“复习思考题”、“实践与训练”、“案例分析”等栏目，讲练结合，体例新颖，可读性强，以期通过寓教于乐的方式加深学生对相关知识的理解与掌握。

参与本系列教材编写的教师均来自教学一线，有丰富的教学经验和科研成果，从而保证了教材的编写质量，使其具有一定的指导性和权威性。

为方便教师组织教学，本系列教材配有电子教案等教学参考资料。

本系列教材主要适用于高等职业技术学院、普通高等专科学校、本科院校的二级学院和成人高校的物业管理、物业设施管理、房地产经营与估价、工程管理、工程造价以及其他相关专业的教学用书，也可作为继续教育、自学考试、专业技能考试和国家相关证书考试的教学培训和参考用书。

武汉理工大学出版社

2009年12月

前　言

随着房地产经济的升温和降温，关于房地产营销的各种论点铺天盖地，有些渗透到我们的生活里面，有些渗透到企业经营中。随着这些观点的渗透，很多房地产营销理论也从概念认识转到实践应用，并在实践中不断深化。

房地产营销是一门实践性很强的课程，编者在研究国内外优秀教材及教学方法的基础上，结合教育部对高职高专人才培养目标的要求，旨在编写一本理论教学与实践教学相结合的、重视学生房地产营销技能培养的、具有高等教育特色的房地产营销教材。

本书的突出特点表现在两个方面：一是在内容上，基本反映了房地产营销的理念与基本原理，注重实用性，将理论知识与实践训练相结合，简单易学；二是在结构上，本书各章节均由不同模块组成。具体模块分别是：学习目标——教学需要达到的目标；引例——引出本章的主要学习内容；正文——主要的学习内容；课堂讨论——用来研究房地产营销中存在的问题和成因，加深对所学知识的认识和掌握，增加学习的趣味性；资料链接——提供相关背景资料，帮助学生开阔视野，加强对问题的深层次认识和理解；本章小结——使学生对本章所学内容形成清晰的框架，便于复习和提高；关键概念——让学生清晰地理解本章要掌握的重点概念；思考与练习——通过习题检验学生了解知识及掌握技能的程度，培养学生的分析能力和思辨表达能力；实践与训练——让学生利用所学内容联系实际，提高学生理论应用于实际的能力，锻炼学生实践能力；案例分析——通过综合案例的学习，进一步强化学生的思维能力和解决实际问题的能力。

本书由郑州工程技术学院（原中州大学）经济贸易学院的胡钰担任主编，张文洲、高博、洪媛和张海波任副主编。全书共 11 章，其中，第 1、2、10 章由胡钰编写，第 3、4 章由张文洲编写，第 5、6 章由张海波编写，第 7、11 章由高博编写，第 8、9 章由洪媛编写。全书由胡钰总纂定稿。

2016 年 7 月胡钰老师重新对全书进行修订，更新了最新的房地产营销案例，比如互联网对房地产市场营销的冲击，微信营销等等，使之更适合课堂教学，更方便教师课堂讲解和学生讨论，激发学生学习的兴趣。

本教材在编写过程中参考了大量文献资料，借鉴和吸收了国内外众多学者的研究成果，在此对相关作者表示感谢！由于编者水平有限，难免存在错漏、不妥之处，敬请广大读者批评指正，并对本书提出宝贵的修改意见。

编　者

2016 年 7 月

目　录

第一章 导　　论

学习目标

1. 了解市场营销观念的演变；
2. 理解房地产市场的含义和特征；
3. 掌握房地产市场营销的内涵；
4. 了解房地产市场营销的研究内容和方法。

引　例

房地产市场营销观念的演变

第一阶段：无房地产市场营销

计划经济时代，我们只有简单的“房地产”概念，很长一段时间，我国的住宅建设一直是学习苏联模式，而且住宅的建设标准由政府统一制定，谁也不能超标准，甚至是出几套标准图，大家全按标准图进行建设，千楼一面。

20 世纪 80 年代以前，还没有房地产市场概念，那时“盖房子”、“盖家属院”，连人们的基本居住需求都难以满足，“规划设计有规划院，建筑设计有设计院”，房地产没有市场营销。

第二阶段：房地产市场营销萌芽阶段

20 世纪 80 年代末，消费者对住房的需求迅速增长，需求也逐渐有了层次，过去按标准图建设住宅的观念被初步的规划设计取代，同时国外营销理论进入，导致房地产开发开始以设计为中心。当时，由于经济发展与生活水平有限，价格低廉的住房受到消费者欢迎，加之消费者对房地产产品的需求远大于供应，因而消费者最关心的是能否得到住房，而不是关心住房的细小特征。开发商致力于获得高生产效率和广泛的分销覆盖面，同时认为消费者喜爱那些可以随处得到的、价格低廉的住房，房地产营销开始萌芽。

第三阶段：房地产市场推销阶段

房地产刚刚走向市场化，大部分开发商开发项目的意识依然停留在计划经济时代，往往是跟着感觉走，开发商的营销处于楼盘观念阶段，认为消费者最喜欢高质量、多功能和具有某些特色的楼盘，于是致力于生产优质产品，并不断地改进产品，使之日臻完善；也有许多开发商没有意识到市场可能并不那么迎合时尚，甚至正在朝不同的方向发展；也有开发商认为自己知道该怎样设计和改进产品，他们甚至不考察竞争者的楼盘。他们认为：“在我们的楼盘没有盖起来以前，消费者怎么会知道他们需要什么样的住房？”结果楼盘空置率猛增，于是在 1993 年前后，房地产营销开始发展。

房地产市场的泡沫与楼盘空置的现实，使开发商认为消费者缺乏理性，有一种购买惰性或者抗衡心理，必须主动推销和积极促销，用好话劝说他们。开发商没有意识到楼盘空置的真正原因，继续销售其能够建造的楼盘，而不是建造能够出售的适用楼盘。开发商的市场竞争观念，使营销成为企业的主要功能被置于开发商一切工作的核心。

第四阶段：准营销观念阶段

随着社会进步与生活水平的提高，消费者对居住条件的需求层次日益明显，房地产市场供应量的增加导致需求相对减弱及消费者理性购买，开发商已根本不可能满足全社会不同阶层的居住要求。因此，开发商极尽所能地向市场罗列无尽的卖点，一时间环保住宅、绿色住宅、智能住宅、生态社区、人文社区、山水社区……排山倒海，房地产市场营销步入准营销阶段。

第五阶段：房地产市场营销阶段

围绕用户展开的营销，并没有使供需缓和、楼盘空置减少，开发商逐渐认识到实现销售的关键在于正确确定目标市场的需要和欲望，并且比竞争对手更有效、更有利地传送目标市场所期望满足的东西，即发现欲望并满足它们。开发商不再只关注于产品的本身，转而关注市场需求，开始运用房地产领域内外各种技术手段，强调以动态的观念，主动地迎接市场的挑战，更加清楚地认识到企业与市场之间互动的关系和影响，不再简单地认为企业一定要依赖并受限于市场自身的发展，房地产开始进入全面营销阶段。

【思考题】

1. 请分析是什么原因促使房地产市场营销的观念发生转变。
2. 请说明房地产市场营销观念的转变和各阶段的特点。

第一节　市场营销观念及其演变

一、市场与市场营销观念

市场是商品经济的产物，自从人类有商品生产和交换以来，就有与之相应的市场。在经济学中，市场的含义可以从广义和狭义两个角度去理解。广义的市场是指一切交换关系的总和；狭义的市场是指买主和卖主聚集在一起进行商品交换的场所，也就是某种特定商品进行交易的卖主和买主的集合，由于所交换的产品不同，从而产生了诸多的市场，如房地产市场、钢材市场、水果市场等。在市场营销学中，买方构成市场，卖方构成行业。市场是指那些具有特定欲望或者需要，愿意并能够通过交换来满足这种需要或欲望的全部潜在顾客的集合。

市场营销观念是企业经营管理者组织与管理企业具体活动过程的指导思想，它在一定历史条件下产生并成为这一时期全行业的经营活动的行为准则。

二、市场营销观念的演变

（一）生产观念

生产观念产生于20世纪20年代前。当时，资本主义社会生产力相对落后，市场趋势是需求大于供给的卖方市场，产品的价值实现不成问题。因而，企业的经营哲学不是从消费者需求出发，而是从企业生产出发。因此，企业的主要任务是扩大生产经营规模，增加供给并努力降低成本和售价，其主要表现是“我生产什么，就卖什么”。例如，美国汽车大王亨利·福特曾傲慢地宣称：“不管顾客需要什么颜色的汽车，我只有一种黑色的。”显然，生产观念是一种重生产、轻市场营销的商业哲学。所以，亨利·福特在20世纪初期曾倾全力于汽车的大规模生产，努力降低成本，使消费者购买得起，借以提高福特汽车的市场占有率和获取利润。在近现代工业发展史上，不少企业在这种经营观念指导下获得过成功。但是，在客观环境和市场状态发生变化以后，固守这种观念，会使企业走向衰亡。

（二）产品观念

产品观念也是一种较早的企业经营观念，是指企业不是通过市场分析开发相应的产品和品种，而是把提高质量、降低成本作为一切活动的中心，以此扩大销售、取得利润。这种观念认为，消费者最喜欢高质量、多功能和具有某种特色的产品，企业应致力于生产高值产品，并不断加以改进。它产生于市场产品供不应求的卖方市场形势下。此时，企业最容易患“市场营销近视症”，即不适当地把注意力放在产品上，而不是放在市场需要上，在市场营销管理中缺乏远见，只看到自己的产品质量好，看不到市场需求在变化，致使企业经营陷入困境。

（三）推销观念

这一经营哲学流行于20世纪20年代末至20世纪50年代前。当时，社会生产力有了巨大发展，产品的数量和品种急剧增加，市场上开始出现产品积压现象，市场趋势由卖方市场向买方市场过渡，尤其是在1929～1933年的特大经济危机期间，大量产品销售不出去，因而迫使企业重视采用广告术与推销术去推销产品，推销观念应运而生。它认为，消费者通常表现出一种购买惰性或抗衡心理，如果听其自然的话，消费者一般不会足量购买某一企业的产品，因此，企业必须积极推销和大力促销，以刺激消费者大量购买本企业产品。推销观念在现代市场经济条件下被大量用于推销那些非渴求物品，即购买者一般不会想到要去购买的产品或服务。许多企业在产品过剩时，也常常奉行推销观念，其主要表现为“我卖什么，顾客就买什么”。这种观念虽然比前两种观念前进了一步，开始重视广告术及推销术，但其实质仍然是以生产为中心的。

（四）营销观念

20世纪50年代中期，社会生产力迅速发展，市场趋势表现为供过于求的买方市场，同时广大居民个人收入迅速提高，有可能对产品进行选择，企业之间的竞争加剧，许多企业开始认识到，必须转变经营观念，才能求得生存和发展。市场营销观念是作为对上述诸观念的挑战而出现的一种新型的企业经营哲学。这种观念是以满足顾客需求为出发点的，即“顾客需要什么，就生产什么”。市场营销观念认为，实现企业各项目标的关键，在于正确确定目标市场的需要和欲望，并且比竞争者更有效地传送目标市场所期望的产品或服务，比竞争者更有效地满足目标市场的需要和欲望。

市场营销观念的出现，使企业经营观念发生了根本性变化，也使市场营销学发生了一次革命。从本质上说，市场营销观念是一种以顾客需要和欲望为导向的哲学，是消费者主权论在企业市场营销管理中的体现。表 1-1 所示为推销观念与市场营销观念的比较。

表 1-1　推销观念与市场营销观念比较

营销观念	关注重点	出发点	支柱
推销观念	注重卖方需要	以卖方需要为出发点，考虑如何把产品变成现金	工厂，产品导向，推销，赢利
市场营销观念	注重买方需要	如何通过制造、传送产品以及与最终消费产品有关的所有事物，来满足顾客的需要	市场中心，顾客导向，协调的市场营销，利润

（五）社会市场营销观念

20 世纪 70 年代，由于市场营销的发展，一方面给社会及广大消费者带来了巨大的利益，另一方面造成了环境污染，破坏了社会生态平衡，出现了假冒伪劣产品及欺骗性广告等，从而引起了广大消费者的不满，并掀起了保护消费者权益运动及保护生态平衡运动，迫使企业营销活动必须考虑消费者及社会的长远利益。社会市场营销观念认为，企业的任务是确定目标市场需求、欲求和利益，并且在保持和增进消费者和社会福利的情况下，比竞争者更有效率地使目标顾客满意。这不仅要求企业满足目标顾客的需求与欲望，而且要考虑消费者及社会的长远利益，即将企业利益、消费者利益与社会利益有机地结合起来。

上述五种营销观念的产生和存在都有其历史背景和必然性，都是与一定的条件相联系、相适应的。企业为了求得生存和发展，必须树立具有现代意识的市场营销观念和社会市场营销观念。但是，必须指出的是，由于诸多因素的制约，当今企业并不是都树立了市场营销观念和社会市场营销观念。事实上，还有许多企业仍然以产品观念及推销观念为导向，企业经营观念仍处于以推销观念为主、多种观念并存的阶段。

第二节　房地产市场

一、房地产的概念

1. 房产

房产是指在一定所有制关系下作为财产的房屋。房产首先反映的是一种财产关系。这种财产关系根据归属不同，经法律确认后会形成不同的房屋所有权形式，如全民所有制房产、集体所有制房产、私有房产等。房屋所有权是指其权利人依法对其财产享有占有、使用、收益和处分的权利。房产按其用途可分为住宅和非住宅两大类。住宅是指供个人或家庭生活居住的房屋，包括普通住宅、公寓、别墅等。非住宅是指住宅以外的房屋，包括工业用房、商业用房、行政办公用房和其他专业用房。

2. 地产

要了解地产的概念，首先要理解土地的概念和含义。土地有广义和狭义之分。广义的土地是指由地貌、植被、土壤、岩石、水文、水域、地下地质矿藏和地上空间等所组成的体系；狭义的土地是指除水域之外的陆地。本书中所指的土地主要是指城市规划区内的国有土地。

按用途不同，城市国有土地可分为住宅用地、工业用地、商业用地、公用事业用地、交通运输用地、文教卫生用地和其他用地。地产与土地不同。地产是指在一定所有制关系下作为财产的土地。同房产一样，不同的所有制关系下会形成不同类型的土地所有权形式，如全民所有土地和集体所有土地。土地所有权是指土地所有人依法对其所有的土地享有占有、使用、收益和处分的权利。

3. 房地产

房地产是房产和地产的总称，即在一定所有制关系下作为财产的房屋和土地。首先，从自然形态方面说，它包括土地及建造在土地之上的建筑物、构筑物和其他附属物；其次，从所有制方面说，它是指房地产产权关系，即房地产权利人依法对其所有的房地产享有占有、使用、收益和处分的权利。

4. 物业

房地产通常又被称为物业，但二者还是有一定区别的。首先，房地产既可指某项具体的房屋和土地，又泛指一个国家、地区或城市全部的房产和地产；物业一般指某项具体的房地产，即单元性房地产。也就是说，房地产既可指个体，又可指整体；物业通常用于个体。其次，从管理的角度讲，物业是指已建成并投入使用的房地产。在建工程和已建成但并未投入使用的房屋是房地产，一般不能称之为物业。

二、房地产的特征

在市场经济条件下，房地产具有明显的商品属性。房地产是一种特殊的商品，这是由其本身的特殊性所决定的，它主要有以下特征：

1. 位置的固定性(或不可移动性)

房地产最重要的特征是其位置的固定性(或不可移动性)。房地产位置的固定性是指房屋一旦建成，总要固定在一定的地域内。其他物品，如工业品可通过各种运输工具运往全国乃至世界各地。古币、黄金、古玩等财产，其持有人可以很容易地将它拿到有此类物品的市场进行交易，但房地产做不到这一点。正因为房地产位置的固定性，使房地产的开发、经营等活动必须因地进行，从而使房地产表现出明显的地域特点和个性特征；同时因房地产社会经济位置的可变性，又要求房地产开发商必须具有战略家的头脑和眼光。

2. 独一无二性

房地产的独一无二性是指每宗房地产都有其各自的个性特征，市场上不可能有两宗完全相同的房地产。土地由于受区位和周围环境的影响会各有差异，每栋建筑物也有位置、结构、建筑材料、装修、建筑风格等方面的差异。即使同一栋建筑物的相同户型，也会有楼层、面积、朝向、结构等方面的差异。另外，房地产的开发过程也存在着很大差别，不存在完全相同的房地产开发过程。所以说，不可能存在两宗完全相同的房地产。

3. 周期长、投资大

一般说来，工业品的生产周期比较短，而房地产的开发周期要比工业品的生产周期长得多。一栋上千平方米的建筑物仅建筑安装方面的施工生产就需半年以上的时间，再加上此前的土地征用等一系列前期工作和有关的配套设施建设，大约需要一年半的时间。房地产不仅开发周期长，而且投资数额大，资金回收期长。

4. 产品自然寿命长

除非发生人类不可抗拒的毁灭性自然灾害，土地可以长久使用下去，具有耐久性。房屋一旦建成，其使用寿命可达数十年甚至上百年。因此，房地产的使用期限要比其他物品的使用期限长得多。

5. 保值性和增值性

随着社会经济的发展和人们消费水平的不断提高，社会对房地产的需求会日益增加，但由于土地资源的有限性，房地产的供求矛盾日益突出，房地产价格呈现不断上涨的趋势，从而使房地产成为保值和增值的最好手段。应该指出的是，房地产价格的上涨是一种趋势，并不一定总是持续上涨，也不排除某一地区或某类房地产价格短期内的下跌，特别是以出让方式获取的土地价格，是有限期的土地使用权价格，随着土地使用权年限的日益减少，房地产价格将出现下降的趋势。

6. 受政策和市场影响比较大

房地产受政府法令、政策的影响比较大，国家可利用税收政策，鼓励或限制房地产业或其某一具体投资方向的发展。比如，为了活跃二手房市场，我国在 2009 年实行了二手房交易优惠政策，对在 2009 年 1 月 1 日到 2009 年 12 月 31 日期间交易的二手房免征营业税，这在很大程度上激活了二手房市场交易量，特别是在 2010 年元旦前，不少城市出现了购房者抢搭楼市优惠政策“末班车”的现象，多个城市二手房市场出现“井喷”。以北京为例，截至 2009 年 11 月 15 日，北京二手房市场累计成交量达到 21.55 万套；而此前十年的最高点——2007 年的二手房过户量尚不足 10 万套。

和其他商品一样，当房地产的供给大于需求时也会出现价格下跌，当供给小于需求时也会出现价格上涨的局面，而且这种商品还不具有其他商品的流动性，不能通过流动来调剂余缺，更加剧了其受市场影响较大的特性。国内一线城市房地产价格持续上涨的势头并没有因为经济衰退而下降就是因为其有相对庞大的需求市场。

7. 相互影响性

房地产价格的高低，除与房地产本身的状况有直接关系外，还受其周围环境状况的影响。例如，居住区内公共服务设施的兴建、居住区外公共设施的完善(比如有比较好的环境，配套的学校、超市、健身房等)都将促进住宅的销售，从而导致住宅价格的上涨；又如，在一幢住宅楼旁边兴建一座工厂或一座垃圾场，则会导致住宅价格的下跌。另外，道路的修建、基础设施的改善、购物中心的建立，对其周围的房地产价格也会产生很大影响。

三、房地产市场的概念与类型

1. 房地产市场的概念

房地产市场可以理解为房地产交换关系，即房地产全部流通过程的总和。从广义上来说，包括土地的出让、转让、抵押、开发，房地产买卖、租赁、转让、互换、抵押以及一些与房地产有关的开发、建筑、修缮、装饰等劳务活动；从狭义上来说，就是房地产商品进行交易活动的地方或场所。

2. 房地产市场的类型

房地产市场按照不同标准、不同方法，可做出不同的分类。

(1)按组成要素可分为：

①土地使用市场。是指国家对城市土地使用权的有偿出让和获得土地使用权者将开发的土地使用权有偿转让的场所。

②房产市场。是指房产的转让、租赁、抵押等交易场所，包括房屋现货和期货的交易场所。

③房地产资金市场。是指通过银行等金融机构，用信贷，抵押贷款，住房储蓄，发行股票、债券、期票，以及开发企业运用商品房预售方式融资等市场行为。

④房地产劳务市场。是指物业管理，室内外装饰、维修、设计等活动的市场。

⑤房地产技术信息市场。是指为各类房地产业务提供中介、技术咨询、房地产交易、行业情况预测分析及国内外有关资料的市场，会随房地产市场的发展而发展，是衡量房地产市场是否发达的一个重要指标。

(2)根据房地产流通顺序可分为：

①一级房地产市场，又称土地交易市场。是土地所有者与使用者的纵向交流，由政府直接控制和垄断经营。

②二级房地产市场，又称增量房地产市场。指房地产经营者与房地产使用者的纵向流通市场，主要是生产者或者经营者与消费者之间的交易行为。

③三级房地产市场，又称存量房地产市场。是房地产所有者将房地产使用权或所有权再转让的市场，是消费者间的横向交易，属于消费市场的重新配置。

四、房地产市场的特点

相对于其他市场，房地产市场具有以下一些主要特点：

1. 市场区域性强

这是由房地产商品的差异性决定的。由于房地产的性质和其所处城市区域的不同，市场供求状况和价格水平也往往会有很大的落差。一般商品流通性强，从而可以形成全国性乃至国际性市场，而房地产商品的固定性，决定了房地产市场具有明显的区域性。这一区域性表现为：不同地区市场发育和完善程度千差万别；同一类型产品地域价差大；市场供求圈小，市场辐射功能弱等。例如，某产品即使从甲地转移到乙地去销售，乙地购买者一般也不会到甲地去购买，除非是出于某种投资目的。

2. 房地产市场的供给和需求的高度层次性和差别性

由于人口、环境、文化、教育、经济等因素的影响，房地产市场在各个区域间的需求情况各不相同，房地产市场供给和需求的影响所及往往限于局部地区，所以，房地产市场的微观分层特性也较为明显。具体表现在，土地的分区利用情况造成地区及城市的不同分区，不同分区内房产类型存在差异，同一分区内建筑档次也有不同程度的差异存在。

3. 市场对商品短期供求变化反应不灵敏

房地产商品生产投资大、周期长。当市场上出现某种房地产商品供大于求时，由于已经投入了大量资金，施工正在进行，而不可能停止建设，因为一旦停建，将造成更大的损失。反之，当市场上某种房地产商品出现供不应求时，虽然可采取某种措施加快施工进度，但也不能像其他工业品生产那样，很快拿出产品投放市场。房地产交易是通过法定契约来完成的，由于房地产商品使用年限长，交易双方一般都有较长期的权利与义务，虽然在合同中有可以转让或中止合约的规定，但签约双方一般都不愿这样做，特别是当整个社会的需求下降时，房屋的所有人、使用人都宁愿保有房屋相当长的一个时期而不愿削价出售、低价转租或放弃它们，也就无法刺激需求。这就导致了市场对房地产商品的短期供求变化反应迟钝。

4. 市场垄断与竞争并存

我国城市的土地属于国家，土地使用权出让由国家垄断经营。其出让方只有国家一方，但需求方可能较多，需求各方就要通过竞争方式取得土地使用权。土地使用权转让时，虽然需方有多个，会形成较强的竞争，但这种竞争并不是完全竞争，仍是一种垄断竞争。因为与一般商品市场比较起来，土地使用权转让的供需方数量都较少，且没有任何两块土地是完全相同的，供方可以控制土地价格。因此，需方只能与供方协商，或和其他需方通过投标竞争等方式确定土地价格。如在甲地房屋市场上，由于房屋价值昂贵，使进入市场的竞争者较一般商品市场大为减少，并且房屋位置的固定，所处位置的独特，需方对房屋交易的知识了解不充分，都使房屋供过于求，产品积压，价格低；而在乙地房屋则供不应求，产品畅销，价格高。但人们无法将产品进行流通，房地产市场竞争不充分。

5. 房地产市场投机的巨大可能性

房地产市场与其他市场相比具有更大的投机性。房地产商品供给的有限性和需求的无限性，由于对房地产的不断投资、城市基础设施建设和社会设施投资引起的相邻效益以及房地产的保值增值特性都决定着房地产市场投机的巨大可能性。

6. 房地产市场消费和投资的双重特性

由于房地产可以保值、增值，有良好的吸纳通货膨胀的能力，因而作为消费品的同时也可用作投资品。房产的投资性将随着收入的提高得到进一步的拓展。

7. 房地产市场交易对象和交易方式的多样性

房地产市场上进行交易的商品不仅有各种各样的、不同用途的建筑物，还包括与其相关的各种权利和义务关系的交易。交易方式不仅有买卖、租赁，还有抵押、典当及其他的让渡方式。

第三节 房地产市场营销

一、房地产市场营销概述

（一）房地产市场营销的概念

房地产市场营销是以消费者对各类房地产商品的需求为出发点，企业通过有效地提供住宅、办公楼、商业楼宇、厂房等建筑物及相关服务来满足消费者生产或生活、物质和精神等的需求，以获取一定利润的一种商务活动。这种商务活动包括房地产市场调研、消费者研究、市场细分和定位、销售渠道的选择、促销方式的选择等内容，不是简单的销售部门的业务，而是一个系统，涉及财务支持、产品支持、成本控制、人力资源管理等各个部门的业务，是参与房地产市场企业经营活动的各有关方面构成的相互联系、相互影响、相互制约的有机整体，是一个开放的系统。

1. 房地产市场营销是由一系列相关要素构成的

从大的方面来看，房地产市场营销有宏观和微观两种要素。宏观要素主要有国家及地方政府有关房地产市场营销的政策体系与内容（比如房地产产业政策、金融政策、市场政策等）以及社会经济背景环境（比如人口数量、收入水平等）。微观要素主要是指房地产开发经营企业围绕企业经营所投入的要素，企业的每个部门、每个人员都实际参与市场营销活动，如工程部为市场营销提供符合消费者需求的合格产品，包括设计、施工管理等；销售部门负责选择销售渠道，策划销售方案设计，选择促销方式等;物业管理部门则担当着房地产产品的售后服务功能。

2. 房地产市场营销运行结构的构成

房地产市场营销的运行结构是由输入、过程及输出三个部分构成的,这又包括两个方面的内容:一是房地产市场营销系统运行中资源的输入、过程、输出;二是房地产市场营销战略的输入、过程、输出。

3. 房地产市场营销具有环境相关性

房地产市场营销系统是一个开放的系统,系统环境要素对房地产市场营销系统具有重大影响,它可能为房地产市场活动提供机会、条件和激励,也可能对房地产市场营销活动产生制约。

4. 房地产市场营销具有特定的目标

房地产市场营销的目标首先是通过房地产市场营销使消费者的需求或欲望得到满足;其次是房地产企业获取利润,并树立良好的企业形象;再次是通过有效地开展房地产市场营销活动,促进房地产业以及社会经济的整体发展。

(二)房地产市场营销的特点

与一般商品的市场营销相比,房地产市场营销的主要特点是其交换对象的特殊性。房地产市场营销的客体是房地产物质实体和依托于物质实体的权益等,因此,房地产自身的特点,决定了房地产市场营销具有不同于一般消费品市场的特点,具体表现在以下几个方面:

1. 复杂性

房地产市场营销包含了市场调研、楼盘的命名、产品的定价、销售渠道的选择、促销以及物业管理等一系列复杂的过程。这一过程涉及很多领域,牵扯众多部门和复杂的法律关系,需要很多专业人员参与。而且,房地产市场营销还极易受到外部环境的影响,比如国家的方针政策和法律法规、通货膨胀、股市波动等都会对房地产市场营销活动产生影响。房地产商品价值比较高,消费者的期望也很高,消费者在进行选择的时候考虑的因素特别多,比如某处楼盘的质量很好,交通位置也不错,但是周围没有好的小学,如果消费者比较看重孩子的教育,他可能就会改变选择。这些因素都决定了房地产市场营销比普通商品的营销更加复杂。

2. 风险性

房地产项目开发经历的周期比较长,从项目的可行性研究到房地产建成,一般要1～5年的时间,如果项目规模较大,有一期、二期,甚至三期的时候,需要的时间会更长,在这样长的时间内,企业内外环境都会变化,甚至会发生很多巨大的变化;房地产投资比较大,连续巨额的资金投入在未来几年后才能开始回收,投资者所面临的风险性极大。比如,2007～2008年的经济衰退,导致很多房地产营销量的下滑甚至萎缩,从而加大了房地产市场营销的风险。

3. 差异性

房地产的区域性和异质性决定了房地产商品不可能像其他商品一样可以大批量地复制和生产，产品本身具有差异性；房地产价值高，使用期限长，对于大多数消费者来说，购买房地产是一件大事，消费者的购买行为一般来说都是比较理智的，而且消费者也不可能经常和重复性购买，在房地产营销过程中，营销人员每次面临的顾客也几乎是全新的，消费行为也具有较强的差异性。

4. 协同性

房地产市场营销是一个复杂和长期的过程，也是一门综合的学问和艺术，任何一家企业或者部门都无法单独完成整个营销过程。房地产营销需要协同作战，需要企业间的协同经营，也需要企业内的很多部门、很多专业人员的通力合作才能做好，既需要投资咨询机构、市场调研机构、项目策划机构和销售推广机构的介入，又需要建筑设计机构、建筑施工机构、工程监理机构和物业管理机构的参与，因此多部门协同性非常强。

二、我国房地产业与房地产市场营销的发展历程

（一）我国房地产业的发展历程

我国房地产业在计划经济时代曾经一度销声匿迹，被福利化的单位住房供给制度所取代。从 1978 年土地相关法规的调整算起，我国的房地产业已经伴随着改革开放经历了 30 多年的风雨历程，但是，即便如此，国内的房地产市场仍不是一个完全竞争的市场，而是一个以政策为主导的政府市场。回顾我国房地产业 30 多年的发展历程，大概可以划分为以下五个阶段：

(1)第一阶段：1978～1991 年的理论突破与起步阶段。《土地法管理》、《城市规划法》的制定与实施，为房地产的发展提供了法律依据；深圳（罗湖区）房地产开发经验的示范作用，开始逐渐向全国推广。

(2)第二阶段：1991～1995 年的非理性炒作与调整阶段。以邓小平南方谈话为标志，我国南方掀起了房地产开发的热潮，其中炒作最为严重的包括海南、大亚湾、北海等地，而随后急速的“硬着陆”，使这些地区的房地产市场经历了一个漫长的低迷期。

(3)第三阶段：1995～2003 年相对稳定的协调发展阶段。整体说来，这一阶段是我国房地产市场发展得最好的一个时期，整体表现稳健，市场价格与销售量平稳增长，各地市场全面稳步地成长，我国的房地产业进入一个稳步上升的阶段。

1995 年，在经历了之前的炒作与调控之后，国内的房地产市场处在一个萎缩的状态。随着福利分房制度改革的深入，政府需要全面启动商品房市场以完成分房制度的转化。处在改革前沿的深圳市，随即推出一系列的措施，以刺激房地产行业的发展。其中最为主要的就是蓝印户口制度，之后这一政策在上海、大连等地得到推广。

2000 年初，福利分房制度终止，货币化分房方案全面启动，住房制度改革继续深

化并稳步发展，这同时也直接刺激了商品房市场的发展。

(4)第四阶段：2003～2007年的调控、反调控与总体反思阶段。2003年中后期，国内部分地区的房地产市场开始出现过热的现象，政府为了稳定市场发展，开始进行全面的宏观调控，而2005～2006年则是政策出台最为密集的阶段。

在这一时期，政府先后出台了10多项政策措施，从土地、信贷、经济适用房、房价、产品结构以及外资管理等多方面，来全面反思国内的房地产行业发展。由于中央与地方政府之间存在较大的利益冲突，因此，当诸多的政策落到实处之后，常常不是被夸大，就是被缩小。

2006～2007年，在热钱、炒作、人民币升值等因素的影响下，国内房价开始出现爆发式的增长，政府随即开始不断紧缩信贷，以期为“高热”的楼市降温。

(5)第五阶段：2007～至今，房地产行业全面调整的阶段。2007年第四季度开始，信贷紧缩政策的影响逐渐显露，不断升温的房价开始快速回落，伴随这一回落的还有商品房的成交量。

2008年，国际经济环境的全面衰退迹象逐渐明显，国内经济也受到较大的影响，在持续紧缩的信贷政策下，房地产行业发展减速明显，行业内调整的深度与广度加大，资源整合的力度加强，整个行业伴随经济调整进入新一轮的全面调整期。

从近期的经济与行业发展情况看，这一调整的过程还将持续一段时间，调整的过程中可能会出现复苏的迹象，但要全面回暖，可能需要到更远的未来。

(二)中国房地产行业的发展特点

从2000年全面终止福利分房制度到今天，中国商品房市场全面启动和发展的时间并不长，其间也没有经历过一次完整的调整周期，同时，中国的政治、经济体制结构，使得房地产行业的运行存在一些区别于成熟市场的特点。

2006年以来的全面调控，正在逐渐改变房地产行业发展中的种种弊端，修正其发展的轨道，市场向着规范化发展的道路前进。现阶段国内房地产市场发展和运行的主要特点如下：

1. 房地产资金来源结构单一

整体来看，国内房地产企业的资金大多来自银行及其他金融机构的贷款和借款，企业自有资金比例较低，行业对资金市场的变化敏感。随着信贷政策的改变，国内房企的资金来源结构正在发生变化，自有资金和自筹资金的比例快速升高，大型房企的抗金融风险能力正在增强。

2. 圈地的可能性依然存在

由于地方政府仍需要通过土地出让获取的收入进行城市基础设施建设，因此，即使中央不断收紧银根，规范土地出让市场，各地仍旧在可变通的范围内对土地市场进行政策倾斜，也就是说，仍旧存在“圈地”的可能。只是由于国内开发商资金链存在较大困难，现阶段进行“圈地”的大多为外资企业、海外资本支持的合资企业，以及资本金充裕的国有大型地产集团等。

3. 住宅供应不足，结构不尽合理

宏观调控在给房地产行业降温的同时，也带来了住宅供应量的持续减少，同时，产品结构的不尽合理，使得针对普通居住群体的产品供给更是不足，未来几年这一供需矛盾仍旧较为突出。

4. 住房保障制度尚不健全

国内的住房保障制度尚处在建设的初期，其受惠面较窄，且门槛较高，可操作性一般。随着国内各地逐渐加大对各类政策保障性住房的建设力度，之前的情况将有所改观，未来的受惠群体逐渐向中等收入人群过渡，而随着经验的积累，其操作性将逐渐得到改善。

5. 房地产企业数量众多、负债率较高

到 2007 年底，全国有各级房地产开发企业约 5 万家，行业集中度较低，而平均的负债率则高达 80%。随着国内房地产行业调整的深入，未来将可能有超过三分之二的企业会退出房地产市场，而行业的资源将向央企集团、外资地产集团和各地国资房地产企业集中，行业的集中度将大幅提高，TOP 100 的房企市场占有率将可能超过 50%。另一方面，房企融资结构的调整将有效降低企业的负债率，虽然短期内房企从资本市场融资和再融资的能力会明显减弱，但长期来看，房地产对于资本的吸引力仍旧很大，而盈利能力强与市场占有率高的行业龙头和上市公司，更将成为各类资金追逐的对象。

6. 房地产交易体系不够完善

在房地产交易体系中，一二级市场交易以及房地产中介服务机构等，存在较多的不规范行为，同时交易诚信的缺失，也成为房地产服务业发展亟待突破的瓶颈。随着政府调控的深入，房地产市场行为将逐渐趋于规范，之前存在的问题将逐步得到解决。现阶段房地产行业的调整、整合，将有可能加速这一市场规范化发展的进程。

7. 拆迁安置环节存在诸多问题

国内很多城市面临大面积的旧城改造，而拆迁中存在的问题使得这一进程中纠纷不断，城市发展受到一定的限制。随着国内拆迁安置领域政策的相继出台，之前存在的问题和其他可能出现的问题将逐步得到解决，但这将可能需要经历一个漫长的过程。

房地产开发具有资金密集型和生产周期长的特点，而这也正决定了其规模经营的性质。但是，我国的房地产企业大部分是各自为政，分散经营，综合实力弱，发展缓慢，竞争力差；而且各开发企业的状况也不平衡，总体看是东南实力强，西部实力弱。这些都极不适应当前迅猛发展的经济形势和人民群众日益增长的物质需求。

(三)我国房地产市场营销的发展历程

20 世纪 80 年代之前，我国的房地产还不是真正意义上的商品，所以也就不存在真正意义上的房地产市场营销。1998年国务院再次发布了《国务院关于进一步深化城镇住房制度改革加快住房建设的通知》，全国开始取消福利分房，推行货币化分房，此后房地产市场才进入大规模的市场化开发阶段，房地产市场营销才进入发展阶段。总体来说，可以把我国房地产营销的发展划分为四个阶段——零营销阶段、营销萌芽阶段、推销阶段、整体营销阶段。

(1)第一阶段：零营销阶段。从新中国成立初期到20世纪80年代末、90年代初是我国房地产市场的零营销阶段。这一时期不存在所谓的房地产市场的概念，房地产市场规模非常小，完全没有成形，而且是绝对的卖方市场，供给远远满足不了需求，几乎不存在营销的概念。

(2)第二阶段：营销萌芽阶段。20世纪90年代初到1998年，取消福利分房的时期可以称为我国房地产营销萌芽阶段。

(3)第三阶段：推销阶段。1998年之后，全国房地产市场真正开始市场化运作，房地产营销也逐渐开始进入推销阶段。早期的推销，基本以简单告知为主。手段也基本上是在报纸上打广告，告诉购房者哪里有房卖，价格多少等。后期的推销开始逐步升级，推销的手法逐渐多样化，出现了房展会、样板间、户外路牌和电台广告等多种营销途径。另外，概念炒作越来越多，各地普遍出现"欧洲风情"、"海滨风情"等概念；房地产企业开始创造SOHO的概念来整合广告，同时采用各种公关手段(如开发商在房地产业之外的场合露面，邀请影视明星来为楼盘代言等)对项目进行推广营销。

(4)第四阶段：整体营销阶段。2003年以后，开发商越来越重视整体营销，如对项目的资源、技术进行整合等，房地产营销陆续开始进入整体营销阶段。在这个阶段，市场竞争日趋激烈，消费者也日趋成熟，越来越注重产品自身。房地产商开始强调整体营销，要求全程策划，开始从营销的角度来了解消费者的需求。原本房地产企业的设计部门和生产与销售部门是分立的，随着营销介入，整个生产和销售部门开始根据对消费者的理解进行设计和销售。这样，从客观上要求房地产开发商重视早期的市场调研分析、项目的市场定位以及项目自身的品质、销售手段和方法的选择、促销方式的选择和后期物业管理等。

第四节 房地产市场营销的研究对象与研究方法

一、房地产市场营销的研究对象与研究内容

(一)房地产市场营销的研究对象

房地产市场营销的研究对象是房地产企业的市场营销活动及其内在规律，即在特定的市场营销环境中，房地产企业在调研的基础上为满足消费者现实的或潜在的需求，所实施的以产品策略、价格策略、渠道策略、促销策略为主要内容的整体营销活

动及其内在客观规律。其核心概念是交换，以消费者需求为中心，以企业营销活动为手段，保证交换的顺利进行。而交换作为社会再生产的一环，不能离开其他环节孤立地研究，无论生产还是消费都与交换有着直接联系。因此，房地产市场营销的研究范围是以房地产市场为出发点贯穿于再生产过程的各个环节，包括房地产市场、消费者、市场营销策略的制定与实现策略的方法，以及对整个营销活动过程所进行的管理。

（二）房地产市场营销的研究内容

现代房地产市场营销已不再是单纯的推销工作，而是企业以满足市场需求为中心的整体经营活动，要从研究市场入手组织房地产投资开发经营活动。因此，房地产市场营销涵盖面广，包含的内容丰富。概括起来，包括以下方面：

1. 房地产市场研究分析

（1）市场需求分析。通过对房地产市场的调查和预测，了解房地产市场近期或未来的需求。

（2）房地产市场环境分析。分析房地产企业经营活动受宏观环境因素的影响，有利因素和不利因素各有哪些。房地产是不可移动的高价值财产，受环境的影响大。因此，环境分析是房地产经营活动中的重要内容。

（3）消费者购买行为分析。分析消费者具有什么样的购买特征，他们会做出怎样的决策，会受哪些因素的影响等。

2. 确定房地产投资经营目标

在研究和分析市场的基础上，做出经营决策，包括选择和确定房地产投资规模、投资方向、投资地区和地点以及投资方式。

在进行上述决策之前，必须选定适当的顾客群。任何企业都不可能面向所有的市场，满足所有顾客的需求。而房地产企业所开发的商品房在一定时期内所能够满足顾客需求的范围可能就更小了，因此，企业必须明确“我为哪一类用户开发房地产商品及提供相应的服务”。

确定目标市场时，至少需要注意两个基本问题：一是这个顾客群的需求必须有足够的容量；二是在这个顾客群中，供应的竞争对手，特别是具有较强竞争力的对手要尽量少。

3. 项目决策

项目决策是在项目经营目标确定的基础上，根据选定的地段和项目，确定能够满足市场需要的开发经营策略。具体包括以下几种：

（1）产品策略，即确定和开发满足市场需求的房地产商品。适当的产品是同适当的顾客群相联系的，当目标市场选定以后，必须设计和开发建设可以满足顾客群的适销对路的房地产商品或相应的服务。

（2）价格策略，即根据房地产市场需求分析的情况，制定房地产价格。受国家调控的房地产价格的确定应符合国家规定。

(3)销售渠道选择，即选择房地产租售的基本方式和途径。房地产开发商自行租售与委托房地产中介机构进行房地产租售代理各有特点，要进一步结合项目情况决定经营方式。

(4)促销策略，即确定和使用有效的信息传递促进销售的手段，如房地产广告、房地产交易会、提供售前咨询服务等，吸引租客或买家，促成房地产交易。

(5)房地产营销策划。主要是根据前期市场分析，确定项目的整体市场定位，并确定目标客户群定位，进行目标客户群体分析，在市场定位和营销策划总体思路下，提出产品规划设计基本要求，协助确定符合市场需求和投资回报的产品设计方案、产品规划和设计理念，最终完成产品定位。

4. 房地产市场营销绩效评估与风险控制

世界上没有不存在风险的市场，房地产市场也一样。房地产企业在经营过程中也存在经济、技术、政策和政治风险等，既然存在风险，就需要进行风险规避。

以上几个方面是现代房地产市场营销的主要内容。上述市场经营过程中，每个环节又有很多的策略性选择。

二、房地产市场营销的研究方法

市场营销学是一门应用型学科，发展很快、动态性很强，因此房地产市场营销的研究也要贯彻理论联系实际的原则，注重调查研究，发掘其规律，指导房地产市场营销活动，并在实践中不断总结提高。研究房地产市场营销的方法大致可归纳为以下五种：

1. 系统研究方法

房地产市场营销是一个系统，而且这个系统是动态的，任何宏观的或者微观的与这个系统相关的因素发生变化都会影响这个系统，这就决定我们必须采用系统的方法来进行房地产市场营销的研究。

2. 项目研究方法

由于产品的复杂性，房地产商经常把某处楼盘当作一个项目来进行分析和研究；在房地产市场营销过程中，由于消费者对房地产产品的认知和消费存在比较大的差异，房地产商必须站在一个综合的、较高的角度来看待整个营销过程，因而有必要采用项目研究方法对房地产营销进行分析。

3. 案例研究方法

房地产商品是区域性非常强的产品，应对特定区域市场进行定量分析，研究典型个案，进而对区域市场特点进行分析，这样可以为后期项目的营销提供宝贵的经验，也可以对整个房地产营销的过程进行完善。

4. 决策研究法

这种研究方法以房地产企业为主体，从营销管理决策的角度，综合产品研究法、组织研究法和功能研究法的基本要求，着眼于寻找房地产企业的市场机会，针对目标市场的需求，分析市场环境，同时考虑到企业的资源和目标，制定相应的营销策略，在适当的时间、适当的地点，以适当的价格，将适当的商品和服务用适当的方法提供给消费者，从而满足消费者的需求，并达到企业的目标。

5. 理论联系实际的分析方法

房地产市场营销学产生并发展于企业实践，也以指导企业实践为目标。因此，在研究房地产市场营销时必须理论联系实际，从国内外企业实践中去体会理论，并在自己的实际运用中检验理论。如此反复地实践论证，才能更准确、更熟练、更灵活地掌握房地产市场营销学。

本章小结

本章首先阐述了市场营销观念演变的历程，这是房地产市场营销发展的理论基础，房地产市场营销演变的过程也是按照这个逻辑来进行的；在此基础上进一步阐述了房地产及房地产市场营销的概念和特征，房地产作为一种特殊的商品，具有其他商品所不具有的一些特征，比如位置的固定性（不可移动性）、独一无二性和相互影响性，而且这些特征在一定程度上也决定了房地产市场的特殊性，比如房地产市场的区域性特别强，一个地区的房地产市场和另外一个地区的房地产市场差异性非常大，这个地区所适用的营销方法和手段到另外一个区域可能就发挥不了作用，因此，在开展房地产市场营销的过程中要遵循这些特征在市场上表现出来的规律性，这也是本章的重点和需要掌握的内容；此后追溯了中国房地产营销的发展过程，探讨了在新的环境下房地产市场营销的研究对象、研究内容和研究方法。

关键概念

市场　Market　　市场营销　Marketing　　房地产　Real estate
房地产市场　Real estate market　　房地产市场营销　Real estate marketing

课堂讨论

分小组讨论我国房地产市场营销的发展历程和以后的发展趋势，并说明原因。

复习思考题

1. 市场营销观念的演变历程是怎样的？这种演变历程对房地产市场营销有什么借鉴意义？

2. 房地产的含义是什么？房地产市场具有哪些特点？

3. 房地产市场营销具有哪些特征？这些特征对房地产市场销售人员具有什么意义？

4. 房地产市场营销研究的内容有哪些？

案例分析

建业花园里项目

建业花园里，位于香山路和英才街交叉口，惠济区黄河板块，濒临黄河湿地，生态环境好，是郑州市的"绿肺"。之前由于限高，该区域内建筑多是低密住宅小区，以别墅、洋房和小高层为主，位于郑州市"城市向东、居住向北"的发展带，区域内交通、教育、商业、医疗等配套不断成熟，作为生态宜居区，区域房价也在逐年升高，该项目是地铁房、学区房，未来升值空间较大。

1. 交通便捷

建业花园里位于香山路和英才街交汇处，距离城市主干道花园路、文化路、香山路、滨河路、北三环以及未来的新龙快速路较近，去往主城区比较便捷，项目南侧的滨河路将打通，直通龙湖副 CBD，后期业主自驾去往东区上班也很快捷便利；另外，项目距离连霍高速花园路出入口也较近，去往荥阳、新乡、开封等其他地市也较便捷，且目前周边道路路况良好，有车一族自驾出行比较便捷。

项目周边公交站点较多，业主出行可以选择距离自己近的公交站乘坐公交车，周边公交站有英才街香山路站、英才街金洼站、开元路金洼站、桥南新区管委会站、开元路公交站、香山路开元路站、香山路金达街站、香山路英才街站等。具体线路有 156、90、79、B51、游 7 等 5 条，可以通往郑东新区、中原区、金水区等，公交出行较为方便。

地铁 2 号线北延线走的是开元路，项目距离 2 号线的银通路站约 300 米，距离桂园路站约 100 米，距离较近，步行时间短，到 2020 年 2 号线北延长线通车后，业主出行将非常方便。

2. 人车分流

小区是全人车分流设计，内有 200 米夜景塑胶跑道、儿童活动区、e＋家服务站、新华书店等。小区着力打造绿色生态坡地景观，小区内部偏西侧有一个 20 亩的公园,可作为业主茶余饭后休闲散步的场所。

3. 教育资源丰富

项目是由建业开发的金洼城中村改造项目,总占地 1263 亩,共 14 个地块,分 4 期开发,其中一期占地 104 亩,容积率 3.07,绿化率 36%,规划 1850 户。项目主打学区房,项目内部规划有 5 所幼儿园、2 所小学和 2 所中学,其中有一所是省重点民办中学——河南实验中学英才分校,小学是惠济区重点小学。

总的来说,建业花园里项目位于惠济区黄河板块,北临黄河湿地,区域多低密住宅小区,区域环境好,居住氛围浓厚。建业在惠济区打造的学区房、地铁房,品质有保障,性价比高,而且建业品质有保障,物业服务水平和景观打造比较好,升值潜力较大。

【思考题】

1. 案例中体现了哪些房地产市场的特点?
2. 案例中体现了哪些房地产市场营销的特征?

第二章　房地产市场营销环境

学习目标

1. 了解房地产市场营销环境的概念和特征；
2. 理解房地产市场营销的宏观环境和微观环境；
3. 掌握分析房地产营销环境的方法。

引　例

人口因素对房地产市场营销的影响

预计21世纪40年代，我国人口中65岁以上人口将达到全部人口的22%，劳动年龄的人口增速减缓，“人口红利期”即将结束。社会劳动生产率也会因为劳动力的减少而增长减速，房地产的需求也将显著减少。

由于不同年龄的消费者在行为方式和消费需求上表现出明显的差异性，我国人口的年龄结构变化趋势对我国经济和社会发展也产生着深刻的影响。我国的总体人口结构从“成年型”向“老年型”转变，从而使得房地产刚性需求的主体缩小。然而，其中还有一种情况在改变这种需求结构，那就是家庭人口结构由“金字塔形”向“倒金字塔形”的转变。在“金字塔形”的家庭人口结构下，家庭人口规模呈指数级增长，不断分解为一个个“核心家庭”，所需房屋的数量和面积不断增长，这就是传统的“分家”模式。在“倒金字塔形”的家庭人口结构下，人口数量自上而下逐层减少。例如，现在城市中的部分“三口之家”住进了上百平方米的商品房中，若干年后随着儿子的娶媳或者女儿的出嫁，如此大面积的房屋对于两位老人来说必然会产生部分“闲置”，而房屋的结构和设施却未必符合老年人的需求。因此在老年型社会就会产生大量的对诸如老年公寓之类的房屋的需求。

（资料来源：根据《人口因素对房地产市场需求的影响》整理，原文地址：http://www.bob123.com/lunwen23/11465.html。）

【思考题】

1. 人口因素将对我国的房地产市场造成怎样的影响？
2. 面对这些变化，房地产市场营销应该采取哪些措施？

第一节 房地产市场营销环境概述

企业的营销活动不可能脱离环境而存在，而且市场营销环境对企业的营销活动具有重大影响，它能为企业的市场营销活动提供机会、条件和激励，也能对企业的市场营销活动产生制约，形成障碍。许多房地产公司得以发展壮大，就是因为善于分析和捕捉机遇，不断适应环境的变化；同样，很多房地产企业对环境变化不敏感，不去分析和把握环境变化对于企业的影响，因而错过了企业发展机遇，甚至造成企业破产倒闭。

一、房地产市场营销环境的含义和内容

房地产企业作为独立的房地产商品生产者和房地产商品交换者，与其他企业一样，都是在不断变化的社会经济环境中运行的。房地产市场营销环境的变化，使得企业在开展营销活动时机会与挑战并存。房地产企业在开展市场营销活动时，要使企业内部资源和外部环境相匹配，及时把握和利用环境提供的机会，以在竞争中赢得先机。

（一）房地产市场营销环境的含义

美国著名营销学家菲利普·科特勒认为市场营销环境是"影响企业的市场营销管理能力，使其能否卓有成效地发展和维持与其目标顾客交易及关系的外在参与者和影响力"。因此，房地产市场营销环境是影响企业营销活动的不可控制的参与者和影响力，也是与房地产开发企业营销活动有潜在关系的所有外部力量和相关因素的集合。

（二）房地产市场营销环境的内容

房地产开发企业市场营销环境的内容广泛而又复杂，不同因素对营销活动各个方面的影响和制约也不尽相同，同样的环境因素对不同企业的影响和制约也不同。一般来说，房地产企业的营销环境由宏观环境和微观环境构成。

宏观环境（Macro-environment）是指间接影响和制约房地产企业市场营销活动的各种因素的总和，这些因素对房地产企业的发展和经营有较大影响力，包括人口环境、经济环境、自然环境、技术环境、政治法律环境和社会文化环境。宏观环境对企业的营销活动虽是间接影响，但它却是给企业带来市场机会和造成环境威胁的主要因素，它对房地产企业营销活动的影响是广泛而深远的。宏观环境通常以微观环境为媒介去影响与制约房地产企业的营销活动，在某些场合也可以直接影响企业的营销活动，因此微观环境要受限于宏观环境。

微观环境（Micro-environment）是指直接影响和制约房地产企业市场营销活动的环境因素，又称为直接营销环境。影响企业服务其目标市场能力的各种因素，包括

企业本身、消费者、供应商、中间商、顾客、竞争者以及社会公众等。微观环境对房地产企业的营销活动具有直接影响，微观环境中的各种行为者都是在宏观环境中运作并受其影响的。

二、房地产市场营销环境的特点

房地产市场营销环境是一个多因素、多层次且不断变化的综合体，它具有以下一些特点：

（一）相对分离性和系统性

房地产市场营销环境中的某些因素彼此相对分离。各因素对房地产企业营销活动的影响大小不同，这不仅表现在不同房地产开发企业受不同环境的影响不同，而且表现在不同环境因素的变化对同一企业的影响也不相同。比如同是万科的项目，上海的中林项目和武汉的西半岛项目所面临的营销环境是截然不同的，这就要求企业分开考虑。这种外界环境因素的相对分离性，决定了房地产开发企业必须采取不同的营销决策。

同时，在某一特定时期，房地产市场营销环境的各个构成要素之间不是孤立存在的，而是相互联系、相互影响的，一个因素的变化会导致许多其他相关因素的变化。例如，一个国家的体制、政策与法律会影响该国经济和科学技术的发展速度和方向，继而会改变社会的某些风俗习惯，这些风俗习惯会影响人们的消费选择和消费嗜好，进而影响房地产消费和房地产营销；同样，科技和经济的发展又会引起政治和经济体制的相应变革，会促使某些法令和政策的相应变更，比如物业税的实施，在一定程度上影响了房地产营销环境。因此，它们对企业的营销活动并非单独产生影响，而是综合发挥作用的，这种复杂的相互影响也使企业的外部环境更加难以把握。所以，除了对各个环境因素进行分析外，还要注意分析系统内各因素之间的相互关系和关联性。

（二）动态性和相对稳定性

房地产市场营销环境中的各因素都是不断变化的。一方面，各种因素自身是不断变化的；另一方面，某一环境因素的变化又会引起相关环境因素的变化。但每种因素变化的速度不同，相对而言，人口、社会和自然环境的变化相对缓慢一些，而科技、经济、政治与法律的变化则快一些，其中，科技因素变化最快，它推动了企业的技术进步和产品创新。同时，市场营销环境诸因素在一定时期内具有相对稳定性，这种相对稳定性为房地产企业预测环境变化并采取相应对策提供了可能性。

（三）层次性和差别性

从空间上看，房地产企业营销环境因素是个多层次的集合。第一层次（即最里层）是房地产企业所在的地区环境，比如当地的市场条件和地理位置等；第二层次是房地产企业所在的城市或省份的政策法令、规划要求等因素；第三层次是国家的政策法规、社会经济等因素，包括国情特点、全国性的市场条件等；第四层次是国际环境因素，比如美国的房地产市场发展情况会对我国房地产市场有影响。这几个层次的外界环境因素与房地产企业发生联系的紧密程度是不相同的。其中，政治、法律因素较为普遍和广泛，经济因素则较为直接，其他因素则往往通过经济因素来影响和制约房地产企业的营销活动。这几个层次对于企业的影响并不是独立分开的，而是相互渗透的，有些时候很难把它们彻底分开；各个层次之间也不是完全孤立的，而是相互联系、相互影响的。图 2-1 为房地产营销环境的层次示意图。

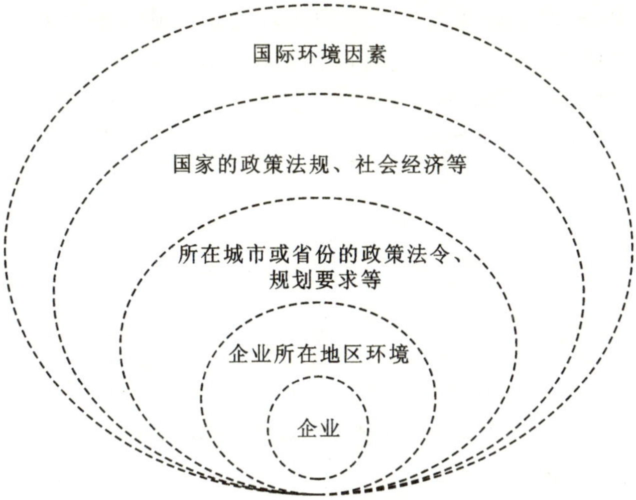

图 2-1　房地产营销环境的层次示意图

不同房地产企业的外界环境存在着许多差别，如处在沿海地区城市的房地产企业和处于内地的房地产企业，生产不同房地产商品的房地产企业以及规模大小、所有制性质不同的房地产企业等，都存在外界环境因素的差别。这些差别性都会以不同程度和方式影响和制约房地产企业的营销行为。

（四）环境的客观性和企业的能动性

房地产市场营销的宏观环境是客观存在的，任何房地产开发企业和房地产项目都是存在于一定的社会经济和其他外界环境中的，而房地产开发企业所处的社会经济和其他外界环境条件总是特定的，是企业所不可选择、不可控制的，比如人口环境、经济环境、政治法律环境、自然环境、技术环境和社会文化环境等。

相对于宏观环境的客观性，企业在房地产市场营销微观环境方面是可以施加影响和发挥能动性的。比如对于市场、社会公众、竞争者、供应商和中间商，可以施加影响，使其尽可能地朝着有利于开展市场营销活动的方面转化；对于企业本身，企业可以根据环境因素的可控程度采取不同的对策，使其更有利于房地产营销活动的开展。

第二节 房地产市场营销的宏观环境和微观环境

一、宏观环境

宏观环境包括经济因素、自然因素、人口因素、政治法律因素、社会文化因素及科学技术因素等。房地产企业及其所处的微观环境也受相应的宏观环境的控制和影响，这些宏观环境因素可以给企业提供机会也可以造成威胁，房地产企业一般通过预测这些因素的发展趋势来制定营销策略。图 2-2 为房地产营销宏观环境示意图。

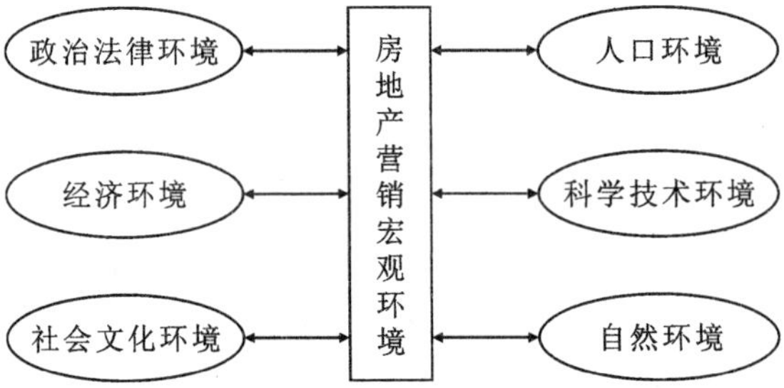

图 2-2 房地产营销宏观环境示意图

（一）政治法律环境

政治法律环境的变化对房地产营销决策有着很大的影响，主要表现为以下三个方面：

1. 国际国内的政治风云影响消费与营销行为

人们的经济行为常常自觉或不自觉地为政治形势所左右。当政治局势稳定的时候，人们的消费和投资行为比较乐观；当政治局势动荡时，人们一般都选择逃避在这一时期投资和消费。以我国香港地区的房地产为例，在草签《联合声明》前后，人们对香港经济与繁荣缺乏信心，香港地价明显下跌；《联合声明》发表后，消费者重拾信心，香港地价又重新趋向稳定回升。

2. 政府的方针政策引导和调节企业的销售行为

在市场经济条件下，政府对宏观经济的调控、对企业行为的干预主要是通过制定各种经济政策和运用经济杠杆来实现的。这些政策包括财政政策、货币政策、产业政策、区域发展政策、土地政策、住房政策、房地产开发和销售政策等，房地产企业的营销活动只能在政策允许的范围内进行。任何一项政策的出台，都会对房地产企业产生直接或间接的影响。2008 年 10 月，为应对国际金融危机对我国可能产生的影响，支持扩大内需，提高对居民购买普通自住房的金融服务水平，保障和改善民生，按照党中央、国务院的统一部署，人民银行决定自 2008 年 10 月 27 日起，将商业性个人住房贷款利率的下限扩大为贷款基准利率的 0.7，最低首付款比例调整为 20%。这一政策直接导致的结果就是房地产成交量的回升，许多开发商空置的房子在短时期内销售一空。

3. 良好的法律环境是市场营销活动得以正常进行的基本保证

社会安定是企业经营的基本前提，健全的法律可以使社会安定得到保证。国家在不同的时期，颁布的各种法规都不同程度地改变着企业的经营环境，《合同法》、《企业法》、《税法》等都在不同程度上影响着企业的经营行为。对于房地产企业来说，2007年8月30日修正后实施的《中华人民共和国城市房地产管理法》是其进行经营行为的准则。

(二)经济环境

房地产市场规模的大小，取决于社会购买力的大小。在人口数量既定的情况下，社会购买力越强，则房地产市场的规模越大。社会购买力的大小又受到国民经济发展水平、国民收入水平、消费者收入水平、价格水平、储蓄与信贷、消费者支出模式等一系列经济因素的影响，社会购买力是这些经济因素的函数。

1. 国民经济发展水平

房地产企业是在国民经济大环境中生存和发展的，国民经济发展水平对其的制约和影响是非常大的。国民经济发展速度越快、收入水平越高，则消费者人均收入越高、社会购买力越强，房地产企业的营销机会也就越多；反之，国民经济的发展陷入低谷，市场疲软，社会购买力下降，房地产市场首当其冲要受到影响。

2. 消费者收入水平

消费者收入水平是影响社会购买力的最主要因素，也是影响房地产企业市场营销活动的重要因素。消费者收入是指消费者个人从各种来源所得到的货币收入，通常包括消费者个人的工资、奖金、其他劳务收入、红利、租金、馈赠和遗产等。消费者从总收入中减去个人或家庭生活支出必不可少的费用，剩余才是个人可以任意支配的收入，这部分收入是影响市场消费需求变化最活跃的因素，也是影响房地产市场营销的重要因素。

3. 消费者支出模式

随着消费者收入的变化，消费者支出模式也会发生变化，从而影响房地产企业的营销活动。德国统计学家恩格尔根据统计资料，对消费结构的变化进行研究得出一个规律：一个家庭收入越少，家庭收入中(或总支出中)用来购买食物的支出所占的比例就越大，随着家庭收入的增加，家庭收入中(或总支出中)用来购买食物的支出则会下降，而用于教育、医疗卫生和闲暇娱乐活动方面的开支则增加较多，这一规律被称为恩格尔定律，反映这一定律的系数被称为恩格尔系数。国际上常用恩格尔系数来衡量一个国家和地区人民生活水平的状况。根据联合国粮农组织提出的标准，恩格尔系数在59%以上为贫困，在50%～59%间为温饱，在40%～50%间为小康，在30%～40%间为富裕，低于30%为最富裕。我国城市居民的恩格尔系数变化情况如

表 2-1 所示。

表 2-1　我国城市居民的恩格尔系数变化情况

年　份	1978	1990	1994	1996	1998	2000	2003	2005	2006	2007	2008	2009	2010	2011	2012	2013
恩格尔系数(%)	57.5	54.2	50.0	48.8	44.7	39.4	37.1	36.7	35.8	36.3	37.9	36.5	35.7	36.3	36.2	35.0

（资料来源：根据《中国统计年鉴 2014》http://www.stats.gov.cn/tjsj/ndsj/2014/zk/indexch.htm 搜集整理。）

随着我国经济的发展，居民生活水平得到了提高，恩格尔系数也在不断下降，住房消费占总支出的比重将大幅度提高，这为房地产企业的市场营销活动提供了巨大的商机。

4. 消费者储蓄和信贷情况

消费者的购买力还要受储蓄和信贷的直接影响。居民个人收入不可能全部花掉，总有一部分以各种形式（银行存款、债券、股票、不动产等）储蓄起来，这是一种推迟的潜在购买力，属于滞后消费，最终目的是为了消费，主要是用来购买耐用消费品或者住房不动产之类。在一定时期内，储蓄的多少会影响消费者的购买力和消费支出。在收入不变的情况下，储蓄增加则购买力减少，储蓄减少则购买力和消费支出增加，二者此消彼长。

随着金融工具的创新，消费者不仅可以用其货币收入购买房地产，还可以借助个人信贷买房，即消费者先借助贷款取得房屋所有权，然后按期还本付息。目前来说主要利用商业贷款和公积金贷款购买商品房。因此，消费者信贷也是影响消费者购买力的一个重要因素，是一种超前消费。随着我国信贷业务的不断发展，它会为房地产企业提供越来越多的营销机会。

(三)社会文化环境

文化是人类社会在社会发展过程中所创造的物质财富和精神财富的总和，包括价值观念、伦理道德、宗教信仰、风俗习惯等。这些因素都会影响消费者的行为，从而直接或者间接地影响房地产企业的营销活动。因此企业在进入目标市场时，必须分析和了解目标市场中消费者的价值观念、文化程度、偏好和禁忌，在产品设计、广告宣传、促销等活动中，投其所好，避其所忌，避免或减少营销过程的盲目性，从而取得更好的销售业绩。

1. 价值观念

价值观念是人们对政治、道德、金钱等事物是否有价值而进行主观判断后形成的主观看法。在特定的时期和特定的社会中，人们有着大家都认可的而且在一定时期不容易改变的一些价值观念。比如在 20 世纪 80 年代之前的中国城市里，大多数人都希望有稳定的生活，一生都在一个单位里工作直到退休，一辈子都住在一所房子里；但是 20 世纪 80 年代改革开放后，年轻人的观念发生了很大变化，特别是进入 21

世纪后，一个人在一个单位里连续工作10年以上就是终生员工了，跳槽已经成为一种时髦。“80后”在消费方面更是时尚，他们已经摒弃了传统的观念，而是追求时尚的LOHAS(乐活)生活方式，住房追求更是“小而精”，要求交通方便、配套设施完善，而不是房间有多大，他们已经没有在一个房子里终老的打算了，现在很多房地产企业在繁华地段开发了很多酒店式公寓，面对的就是这些消费群体。因此，房地产营销应该在充分了解目标市场的价值观念的基础上再决定营销策略。

【资料链接】

LOHAS：由英文Lifestyles of Health and Sustainability的头一个字母组成，中文简称乐活、乐活族，以重视健康和保护地球环境为前提，强调现代与传统的有机结合，将创造与反思融入生活，是一种重视环境和健康、崇尚可持续发展的生活方式。

同类词：

MILD生活：MILD生活则专指北欧人的生活态度，那里的人崇尚自然主义，有漫长的冬夜，生活节奏不那么紧张，比较舒适、休闲。

SOHO：传统意义上的SOHO——Small Office (and) Home Office，直译就是小型办公室、家庭办公室的意思，实际上就是自由职业或自由职业者的意思。网络时代的到来，使得SOHO成为人们争相追逐的时髦词汇之一，专门为SOHO族设计的房屋、家具、用品也成为商家的新卖点，一些楼盘常常被冠以SOHO一词，意思就是给自由职业者准备的商住合一的公寓，一时间也风光无限。SOHO现在主要指一种时尚、轻松、自由的生活方式和生活态度。

LOFT：字面意义是仓库、阁楼的意思，但这个词在20世纪后期逐渐时髦而且演化成为一种时尚的居住与生活方式时，其内涵已经远远超出了这个词汇的最初含义。LOFT的定义要素主要包括：高大而开敞的空间，上下双层的复式结构，类似戏剧舞台效果的楼梯和横梁；流动性，户型内无障碍；透明性，减少私密程度；开放性，户型间全方位组合；艺术性，通常是业主自行决定所有风格和格局。

LOFT是支持商住两用的楼型，所以主要消费群体包括在个性上或在功能上有要求的消费者。作为功能上的考虑，适合比较需要空间高度的，比如电视台演播厅、公司产品展示厅等；作为个性上的考虑，许多追求时尚的年轻人以及艺术家都是LOFT的消费群体，甚至包括一些有特色的IT企业。

2. 受教育程度和职业

受教育程度和职业与消费者的收入、社交、居住环境及消费习惯均有密切的关联性。从购买习惯来看，通常受教育程度越高的消费者购买时的理性程度越高，他们对房屋的设计方案、房间大小与分隔、功能与环境等都与一般消费者不尽相同。

3. 民族和宗教

各民族在漫长的历史过程中形成了不同的风俗习惯，从而有不同的消费需求和行为，比如在房屋的建筑风格上各不相同，消费者宗教信仰的不同对于其住房的选择也不会相同，这些因素会在一个很长的时间内直接或间接地影响消费者的选择，而且不可改变，房地产企业在进行营销活动之前必须充分关注。

（四）人口环境

任何需求归根到底都是人的需求，具有购买欲望与支付能力的人是构成市场的决定性因素。因此，人口，尤其是目标市场的城市人口，是房地产市场营销中的重要因素。人口环境因素及其变化对房地产市场的需求及市场机会的形成有着整体性、长远性的深刻影响。与房地产市场关系密切的人口环境因素主要包括人口总量与人口增长、人口结构、人口流动性以及家庭规模和结构的变化等。

1. 人口总量与人口增长

一个地区的人口总量决定了该地区房地产需求的上限。一般而言，一个地区的人口总量越多，对住宅、商场、宾馆、写字楼、机关、学校、医院等房地产产品的需求就越多，反之则需求较少。人口总量是房地产企业应该掌握的基础数据之一。此外，人口总量还直接影响区域内商业的繁荣和工业的发展，从而间接影响商业和工业对房地产的需求，如在开发经营购物中心、酒店、写字楼的市场分析中，要充分考虑该项目所处地区的流动人口和常住人口的数量。

相对于人口总量而言，人口增长率更为重要。城市人口的增长必然增加对房地产产品的需求，而且人口增长对房地产需求有双向的影响，一方面在居民家庭收入水平普遍不高的情况下，如果人口增长速度快，家庭收入中的很大一部分要用于食品、衣服、交通等最基本的需求方面的支出，住房消费方面的支付能力则会不足，势必会延缓家庭住房条件的改善；另一方面，如果在居民家庭收入水平普遍比较高的情况下，人口增长速度快，而且人口增长并没有带来家庭消费的恩格尔系数上升，这样就会扩大房地产需求市场。目前，在严格的计划生育政策下，我国人口增长速度日益下降，引起居民消费的恩格尔系数的持续下降，这意味着，随着我国居民收入水平的提高，居民的住房支付能力在逐步上升，住房更新换代的欲望也就越来越强烈。

2. 人口构成

不同年龄结构、收入结构的人，对住房的需求存在较大差异，如对住房面积大小、房型等方面的偏好往往不同。刚刚毕业参加工作不久的消费者，经济能力还十分有限，无力支付高额的房价，但又面临婚姻的压力，因此对住房的需求是有房则已，偏向于房型较小的房子，付款方式上偏好分期付款，而且选择的年限相对来说比较长；对年龄在30多岁的人来说，一般已经事业有成，收入也不错，对住房的需求是追求舒适宽敞，或者改善住房，或者考虑子女未来上学方面的需求，在付款方式上选择一次性付款或者期限较短的分期付款形式比较多；而老年消费者在购买住房时，往往购买环境安静、配套设施比较完善，特别是医疗配套设施完善的住房。

此外，人口的民族结构、文化结构等因素对房地产消费需求、消费方式和购买行为也有较大影响。

3. 人口流动性

人口迁移直接影响到一个地区的人口总量及增长率。一般来说，某地区人口大量迁出往往意味着该区域对房地产需求的锐减。近年来，东南沿海地区的经济有了飞跃的发展，全国各地的人口纷纷涌入到这些地区，这种大量的人口流动，使得这些地区的房屋需求量总体上升，地价、房价也居高不下；再比如我国京津唐、长江三角洲、珠江三角洲等地区，近年来外来人口激增，带来了对房地产各类产品的巨大需求；还有近年来随着我国城市化进程的加快，农村人口大量进入城市。根据我国建设部统计资料，截至 2015 年，我国城镇居住人口已经达到 7.7 亿人，占全国总人口数的 56.1%，预计到 2020 年，我国将有 60%的人口居住在城镇。随着经济的发展，从农村流向城市的人口还将增加，这是城市住宅市场发展的又一个潜在的因素。

4. 家庭规模和结构的变化

住宅消费具有家庭性，是以家庭为单位进行消费的。家庭结构、规模和生活习惯是影响和决定住宅规模和结构的直接因素，住宅套型的变化和发展要适应于家庭规模、结构和生活习惯的变化和发展，这是住房消费的一般规律。一方面，受社会、经济、政策、人口、道德、文化、价值观以及心理等多种因素影响，现代社会的家庭结构正发生迅速裂变，家庭规模日趋小型化，核心家庭成为主流，单亲家庭和丁克家庭也不再是少数，四世同堂的家庭几乎没有，两代、三代同堂的也很少，除非有孩子需要老人照看。在人口总量不变的情况下，家庭规模小型化的必然结果是户数的增加，从六口之家变成三口之家，总户数将增加一倍，家庭户数的增加必然引起住宅需求的增加，同时也对住房的户型、面积、结构、内部装修等方面提出了新的要求，这对房地产市场来说孕育着大量的市场机会。另一方面，家庭规模的小型化意味着结构的简单化，多世同堂的大家庭减少，而单人户、两人户、三人户增加。我国家庭结构变化的总体趋势可以概括为：以核心家庭（夫妇与未婚子女组成的家庭）为主要形式，丁克家庭和单亲家庭的比重有所上升。房地产企业应根据消费者需求的变化，及时提供适销对路的房地产产品。

【课堂讨论 2-1】 2016 年 1 月 1 日，我国全面放开二胎，提倡一对夫妇可以生育两个孩子。有人说中国的房地产将迎来“第二春”，你认为有没有道理？

（五）科学技术环境

科学技术是第一生产力。房地产业的科学技术发展也深刻地影响着房地产业的发展。房地产业的科技发展一是可以促使企业开发新产品，满足顾客新的需求；二是可以降低成本，增强企业的竞争力；三是为市场营销管理提供先进的物质基础；四是影响企业营销策略的制定，新材料、新工艺、新设备、新技术的发展，使得房地产生命周期缩短，企业需要不断地研制和开发新产品才能保持良好的竞争能力，电子商务技术的发展，使新的传播方式得到了应用，也使房地产企业的营销方式发生了巨大的变化，使得房地产网络营销成为一种可能，而不仅仅是梦想；五是可以推动整个行业向节约能源型发展。

(六)自然环境

自然环境是指一个地区实际的自然地形和气候以及潜在的各种资源。对于房地产企业来说,自然环境因素包括地理位置、地质地貌、自然风光以及气候气温等。万科的西半岛项目就是充分利用了西半岛良好的自然环境,为客户打造蔚蓝湖生活。

表2-2简要地列出了主要的自然环境因素对房地产营销的影响。

表2-2 主要的自然环境因素对房地产营销的影响

自然环境	具体因素	影响
地理位置	交通,距离商业区、火车站、机场的远近	住户的出行方便程度
地质地貌	地质结构、地貌形状	建筑物的设计,建筑物的风格
自然风光	临水,临山	建筑物的结构、朝向、户型
气候、气温	温暖,寒冷	建筑物的布局、装修等,是否适宜人居住,比如昆明适宜人居住,可以使人长寿

由于自然环境是一种投资者无法轻易改变的客观物质环境,具有相对不变和长久稳定的特点,而房地产项目的投资又具有地理位置的固定性和不可逆转的特点,因而房地产项目投资十分重视对自然环境要素的研究。不同的地形、地域或不同的气候,将给产品的使用、设备的功能、能源的需求带来影响,同时地理位置也将影响市场的发展。

二、微观环境

房地产市场营销微观环境是指房地产公司生存与发展的具体环境,包括企业、供应商、营销中介、消费者、竞争者以及公众等。微观环境直接影响与制约企业的营销活动,多半与企业有或多或少的经济联系,也称直接营销环境,又称作业环境。如图2-3所示。

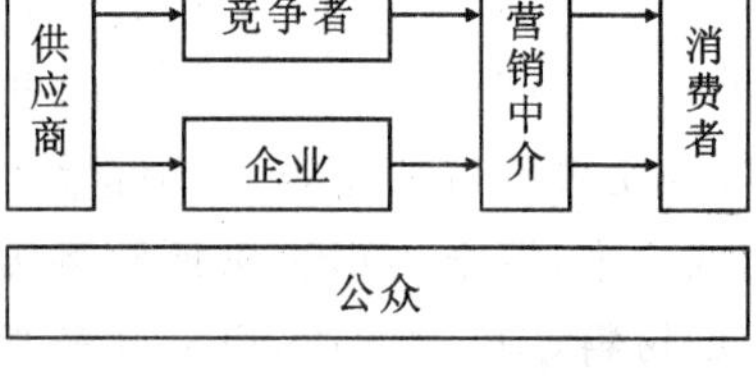

图2-3 房地产营销微观环境示意图

(一)消费者

消费者是房地产及其服务的购买者,是房地产营销活动的对象。根据购买目的进行分类，可以将房地产市场细分为五个子市场。

1. 个体消费者市场

个体消费者市场是指由为了个人生活消费而购买或租用房地产的个人或家庭所构成的市场。

2. 产业市场

产业市场是指由为了进行再生产、取得利润而购买或租用房地产的个人和企业所构成的市场。

3. 中间商市场

中间商市场是指由为了转卖获得利润而购买或代理房地产的中间商所构成的市场。

4. 政府和非营利市场

政府和非营利市场是指由为了履行职责、提供公共服务而购买房地产的政府机构所构成的市场。

5. 国际市场

国际市场是指由国外购买者，包括外国消费者、生产者、中间商和政府所构成的市场。

上述五类市场的顾客需求各不相同，要求企业以不同的方式提供产品或服务，它们的需求、欲望和偏好直接影响企业营销目标的实现。为此，企业要注重对顾客的研究，分析顾客的需求规模、需求结构、需求心理以及购买特点，这是企业营销活动的起点和前提。

（二）竞争者

房地产市场是一个不完全竞争市场，但在这个市场里，房地产企业也存在很多竞争者。根据国家统计局的统计资料，截至 2008 年末，广东省共有房地产企业 28527 家，各家企业都为了争取消费者而展开竞争。竞争对手的营销策略及营销活动都将直接对本企业造成威胁，企业必须对竞争对手进行研究，其中主要包括两种竞争者。

1. 对现有竞争者的研究

企业面对的市场通常是一个竞争市场。同一地区供给类似产品的房地产公司，通常会采用价格竞争、新产品开发、服务质量提高以及促销等竞争手段争夺消费者，从而形成市场竞争。

对现有竞争对手的研究主要包括以下内容：竞争企业的数量多少；竞争企业的规模和能力的大小强弱，各自的规模、资金、技术、土地储备等，通常使用反映企业竞争实力的三类主要指标表示，即销售增长率、市场份额和产品获利能力，从中找出主要竞争对手；竞争企业对竞争产品的依赖程度，找出主要竞争对手实力的决定因素，以帮助企业制定相应的竞争战略；竞争企业所采取的营销策略及其对其他企业策略的反应程度，分析竞争对手可能开辟哪些新市场、哪些新产品，从而帮助企业先走一步，争取时间优势，使企业在竞争中争取主动地位；竞争企业能够获取优势的特殊材料的来源及供应渠道。

2. 对潜在竞争者的研究

任何一种房地产产品在某一市场取得成功，都会引来许多竞争者的加入。当然，现有的成功企业也会设置很多壁垒阻止其加入，比如现有企业长期以来积累的规模经济、成本优势、价格优势、品牌优势等，但这些只能在一定时间段内阻挡一部分竞争者加入，在长期则是不可能的。只要有利润存在，总会有竞争者加入。

（三）供应商

供应商是指向房地产企业及其竞争者提供开发经营所需要的各种资源的企业、组织和个人，包括提供的建筑设计方案、原材料、设备、能源、劳务和资金等。供应商对房地产企业营销活动的影响主要体现在以下几个方面：首先，资源供应的可靠性直接影响到房地产企业的生产能否顺利进行；其次，资源供应的价格及其变化趋势直接影响房地产的成本，最终影响房地产企业产品在市场上的竞争力；最后，供应资源的质量水平直接影响到房地产企业产品的质量。

1. 开发商的主要供应商

(1)土地所有者或当前的占有者。在我国，土地所有权和使用权是分离的。城市土地的所有者——国家不仅要通过现有的规划管理来影响建筑物的平面和空间位置，还要限制土地的用途和房地产开发的产品类型、开发地点及具体坐落位置；土地当前的占有者——使用权人的影响也不可忽视，同一开发地块上使用权人越多，开发的难度也就越大，开发商需要与他们就拆迁、安置、补偿等方案进行谈判，进展是否顺利将直接影响开发周期和前期费用。

(2)建筑承包商。承包商的技术实力、经济实力、管理经验及效率的高低等直接影响到工期和工程质量，信誉良好的承包商承建工程对房地产产品的市场推广工作也非常有利；承包合同形式、工程款的数额及支付方式、支付时间等直接关系到开发商的开发利润及风险大小。

(3)金融机构。房地产开发投资数额巨大，回收期长，任何开发计划的实施都离不开金融机构提供的贷款。

(4)建筑材料及设备的供应商。材料和设备质量的好坏、交货的及时性、价格的合理性等对开发计划和利润水平都有直接的影响。

(5)专业顾问。他们为开发商提供技术及信息服务，主要包括规划师、建筑师、估价师、经济师和工程师等。

2. 物业经营者的主要供应商

(1)开发商。有的物业经营者不从事房地产开发，只经营房地产出租业务，开发商提供的产品能否满足承租人的需求，直接关系到物业经营者的经济效益。

(2)金融机构。物业经营者一般是以物业作抵押向金融机构贷款购置经营对象房地产的，因此，能否获得抵押贷款将直接关系到经营规模，融资成本的高低将直接影响到经营利润的多少。

(3)各类投资者。物业经营者为了筹措购置房地产的资金，还可通过发行股票、债券等方式广泛吸收投资者的资金。投资者包括个人投资者和机构投资者，其中保险基金、养老基金、信托基金和其他社会福利基金是主要的机构投资者。

(4)物业管理公司。它为物业经营者(业主)和承租人提供物业的维修、管理及有关服务，良好的物业管理不仅能够提高物业的出租率和租金，而且能够延长物业的经济寿命，充分发挥物业的使用价值。

供应商对企业的生产经营有很大的影响力，特别是房地产土地资源的供应来源十分专有和稀少，且一般来讲没有替代资源可以选择。为了防止对供应商过分依赖，并以提价、限制供应、降低供货质量等条件来向企业施加压力，企业通常采用多来源、主渠道的做法，即设法与一些主要供应商建立长期合作关系，以获得稳定的供应渠道及某些优惠条件，同时也要有几手准备，以分散供应风险。

(四)营销中介

营销中介是为房地产企业营销活动提供各种服务的企业的总称，是协助房地产企业将产品销售给最终购买者的中介机构，包括中间商、营销服务机构等。

1. 中间商

中间商是协助企业推广、分配和销售产品给最终消费者的那些组织机构或个人。中间商在此过程中承担着调研、促销、沟通、谈判、实体分配、财务及风险分担等功能。同时，中间商比企业更加直接而广泛地接触顾客，了解市场需求动态，企业利用中间商销售产品往往比其直接向最终顾客销售产品效率更高、效益更佳。

中间商按其是否拥有商品所有权分为经销商和代理商。经销商对其经营的房地产商品拥有所有权，他们从房地产企业购进商品房后再转售，从中赚取差价。代理商对其经营的房地产商品不拥有所有权，只是为房地产企业寻找买主或协助房地产企业签订合同，从中赚取佣金。

选择中间商并与之合作并非一件简单的事情。企业为了使自己的产品更加接近顾客，往往希望对中间商拥有较强的影响力乃至控制力。一个实力较强的大企业面对众多的小中间商，可以对中间商拥有控制力；然而，实力弱的企业却难以影响大的中间商，甚至反过来会受制于中间商。因此，企业必须从战略高度来认识、选择分销渠道，必须对各种可选择的渠道模式结构及其成员状况做好调研、分析，评价选优、内外结合，以期形成进入市场的最经济有效的方式与途径。

2. 营销服务机构

市场营销服务机构是指市场调研公司、广告公司、各种广告媒介以及营销咨询等专业公司，它们帮助公司将产品推销到恰当的市场，公司对每一种服务要决定自制还是购买。营销服务机构提供的专业服务对企业的营销活动会产生直接的影响，它们的主要任务是协助企业确立市场定位，进行市场推广，提供活动方便。一些大企业或公司往往有自己的广告和市场调研部门，但大多数企业则以合同方式委托这些专业机构来办理有关事务。为此，企业需要关注、分析这些服务机构，选择最能为本企业提供有效服务的机构。

（五）公众

公众是指对房地产企业实现其经营目标有实际或者潜在影响力的群体。公众对房地产企业的态度，会对其营销活动产生巨大的影响，它既可以有助于企业树立良好的形象，也可能妨碍企业形象的建立。所以企业必须处理好与主要公众的关系，争取公众的支持和偏爱，为自己营造和谐、宽松的社会环境。企业所面临的公众主要有以下几类：

1. 金融公众

金融公众是指影响房地产公司取得资金能力的财务机构，主要包括银行、投资公司、证券公司、股东等，它们对企业的融资能力有重要的影响。由于房地产属于资本密集型行业，其融资能力对其生存与发展影响巨大，所以金融界是房地产公司利益集团中的重要分子。树立良好的市场形象和信誉，使金融界对公司正常的经营和偿债能力感到满意和放心，对于提高公司融资能力十分重要。

2. 媒介公众

媒介公众主要包括报纸、杂志、电台、电视台等传播媒介，它们掌握传媒工具，有着广泛的社会联系，能直接影响社会舆论对企业的认识和评价。新闻媒介对房地产企业经营业绩正面报道能提高企业的知名度，树立良好的企业形象，扩大企业产品的销售；相反，媒介公众对企业经营管理中存在问题的曝光会使企业信誉降低，形象受损，从而影响产品的销售。因此，房地产企业在努力搞好生产经营活动的同时，要与大众传媒建立良好的关系，促使传媒做出对企业有利的宣传，减少负面报道。

3. 政府公众

政府公众主要指与企业营销活动有关的各级政府机构部门，它们所制定的方针、政策对企业营销活动或是限制，或是机遇。政府公众主要有各级政府，国土资源、规划、绿化、工商、税务、质量监督、环境保护、公安消防、水电供应等部门。它不仅可能因其庞大的集团购买力成为企业重要的顾客，而且作为社会管理者，它所制定的法规、政策、规范，促进或限制着企业经营与发展。企业在制订营销计划时，必须认真研究与考虑政府政策与措施的发展变化。在一般情况下，公司应与其加强沟通和合作，遵纪守法，树立良好的公众形象，承担社会责任，积极参加各种公益事业，经常与政府沟通信息，争取获得它们的支持，并提供各种方便。

4. 社团公众

社团公众主要指与企业营销活动有关的非政府机构，如消费者组织、环境保护组织以及其他群众团体。企业营销活动涉及社会各方面的利益，来自这些社团公众的意见、建议，往往对企业营销决策有着十分重要的影响。

5. 社区公众

社区公众主要指企业所在地附近的居民和社区团体。社区是企业的邻里，企业保持与社区的良好关系，为社区的发展做一定的贡献，会受到社区居民的好评，他们的口碑能帮助企业在社会上树立良好的形象。

6. 内部公众

内部公众是指企业内部的管理人员及一般员工。企业的营销活动离不开内部公众的支持，应该处理好与广大员工的关系，调动他们开展市场营销活动的积极性和创造性。

（六）企业

企业是一个相对完整的系统，市场营销部门是这一系统中的重要因素。企业内部各职能部门的工作及其相互之间的协调关系，直接影响企业的整个营销活动。房地产企业的市场营销活动主要是由营销管理部门负责的，主要包括市场调研、企业的营销计划、品牌的制定和管理、广告、产品销售及售后服务等。营销部门在制定营销策略时，不仅要考虑外部环境力量，还要考虑企业内部环境的影响。一是要考虑企业最高管理层的意图，要以最高管理层制定的企业任务、目标、战略和政策为依据制订营销计划，并呈报最高管理层批准执行；二是要与企业的其他职能部门密切配合，相互协调，共同制订企业的年度计划和长期计划，使营销管理工作得到内部的大力支持，整合各种资源，从而形成强大的合力，使各项营销管理决策和营销方案得以顺利实施。

1. 企业资源和能力

企业都拥有一定的资源以及有效协调这些资源以满足特定市场需求的能力，每个企业都是资源和能力的结合体。在进行房地产市场营销之前，企业要清楚自己有哪些资源，以及这些资源满足完成使命要求的程度，明确与竞争对手相比有哪些不同；要分析企业通过有效协调获取资源以满足特定市场需求的能力，因为企业竞争优势的来源可能是企业自身拥有的稀缺资源，也可能是对资源的运用能力。企业运用资源的能力水平将直接影响房地产市场营销目标的实现程度。

2. 企业文化

企业文化是一种组织文化，有自己的共同目标、群体意识及与之相适应的组织机构和制度，它所包含的价值观、行为准则等意识形态和物质形态均是企业群体共同认可的，具有凝聚功能、导向功能、激励功能、约束功能和塑造企业形象功能。如果房地产企业具有良好的企业文化，就可以在市场上营销以上功能，更好地实现企业的营销目标。

第三节 房地产市场营销环境分析

一、房地产市场营销环境分析的内容

环境的变化对任何一个房地产企业产生的影响都可以从三个方面进行分析。一是对房地产企业市场营销有利的因素，即它为企业市场营销提供环境机会。对于企业来说，环境机会是开拓经营新局面的重要基础。为此，企业应加强对环境的分析，当环境机会出现的时候善于捕捉和把握，以求得企业的发展。二是对房地产企业市场营销不利的因素，即它对企业市场营销形成环境威胁，如果企业不采取相应的规避风险的措施，这些因素会导致企业营销的困难，给企业营销带来威胁。为保证企业营销活动的正常运行，企业应注重对环境的分析，及时预见环境威胁，将危机减少到最低限度。三是对房地产企业市场营销无影响的因素，企业可以把它视为中性因素。面对机会和威胁，房地产企业必须采取适当的措施，才能在环境变化中生存和发展。

房地产企业的市场营销环境是由微观环境和宏观环境构成的多因素、多变量并不断变化的环境，根据制定市场营销战略的需要，应重点调查研究如下五个方面：

1. 顾客需求

房地产市场是一个复杂的多元化市场，只有充分认识顾客需求的层次性和差异性，正确选择目标市场，制定营销策略，才能充分满足顾客的需求。

2. 竞争情况

应根据目标市场所在地区的经济发展预期，科学地确定出未来的需求变化及潜在市场需求量。房地产企业不仅要分析所在地区的同类房地产开发经营企业的营销计划，还要充分估计已投入使用物业的竞争能力，尤其是某些在未来可能改扩建的物业对市场供给的影响。

3. 供应情况

房地产企业应充分掌握所在地区的城市规划、土地供应计划以及金融机构提供开发贷款和按揭贷款的发展趋势。

4. 政府政策

随着区域经济和社会的发展，政府的规划限制、环保要求及防火要求等都将发生一定的变化，房地产业的发展政策也将有所改变，房地产企业在制定市场营销战略时必须掌握上述变化的趋势。

5. 企业自身条件

房地产企业应主要分析其在房地产开发、物业经营管理方面的水平及其与竞争对手相比较所具有的优势及可能产生的差距，企业的资金积累及抵押力的变化能否满足经营目标的要求等。

以上五个方面是房地产企业在制定营销战略时必须加以调查分析的问题。此外，因所在地区的特殊性及开发经营产品的特点，还要进行专项分析。

二、房地产市场营销环境的分析方法及步骤

市场营销环境分析常用的方法为SWOT分析法，其分析步骤如下：

（一）对项目进行SWOT分析

SWOT是优势（Strength）、劣势（Weakness）、机会（Opportunity）和威胁（Threat）的总称。SWOT分析是对房地产项目内外部条件的各方面内容进行综合和概括，进而分析项目的优势和劣势、机会和威胁的一种方法，即将与研究对象密切相关的各种主要内外部因素，通过调查罗列，并依照矩阵形式排列，然后运用系统分析思想，把各种因素相互匹配加以分析，从中得到一系列相应的结论。SWOT分析方法如图2-4所示。

S（优势）	W（劣势）
O（机会）	T（威胁）

图2-4 SWOT分析方法示意图

1. 内部环境分析

通过分析企业的内部环境，并与竞争对手相比发现企业的优势和劣势。优势是企业相对于竞争对手而言所具备的技术能力、资源及其他特殊强势因素，有助于企业增强自身的市场竞争力；劣势是严重影响企业经营效率的技术能力、资源、设施、管理能力以及营销水平等限制因素，需要企业在相应的领域进行变革。当两个房地产项目处在同一竞争市场或者它们都有能力向同一消费群体提供产品和服务时，如果其中一个项目有更高的市场潜力，那么就认为这个项目比另外一个项目更具有竞争优势；反之，则为竞争劣势。

识别环境中有吸引力的机会是一回事，拥有在机会中成功所必需的竞争能力则是另一回事。每个企业都要定期检查自己的优势与劣势，这可通过填写“营销备忘录优势/劣势绩效分析检查表”的方式进行。管理部门或企业外的咨询机构都可利用这一方式检查企业的营销、财务、制造和组织能力。每一要素都要按照特强、稍强、中等、稍弱或特弱划分等级。

企业不应去纠正它的所有劣势，也不能对其优势不加利用。主要的问题是企业应研究其究竟应该只局限在已拥有优势的机会中，还是去获取和发展一些优势以找到更好的机会。有时，企业发展慢并非因为其各部门缺乏优势，而是因为它们不能很

好地协调配合。

2. 外部环境分析

通过分析企业外部环境，发现企业面临的机会与威胁。机会是指企业所处环境的有利形势，企业应加以充分利用，其实质是指市场上存在着“未满足的需求”。它既可能来源于宏观环境，也可能来源于微观环境。随着消费者需求的不断变化和产品生命周期的缩短，引起旧产品的不断被淘汰，要求开发新产品来满足消费者的需求，从而市场上便出现了许多新的机会。

环境机会对不同企业是不相等的，同一个环境机会对某一些企业可能成为有利的机会，而对另一些企业可能就造成威胁。环境机会能否成为企业的机会，要看此环境机会是否与企业目标、资源及任务相一致，企业利用此环境机会能否比其他竞争者获得更大的利益。

威胁是指企业所处环境的不利因素，这些因素是企业发展的约束和障碍，企业应努力使其负面影响降至最低。这种环境威胁，主要来自两方面：一是环境因素直接威胁着企业的营销活动；二是企业的目标、任务及资源同环境机会相矛盾。

任何房地产开发企业都面临着若干环境威胁与市场机会。然而，并不是所有的环境威胁都一样大，也不是所有的市场机会都有同样的吸引力。

（二）构造项目 SWOT 分析矩阵

将调查得出的各种因素根据轻重缓急或影响程度等用排序方式，构造 SWOT 矩阵。在此过程中，将那些对项目发展有直接的、重要的、迫切的、久远的影响的因素优先排列出来，而将那些间接的、次要的、不急的、短暂的影响因素排列在后面。

（三）制定市场对策

在完成环境因素分析和 SWOT 矩阵的构造后，便可以制定出相应的市场对策。图 2-5 为 SWOT 对策示意图。

SO 策略：依靠内部优势，利用外部机会。当外部环境机会与企业长处正好一致时，可以制定最有利的战略，发挥企业长处，取得优势。即着重考虑优势因素和机会因素，目的在于努力使这两种因素都趋于最大。

WO 策略：利用外部机会，弥补内部劣势。当企业本身缺少内部实力来利用这种机会时，企业将面临“避短”和“补短”两种战略选择。即着重考虑劣势因素和机会因素，目的是努力使劣势影响趋于最小，机会趋于最大，使劣势不成为机会的障碍。

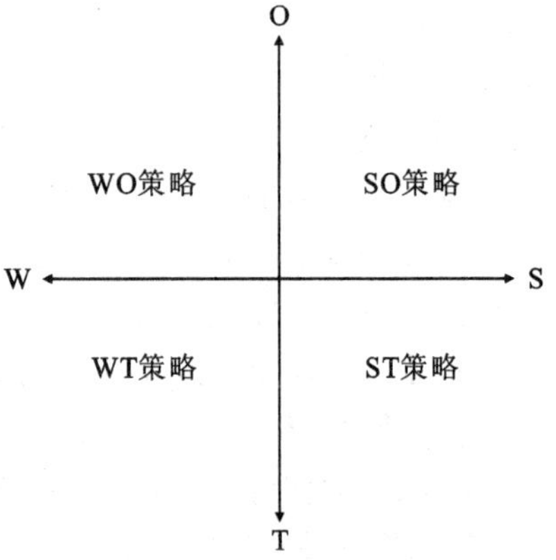

图 2-5 SWOT 对策示意图

ST 策略：利用内部优势，规避外部威胁。当企业虽有长处，但外部环境不利时，企业应避开这种威胁，寻找外部环境中的有利机会。即着重考虑优势因素和威胁因素，目的是努力使优势因素影响趋于最大，使威胁因素影响趋于最小，用优势抵消威胁。

WT 策略：减少内部劣势，规避外部威胁。当企业处于最不利方面时，只能采取“避短”战略，寻找环境中的其他机会。即考虑劣势因素和威胁因素，使劣势不成为机会的障碍。

（四）选择行动对策

对 SO、ST、WO、WT 策略进行甄别和选择，确定企业目前应该采取的具体战略与策略。

当然，SWOT 分析法不是仅仅列出四项清单，最重要的是通过评价公司的优势、劣势、机会、威胁，最终得出以下结论：在公司现有的内外部环境下，如何最大限度地运用自己的资源，如何建立公司的未来资源。

【案例分析 2-1】

建业天筑 SWOT 策略分析

1. 项目简介

(1)项目基本信息

规划总建筑面积约 45 万平方米，总投资逾 55 亿元人民币，由 10 栋精品高层住宅和 4 栋独立商业楼组成。

作为建业集团最新开发的房地产产品，该项目是集绿色、科技、智能、现代、华贵于一体的全装修住宅项目。项目产品定位于国内领先的都市中心、绿色全装修居住领地，是郑州郑东新区首个高度突破 120 米的住宅项目。项目建筑类型包括高层及超高层精装豪宅、业主私人会所、果岭园林景观等，建成后将开启中原地区居住新篇。

楼盘特色：地铁沿线，豪华居住区，低密居所，教育地产，双气楼盘。

区位介绍：建业天筑，位处郑东新区 CBD 成熟核心区，紧邻东风南路、商鼎路，北距郑州政商大动脉——金水大道仅 1 千米；项目 3 千米范围内聚合 CBD、新省政府、高铁站三大城市核心；地铁 1 号线、5 号线、郑开轻轨等轨道交通路网便利，闹中取静，地理位置优越。

规划设计：建业天筑总占地约 130 亩，总建筑面积约 45 万平方米。它由 10 栋高端奢装住宅以及 4 栋独立商业楼组成。其整体规划采用半围合、错位式布局，造就 110 米宽奢侈楼间距，充分保证了住户的采光视野以及景观空间。建业天筑以国际百年公共建筑的标准，来打造中原第一地标豪宅。其外立面大面积采用进口 LOW-E 三层中空玻璃幕墙、防氧化进口铝合金板材及定制专供石材以诠释现代主义建筑的端庄威严，保证历久弥新的恒久品质。

景观特色：社区整体以加拿大宽阔景观坡地园林为基础，并融合中原人居习惯，配备四季恒温温室休闲咖啡花房、室内恒温泳池、室外露天泳池、小型高尔夫果岭训练场等绿色休闲区域；更携手国际酒店管理公司斥资亿元打造中原首屈一指的2800平方米业主私人会所，保障业主生活尊贵典雅，并为中原精英人群打造一个国际化的社交圈层。

建筑风格：建业天筑项目产品定位为中国和中原地区领先水平的都市中心优质全装修绿色住宅区。项目建筑类型包括高层及超高层精装优质住宅、时尚商业街与社区配套服务用房，为住户提供一种安全、私密、健康、舒适和丰富多彩的社区生活，使项目成为城市成功人士一致认同的首席高尚社区。

(2)项目配套

内部配套：云顶会所、恒温泳池、四季花房、4栋独立商业楼。

外部配套：临近地铁1、5号线，周边商业有正大生活馆、大商新玛特、雅乐轩大酒店、绿地中心、原盛国际、升龙广场等，周边休闲有七里河滨河公园，医院配套有郑州市人民医院颐和医院，教育配套有47中(省重点)、康平路小学、省实验学校郑东中学等。

(3)建筑、景观

项目建筑风格为现代高技派，由香港王董国际公司设计；景观由加拿大奥雅景观公司设计，室内由香港梁志天事务所设计。项目包括110米无间断坡地园林，百米礼宾树道，五重绿植移栽，高尔夫果岭坡地，首层架空景观大堂。

(4)物业管理

物业服务：本项目由亚洲顶级物管、台湾第一豪宅物业怡盛物业代理。物业收费达6元左右每平方米。电梯入户系统、地板采暖系统、智能停车系统，用科技配置筑就时代前沿生活。

外立面大面积采用进口LOW-E三层中空玻璃幕墙、防氧化进口铝合金板材及定制专供石材。

内部装修材料用德国德施曼门锁，法国亮维智能家居系统等国际知名品牌。

(5)产品配比

本期共推出736套，其中170套1房，128套2房，170套3房，128套4房，140套5房。6#为3梯1户，7#为3梯2户，11#为2梯2户，11#东单元3梯4户，8#、5#为2梯4户；主力户型为278平方米的5房，150平方米和160平方米的3房；畅销户型为150平方米和160平方米的3房。3房以上均能做到南北通透，5房都带有独立的工人区和工人通道，保障主人私密生活。1房卧室带有大尺度观景飘窗，610平方米5房带有私家泳池，110平方米主卧设有男女衣帽间。具体户型具体分析。

(6)销售情况

160平方米的在22000元/平方米左右，230平方米的在24000元/平方米左右，280平方米在27000元/平方米左右，320平方米在28000元/平方米左右，600平方米在 30000～35000 元/平方米左右；目前价格较开盘价格上涨 1000～5000 元/平方米；现在 5# 售完，6# 剩余 10 套左右，7# 剩余 30 套左右。

(7)客户分析

本项目客户 60％为河南本地人，北京、上海、广州、港台也有少部分客户，多为企业高管，临近高铁和机场，客户偏商务国际。

(8)优惠活动

一次性付款优惠 3 个点，按揭买优惠 1 个点。

2. SWOT 分析

(1)机会分析(O)

项目打造大平层豪宅，在郑州属于稀缺产品，将会吸引追求新鲜事物的客户群关注。

(2)威胁分析(T)

精装修之后价格较高，挤出部分意向客户；后期项目所属位置环境较为嘈杂，影响居住舒适度。

(3)优势分析(S)

项目内部环境配套完善，为产品提升附加值；项目所用材料、内容及规划等均凸显其豪宅定位。

(4)劣势分析(W)

项目工程进度较慢，同时新政策要求 144 平方米以上建筑需等封顶后才能销售，导致项目迟迟不能开盘；项目所属区域为中高端居住区，周边竞争品较多，对于产品的去同质化带来较大威胁。

（资料来源：根据建业天筑 2015 年提案相关资料进行整理。）

【思考题】

1. 根据所给资料，结合课堂所讲内容，构建建业天筑的 SWOT 分析矩阵。
2. 查找相关资料，你认为建业天筑应该选择怎样的竞争策略。

三、房地产市场机会分析

市场机会是指市场上存在的尚未满足或尚未完全满足的显性或隐性的需求。市场机会存在于社会生活的各个方面，是多种多样的。但对房地产企业来说，不可能抓住所有的市场机会，众多的市场机会中仅有很少一部分具有实际意义。为了搞好房地产市场机会的发现和分析工作，有效地抓住和利用某些有利的市场机会，房地产企业的市场营销人员需要了解市场机会的类型和特性。

(一)市场机会的类型

对于房地产企业来说，市场机会的实质就是寻找市场上尚未满足或者未能很好地满足的需求。房地产市场机会主要有以下几种类型：

1. 环境机会与企业机会(或公司机会)

这是随着环境的变化而客观形成的各种各样未满足的需求。环境机会中那些符合企业战略计划的要求、有利于发挥企业优势的可以利用的市场机会，才是企业机会。企业的市场营销管理部门要经过分析和评价环境机会，选择出合适的企业机会，并采取有效的对策加以利用。

2. 表面的市场机会与潜在的市场机会

在市场上，明显的没有被满足的现实需求，就是表面的市场机会；现有的房地产产品种类未能满足的或尚未为人们意识到的隐而未见的需求，就是潜在的市场机会。表面的市场机会易于为人们发现和识别，同时利用这种机会的企业较多，因而难以取得机会效益(即先于其他企业进入市场所取得的竞争优势和超额利润)。潜在的市场机会虽然不易于为人们发现和识别，但同时抓住和利用这种机会的企业较少，因此机会效益比较高。企业应注意发现和利用潜在的市场机会。

3. 行业性市场机会与边缘性市场机会

在企业所处的行业或经营领域中出现的市场机会，称为行业性市场机会；在不同行业之间的交叉或结合部分出现的市场机会，称为边缘性市场机会。由于自身生产经营条件的限制，房地产企业一般都较为重视行业性市场机会并将其作为寻找和利用的重点，但由于行业内部企业之间的竞争，往往会使机会效益减弱甚至丧失，而企业利用行业外出现的市场机会，通常又会遇到一定的困难或较大的障碍。这种情况促使一些企业在行业之间的交叉或结合部分寻求较为理想的市场机会。边缘性市场机会，因其可以发挥企业的部分优势，而且较为隐蔽，难以为大多数企业重视和发现，所以利用这种机会的企业易于取得机会效益。寻找和识别边缘性市场机会的难度较大，需要企业的营销人员具有丰富的想象力和较强的开拓精神。

4. 目前市场机会与未来市场机会

在目前的环境变化中市场上出现的未被满足的需求，称为目前市场机会。在目前的市场上仅仅表现为一部分人的消费意向或少数人的需求，但随着环境的变化和时间的转移，在未来的市场上将发展成为大多数人的消费倾向和大量的需求，称为未来市场机会。企业寻求和正确评价未来市场机会，提前开发产品并在机会到来之时迅速将其推向市场，易于取得领先地位和竞争优势，机会效益较大，但本身也隐含着一定的风险性。重视未来市场机会并不意味着可以轻视目前的市场机会，否则企业将失去经营的现实基础，而对未来市场机会缺乏预见性和迎接的准备，对企业今后的发展也很不利。因此，企业应将这两种市场机会的寻找和分析工作结合起来进行。

5. 全面市场机会与局部市场机会

在大范围市场上出现的未被满足的需要为全面市场机会；在小范围市场上出现的未被满足的需要为局部市场机会。前者意味着整个市场环境变化的一种普遍趋势，后者则意味着局部市场环境的变化有别于其他市场环境的特殊发展趋势。区分这两种市场机会，对于企业具体地测定市场规模，了解需求特点，从而有针对性地开展市场营销活动来说是必要的。

6. 大类产品市场机会与项目产品市场机会

市场上对某一大类产品存在着的未被满足的需求为大类产品市场机会；市场上对某一大类产品中某些具体品种存在着的未被满足的需求为项目产品市场机会。大类产品市场机会显示着市场上对某一大类产品市场需求发展的一般趋势，而项目产品市场机会则表明社会上对某一大类产品市场需求的具体指向。了解前者对于企业规定任务，明确业务发展的总体方向，制订战略计划具有重要意义；了解后者对于企业明确怎么干来实现战略计划的要求，制订市场营销计划，搞好市场营销工作具有重要意义。

(二)市场机会的特性

市场机会一般有以下三个方面的基本特性：

1. 公开性

任何市场机会都是客观存在的，每个房地产企业都有可能发现它，在发现这一点上不存在独占权，这就是市场机会的公开性。公开性表明，任何企业只要善于寻找和识别，通过努力总是可以发现市场机会的。

2. 时效性

市场机会总是随着环境的变化而产生，并随着环境的变化而消失。推迟对市场机会的发现和利用，便会因其他企业的抢先发展和利用而使企业机会效益减少或完全丧失，这就是市场机会的时效性。时效性表明，企业要善于抓住并及时利用有关的市场机会，以取得最大的时间效益。

3. 理论上的平等性与实践上的非平等性

房地产市场机会的公开性使得任何房地产企业都有可能发现某一市场机会并加以利用，这就是市场机会理论上的平等性。但是，由于每个市场机会都有其特定的机会成功条件，而各个房地产企业由于自身条件和所处环境不同，因此在利用某一市场机会时享有的差别利益以及能够取得的竞争优势也就有所不同，这就是市场机会实践上的非平等性。理论上的平等性意味着企业在利用市场机会时充满着竞争；实践上的非平等性则表明竞争结构的分布将是不平衡的。房地产企业在分析、评价和选择市场机会时要考虑到在市场机会的利用上存在着企业之间的激烈竞争，每个企业既要敢于参与竞争，同时又必须注意选择竞争结果对本企业有利的市场机会。

【课堂讨论 2-2】 结合你所在城市的房地产市场发展状况，使用市场机会的分析方法，讨论这个城市的某个房地产企业的市场机会。

(三)发现、分析与选择市场机会

房地产企业应如何寻找和发现市场机会？房地产企业寻找和发现市场机会的根本措施是建立完善的市场营销信息系统，开展经常性的调查研究工作。

1. 房地产企业通过调查研究寻找和发现市场机会的具体方法

房地产企业的市场营销人员，可以通过阅读报刊资料、市场现场观察、召开各种类型的调查会议、征集有关方面的意见和建议、分析竞争者的产品等形式，寻找和发现市场机会；房地产企业的市场营销人员，也可以以产品或业务的战略规划中所使用的分析评价方法为工具，或以发展新业务的战略方法为思路，结合实际寻找和发现产品或业务增长与发展的机会；房地产企业的市场营销人员，还可以利用市场细分的方法，发现未被满足的需要与有利的市场机会。

通过上述工作，房地产企业往往可以寻找到许多市场机会。但是，并非每一种市场机会都能够成为本企业可以利用的有利可图的机会，因此必须在对发现的市场机会进行认真分析与评价的基础上决定选择机会与否。这项工作相当重要，正确地分析、评价、选择和利用市场机会，可以使一个企业走向繁荣，反之则会使企业坐失良机，甚至招致企业营销的失败。

2. 房地产企业在分析、评价与选择市场机会的过程中应主要考虑的问题

(1)分析和评价是否与企业的任务、目标及发展战略相一致。一致的时候可以初步决定利用。不一致的时候可以决定放弃，但如果这一市场机会的潜在吸引力很大也可以考虑利用，不过这会涉及企业战略计划及有关方面的适当调整问题。

(2)分析和评价差别利益。某个市场机会能否成为一个房地产企业的企业机会，还要看本企业是否具备利用这一机会、经营这项事业的条件，以及是否在利用这一机会、经营这项事业上比潜在的竞争者具有更大的优势，从而享有较大的差别利益。房地产企业应选择那些与自己的资源能力相一致，具有利用这一机会、经营这项事业的条件，比潜在竞争者具有更大优势，享有较大差别利益的市场机会作为自己的企业机会。

(3)分析和评价销售潜量。经过上述工作后，房地产企业的市场营销人员还要对拟加以利用的市场机会进行销售潜量方面的分析和评价。分析和评价销售潜量，首先要深入了解谁会购买这种产品、他们愿意花多少钱购买、他们会买多少、顾客分布在什么地方、需要什么样的分销渠道、有哪些竞争者等方面的情况；然后分析每一种市场机会的市场规模、市场容量以及销售增长率；最后还要对本企业产品可能的销售量、市场占有率等做出预测。一般来说，企业只能选择那些对本企业产品具有一定销售潜量的市场机会作为自己的企业机会。

(4)进行财务可行性分析。经过上述分析评价的市场机会，企业的营销、制造、财务等部门还要对其进行财务可行性分析，即估算成本、利润等，以便对其做出最后的评价和选择。

总之，房地产企业寻找、发现、分析和评价市场机会的过程，就是通过调查研究、收集信息、分析预测等工作，结合自身条件从环境机会中选择能够与本企业的战略计划相衔接并能有效地促使其实现的企业机会的过程。

本章小结

本章首先介绍了房地产市场营销环境的含义和特点，接着论述了房地产企业的宏观环境和微观环境，这是房地产企业开展市场营销的基础；第三节着重阐述了房地产市场营销环境的分析内容、分析方法以及市场机会等。其中在房地产营销环境的分析中，主要介绍的是 SWOT 分析方法及其分析步骤，只有将影响房地产营销的相关因素分析透彻，企业才能针对目标市场制定出恰当的营销策略；在房地产市场机会分析中，房地产营销人员只有清楚地知道企业所面临的市场机会的类型和特性，掌握发现、分析与选择市场机会的方法，才能从众多的市场机会中选择出适合本企业的发展机会。

关键概念

微观环境　Micro-environment　　宏观环境　Macro-environment

市场机会　Market opportunity　　SWOT 方法　SWOT method

市场机会分析　Market opportunity analysis

复习思考题

1. 房地产市场营销环境有哪些特点？
2. 房地产市场环境分析的内容有哪些？
3. 什么是 SWOT 分析方法？
4. 家庭收入会影响住房消费吗？这种影响体现在哪些方面？
5. 房地产企业怎样分析、评价与选择市场机会？

实践与训练

1. 你所在的城市的文化环境是怎样的？有哪些是与房地产营销紧密联系的？讨论这些因素从哪些方面影响了这座城市的房地产营销。

2. 你所在的城市目前人口状况如何？对这座城市的房地产营销会产生怎样的影响？

案例分析

2015年前三季度郑州房地产形势分析

2015年前三季度，郑州房地产开发投资小幅回落，呈缓中趋稳走势；开发企业销售资金回笼加速，个人按揭贷款增幅提高；土地市场复苏滞后，成交依然冷清。房地产调控政策效果持续显现，商品房销售面积增幅高位持续，销售市场回暖势头明显。

1. 房地产开发投资震荡下行

前三季度，郑州房地产开发企业共完成开发投资1390.9亿元，同比增长10.1%，增幅比一季度回落8.8个百分点，比上半年回落5.6个百分点，比上年同期低16.1个百分点。房地产开发投资增幅比固定资产投资增幅低8.9个百分点，房地产开发投资额占固定资产投资额的31.0%，比上年同期回落2.5个百分点。

从全国范围看，前三季度，郑州房地产开发投资增速分别高于全国、全省7.5个百分点和0.9个百分点。在全国大部分省市开发投资增幅大幅回落的情况下，郑州开发投资增幅相对略好，在中部六省会城市中总量仅低于武汉，居第二位；增速高于武汉、长沙。

土地购置费下降明显。前三季度，郑州房地产开发投资中建筑工程投资1168.4亿元，同比增长11.6%；安装工程投资16.6亿元，增长78.4%；设备工器具购置费35.1亿元，增长43.3%；其他费用投资170.8亿元，下降6.1%，其中土地购置费79.0亿元，下降20.6%，增幅由一季度上涨25.2%，快速下滑至上半年的下降21.3%，前三季度降幅略有收窄。

中小户型住宅投资高速增长。前三季度，郑州房地产开发投资中商品住宅开发投资917.2亿元，增长9.2%，增幅比上半年回落6个百分点，其中90平方米以下中小户型住宅投资增长23.9%；商业地产投资高速增长后出现回落，办公楼和商业营业用房投资分别增长6.7%和29.1%，增幅分别比一季度回落0.9个百分点和29.1个百分点，比上半年回落5.4个百分点和24个百分点。

前三季度，市内五区及紧邻三开发区房地产开发投资1090亿元，同比增长19.6%，占全市房地产投资总额的78.4%；五县(市)及上街区房地产开发投资200.8亿元，增长10.6%；航空港区房地产投资70.5亿元，下降46.9%。

2. 开发企业销售资金回笼加速

由于国内贷款的大幅下降，开发企业到位资金情况总体紧张，企业自筹资金较快增长；受销售市场好转、降息及公积金政策的刺激，以个人按揭贷款为主的销售回笼资金增幅明显提高。

前三季度，郑州房地产开发企业本年到位资金小计1456.9亿元，增长6.4%，增幅分别比一季度和上半年回落 5.5 个百分点和 2.1 个百分点。其中，国内贷款下降 35.1%，增幅比一季度和上半年分别回落 54.8 个百分点和 12.8 个百分点；自筹资金增长 17.8%，增幅比一季度和上半年分别回落 9.9 个百分点和 4 个百分点；其他资金来源增长 9.3%，其中定金及预付款增长 1.5%，个人按揭贷款增长 29.6%，个人按揭贷款增幅比一季度和上半年分别增长 18.1 个百分点和 5.2 个百分点。

3. 商品房销售面积增幅好中趋稳

多项房地产调控政策陆续出台，调控效果持续显现，郑州商品房销售市场逐步回暖，销售面积由年初的负增长迅速转正，呈高位稳定态势。

前三季度，郑州商品房销售面积 1237.5 万平方米，同比增长 19.6%，增幅比一季度提高 31.3 个百分点，比上半年回落 5 个百分点；商品房销售额 942.9 亿元，增长 16.8%，增幅比一季度提高 39 个百分点，比上半年提高 0.4 个百分点。其中，商品住宅销售面积增长 30.8%，销售额增长 40.8%。

刚需和高档需求逐步释放。在商品住宅销售中，刚需和高档需求逐步释放成为商品房销售回升主体。前三季度商品住宅销售中，以刚需户型为主的 90 平方米以下住宅增长 32.8%，别墅和高档型公寓等高档住宅增长 78.8%，增速均高于住宅平均增速。

从全国范围来看，郑州商品房销售面积增幅分别比全国、全省高 12.1 个百分点和 12.2 个百分点。在中部六省会城市中，郑州市商品房销售面积增幅仅低于长沙，居第二位。

分区域看，前三季度，市内五区及紧邻三开发区商品房销售面积 772.5 万平方米，同比增长 13.1%；销售金额 687.9 亿元，同比增长 11.2%，占全市商品房总销售额的 73%；五县(市)及上街区商品房销售面积 365.4 万平方米，增长 22.7%；销售金额 206 亿元，增长 45.9%；航空港区商品房销售面积 32.7 万平方米，增长 844.6%；销售金额 20.9 亿元，增长 718.5%。

（资料来源：郑州市统计局 2015-10-28。）

【思考题】

1. 2015 年前三季度的郑州市房地产市场的特点有哪些？

2. 试根据本案例分析影响 2016 年郑州市房地产市场的环境因素。

第三章　房地产市场调研

学习目标

1. 了解房地产市场调研的概念及作用；
2. 掌握房地产市场调研的主要内容；
3. 掌握房地产市场调研的方法；
4. 理解房地产市场调研的程序；
5. 掌握房地产市场调查问卷的设计。

引　例

海南房地产调研：八成外地人炒出七成空置率

1. 上帝要将其毁灭，必先使其疯狂

海南的房地产现在让人很担忧：海南"国际旅游岛"概念抛出之后，全国人民蜂拥而至，一些开发商让大家下定金就是不开盘，楼价一天一个涨，谁也不知道会涨到多少钱。7 万元/平方米的天价房也不能让投资客望而却步。

近日，华泰联合证券分析师鱼晋华对海南房地产做了一次详尽的调研，发现基本每个楼盘的岛外客户成交量都占到 80%以上，且基本上入住率都低于 30%。在来自岛外的需求中，外地迁移入岛经商居民的投资需求、岛外过剩流动性资金投资需求以及跟随外地入岛开发商品牌进入的伴生引导型购房需求占主流。

2. 外岛人入侵

海南的楼房里有多少本岛人？谁也说不清楚，但在广州工作的"80 后"小陈也"恋上"了那个遥远的地方，一下子就订了两套房子。

3. 七成空置率

海南房地产市场一向以外地客户成交为主，在"国际旅游岛规划"出台后，这一现象变得更为明显。岛外需求主要来自东北、江浙和珠三角区域，分别代表了外地迁移入岛经商居民的投资需求、岛外居民的投资需求以及跟随外地入岛开发商品牌进入的伴生引导型购房需求。鱼晋华认为，在海南这样一个特殊市场，以上三种需求基本代表了目前支持房地产价格的主要力量，而背后支撑这些需求的则是来自全国的货币流动性过剩。

4. 市场高位维稳

此次调研的文昌、博鳌、三亚三地中，文昌、博鳌两地的主力客户以四川、重庆人为主。而三亚的主力客户群则与海口较为一致，主要由东北、江浙以及珠三角客户构成。从实地走访的楼盘来看，现场客户以操北方口音者居多，东北客户对气候和海景资源的高需求及在当地形成的攀比心理，一定程度上造成了对海南房产的奢侈品消费心态。

值得注意的是，在此三地调研的楼盘均表示购买客户的按揭比例不高，基本是一次性付款，即使按揭，首付比例也在50%以上，部分楼盘如克拉码头和中南森海湾明确表示不接受按揭购房，要求客户一次性付款，用以区分客户真正的购买实力。

鱼晋华认为，目前在三地市场形成的对房产消费的奢侈品化心态以及银行的低参与度，在一定程度上形成了房产市场的稳定器，将维持房产价格在目前高位上的持续波动。

（资料来源：根据2010年2月11日《南方都市报》整理。）

【思考题】

1. 海南房地产七成空置率是如何得出来的？

2. 仅仅通过对文昌、博鳌、三亚三地的调研就推断出整个海南的房地产发展情况，这是采用了哪一种调研方法？

第一节 房地产市场调研概述

一、房地产市场调研的概念和作用

（一）房地产市场调研的概念

市场调研，也称市场调查，是指针对某一特定问题，运用科学的方法，有目的、有计划地收集、整理与企业市场营销有关的各种情报、信息和资料，在调查的基础上对收集的数据和汇总的情报进行分析、判断，为企业营销决策提供依据的信息管理活动。具体对房地产行业来说，所谓房地产市场调研，就是以房地产为特定的商品对象，对房地产产品信息、市场内外部环境和其他房地产企业营销状况等相关的市场信息进行系统的收集、整理、记录和分析，进而对房地产市场进行研究和预测，并最终为营销决策服务的专业方法。

理解房地产市场调研的概念应把握以下几个方面的内容：一是房地产市场调研是个人或组织的一种有目的的活动；二是房地产市场调研是一个周密策划、精心组织、科学实施的，由一系列工作环节、步骤、活动和成果组成的过程；三是房地产市场调研包含着对信息的判断、收集、记录、整理、分析、研究和传播等活动。

（二）房地产市场调研的作用

房地产市场调研在房地产企业的投资经营决策中有着极其重要的作用。具体表现在以下几个方面：

1. 有利于识别市场机会，把握瞬息万变的市场环境房地产行业市场机会不少，但难以把握。房地产行业创新层出不穷，市场追捧的概念时时转换。市场环境的变化主要有消费者需求水平和基本特征的变化，如随着收入水平的提高，人们对住宅需求的改变；产品设计和特征的变化，如普通住宅户型结构的变化；应用技术水平的变化，如住宅小区智能化等。面对瞬息万变的市场环境，房地产企业如果能够把握变化，并根据变化的市场环境适时做出经营调整，那么就可以抓住机会，创造新的盈利点。而把握市场环境变化主要依靠市场调研，有时可能凭借某个企业管理者的经验或直觉直接抓住一星半点机会，但更多的时候是依靠市场调研。

2. 有利于开发适销对路的产品，提高房地产产品的竞争力

房地产企业只有做到为购房者提供优质的住房，做好配套服务，才能提高产品的竞争力。通过市场调研，了解消费者对住房的需求，以及对现有住房的意见，如哪些尚有生命力的老产品可继续经营，哪些过时的产品应予以淘汰，有助于企业开发出新的满足市场需求的产品，以达到不断开拓市场、占领市场的目的，进而促进企业的发展。

3. 有利于制定出科学的经营计划

通过市场调研，企业可以比较准确地掌握市场供求状况，据此制定出销售计划，并依据销售计划准确地拟订年度、季度及月度生产计划。并且，市场调研是营销的前提，营销人员只有了解购买者的需求、消费心理、收入高低、工作背景、教育程度、家庭背景、年龄、个性、嗜好、社会及心理因素，才能制定出可行的营销方案，为完成营销目标打下坚实的基础。

4. 有利于实施正确的价格策略和提高经济效益

市场调研可以帮助企业根据消费者的需求及心理承受能力，确定可行的市场价格，有针对性地开展各种促销活动，从而提高企业的经营管理水平，促进企业经济效益的提高。

二、房地产市场调研的主要内容

房地产市场调研的内容非常广泛，一般来说，房地产市场调研主要包括房地产市场环境调研、房地产市场需求调研、房地产市场供给调研和房地产市场营销活动调研四个方面的内容。

（一）房地产市场环境调研

1. 政治法律环境调研

政治法律环境调研主要是了解对房地产市场起影响和制约作用的政治形势，国家对房地产行业管理的有关方针政策、法律法规及其变化等，具体包括：

（1）国家及地方各级政府有关房地产开发经营的方针政策，如房改政策、开发区政策、房地产价格政策、房地产税收政策、房地产金融政策、土地定级及地价政策、人

口政策和产业发展政策等；

(2)国家及地方各级政府有关国民经济社会发展计划、发展规划、土地利用规划、城市规划和区域规划等；

(3)国家有关法律法规，如《环境保护法》、《土地管理法》、《城市房地产管理法》、《广告法》、《反不正当竞争法》等；

(4)政府有关方针和政策，如产业政策、金融政策、税收政策、财政政策、物价政策、就业政策等；

(5)政局的变化，包括国际和国内政治形势、政府的重大人事变动等。

【课堂讨论 3-1】 2010 年 4 月 15 日，国务院出台措施，要求对贷款购买第二套住房的家庭，贷款首付款不得低于 50%，贷款利率不得低于基准利率的 1.1 倍。

针对这一消息，我们该对什么内容进行调研？

2. 经济环境调研

经济环境调研主要是了解财政、金融、经济发展状况和趋势等因素，这些因素影响的是市场大气候。另外，该地区的居民收入、消费水平、消费结构、物价水平、物价指数，对房地产市场需求也会产生根本性的影响。经济环境调研应该把握企业所在地区的总的经济发展前景。一般来说，对于经济发展迅速的地区，房地产市场的前景也将十分广阔，市场机会相对多些。经济环境调研的具体内容包括：

(1)国家、地区或城市的经济特性，包括经济发展规模、趋势、速度和效益；

(2)项目所在地区的经济结构、人口及其就业状况、就学条件、基础设施情况、地区内的重点开发区域、同类竞争物业的供给情况；

(3)一般利率水平、获取贷款的可能性以及预期的通货膨胀率；

(4)国民经济产业结构和主导产业；

(5)居民收入水平、消费结构和消费水平；

(6)物价水平及通货膨胀；

(7)项目所在地区的对外开放程度和国际经济合作的情况，对外贸易和外商投资的发展情况；

(8)对与特定房地产开发类型和开发地点相关因素的调研。

【课堂讨论 3-2】 房地产语录：你能跑得过刘翔，但你能跑得过中国的房价么？(注：刘翔，中国著名跨栏运动员，被誉为“中国飞人”。)

针对这句话所蕴含的意思，我们该对什么内容进行调研？

3. 社会文化环境调研

社会文化环境主要是居民的生活习惯、生活方式、消费观念、消费心理乃至对生活的态度、对人生的价值取向等，而一些价值观，是比较容易变化的，这也为房地产企业开发新的产品、引进新的经营思路创造了条件。社会文化环境调研的内容主要包括：

(1)居民职业构成、受教育程度、文化水平等；

(2)家庭人口规模及构成；

(3)居民家庭生活习惯、审美观念及价值取向等；

(4)消费者民族与宗教信仰、社会风俗等。

4. 社区环境调研

社区环境直接影响着房地产产品的价格，这是房地产商品特有的属性。优良的社区环境，对发挥房地产商品的效能，提高其使用价值和经济效益具有重要作用。社区环境调研的内容包括社区繁荣程度、购物条件、文化氛围、居民素质、交通和教育的便利程度、安全保障程度、卫生质量、空气和水源质量及景观等方面。

(二)房地产市场需求调研

房地产市场需求调研主要包括如下几个方面：

1. 房地产消费者调研

房地产消费者调研，即市场容量调研，主要是调研房地产消费者的数量及其构成，主要包括：

(1)消费者对某类房地产的总需求量及其饱和点、房地产市场需求发展趋势；

(2)房地产现实与潜在消费者数量与结构，如地区、年龄、民族特征、性别、文化背景、职业、宗教信仰等；

(3)消费者的经济来源和经济收入水平；

(4)消费者的实际支付能力；

(5)消费者在房地产产品质量、价格、服务等方面的要求和意见等。

2. 房地产消费动机调研

动机是激励和维持人的行动，并使行动导向某一目标，以满足个体某种需要的内部动因。房地产消费动机就是为满足一定的需要，而引起人们购买房地产产品的愿望和意念。房地产消费动机是激励房地产消费者产生房地产消费行为的内在原因。开展房地产消费动机调研的主要内容包括消费者的购买意向、影响消费者购买动机的因素、消费者购买动机的类型等。

【课堂讨论 3-3】 楼市经典语录：中国的房价是丈母娘推高的！

针对这句话所蕴含的意思，我们该对什么内容进行调研？

3. 房地产消费行为调研

行为是指受思想支配而表现出来的外在活动，房地产消费行为是房地产消费者在实际房地产消费过程中的具体表现。房地产消费行为的调研就是对房地产消费者的购买模式和习惯的调研，主要包括：

(1)消费者购买房地产商品的数量及种类；

(2)消费者对房屋设计、价格、质量及位置的要求；

(3)消费者对本企业房地产商品的信赖程度和印象；

(4)房地产商品购买行为的主要决策者和影响者情况等。

(三)房地产市场供给调研

房地产市场的供给是指在某一时期内为房地产市场提供房地产产品的总量。它主要调研以下几个方面：

1. 行情调研

房地产市场行情调研，即对整个地区房地产市场现有产品的供给总量、供给结构、供给变化趋势、市场占有率，房地产市场的销售状况与销售潜力，房地产市场产品的市场生命周期，房地产产品供给的充足程度，房地产企业的种类和数量，是否存在着市场空隙，有关同类房地产企业的生产经营成本、价格、利润的比较，整个房地产产品价格水平的现状和趋势，最适合于客户接受的价格策略，新产品定价及价格变动幅度等信息的调研。

2. 市场反应调研

市场反应调研主要调查：现有房地产租售客户和业主对房地产的环境、功能、格局、售后服务的意见及对某种房地产产品的接受程度；新技术、新产品、新工艺、新材料的出现及其在房地产产品上的应用情况。

3. 建筑设计及施工企业的有关情况调研

建筑设计及施工企业的有关情况调研主要调查建筑设计及施工企业的数量、资质及信誉情况等。

(四)房地产市场营销活动调研

房地产市场营销活动是一系列活动的组合，包括房地产市场竞争情况、价格、促销、营销渠道等活动。因此，房地产市场营销活动调研应围绕这些营销组合要素展开。

1. 房地产市场竞争情况调研

市场竞争对于房地产企业制定市场营销策略有着重要的影响。房地产市场竞争情况的调研主要包括竞争企业和竞争产品两方面内容。

对竞争企业的调研主要包括：

(1)竞争企业的数量、规模、实力状况；

(2)竞争企业的生产能力、技术装备水平和社会信誉；

(3)竞争企业所采用的市场营销策略以及新产品的开发情况；

(4)对房地产企业未来市场竞争情况的分析、预测等。

对竞争产品的调研主要包括：

(1)竞争产品的设计、结构、质量、服务状况；

(2)竞争产品的市场定价及反应状况；

(3)竞争产品的市场占有率；

(4)消费者对竞争产品的态度和接受情况等。

2. 房地产价格调研

房地产价格的高低对房地产企业的市场销售和盈利有着直接的影响，积极开展房地产价格调研，对企业进行正确的产品定价具有重要的作用。价格调研的内容包括：

(1)影响房地产价格变化的因素，特别是国家价格政策对房地产企业定价的影响；

(2)房地产市场供求情况的变化趋势；

(3)房地产商品价格需求弹性和供给弹性的大小；

(4)开发商各种不同的价格策略和定价方法对房地产租售量的影响；

(5)国际、国内相关房地产的价格；

(6)开发个案所在城市及街区的房地产价格。

3. 房地产促销调研

广告是促进房地产商品市场销售的一种重要手段，广告促销的效果是房地产企业所关注的一个问题。促销调研的主要内容包括：

(1)房地产企业促销方式，广告媒介的比较、选择；

(2)房地产广告的时空分布及广告效果测定；

(3)房地产广告媒体使用情况的调研；

(4)房地产商品广告计划和预算的拟订；

(5)房地产广告代理公司的选择；

(6)人员促销的配备状况；

(7)各种营业推广活动的租售绩效。

4. 房地产营销渠道调研

营销渠道的功能是把商品从生产者那里转移到消费者手里。对房地产营销渠道的调研主要包括：

(1)房地产营销渠道的选择、控制与调整情况；

(2)房地产市场营销方式的采用情况、发展趋势及其原因；

(3)租售代理商的数量、素质及其租售代理的情况；

(4)房地产租售客户对租售代理商的评价。

【案例分析 3-1】

城里人能消化这么多房子么？

据河南省房管部门统计，截至 2015 年 11 月底，河南省商品房库存面积 11165 万平方米，同比增长 7.6%，去化周期 17 个月。这其中，有 7 个县市去化周期超过 36 个月，有 32 个县市去化周期在 18 至 36 个月之间。

按地产界通常的说法，去化周期 12 个月左右说明供需相对平衡，超过这个点，就会有去库存的压力。

在郑州新区，高楼林立，现代化都市已具规模。

河南正商置业有限公司副总裁郭伟说，郑州市近年住宅供应在整体商品房供应中占比不大，作为省会城市刚性需求很旺盛，所以房价一直稳步上涨，库存压力不大。相比之下，商业用房供应量大，去化速度比较慢，去化周期大约有 80 个月。

省辖市住宅库存的压力则大了许多。“2014 年年中是最难熬的时候，全市有 7 个月销量负增长。为啥？房子降价，退房的比买房的还多！”濮阳市房地产管理中心主任宋洪斌说。

数据显示，濮阳市商品房库存量 260 万平方米，其中市城区库存 162 万平方米。同时，开发企业资金短缺，投资意愿不强，固定资产投资下降。

在漯河，2015 年前三季度商品房预售面积 168 万平方米，同比增长近 14%，实际销售 78 万平方米，同比降低 28%，同时还有大量已经形成投资的在建和待建项目。2013 年和 2014 年该市共批准 99 个项目，总建筑面积 1867 万平方米，这些项目虽未全部开工，但已实际形成投资。“这么算的话，这些投资已经可以满足全市近 10 年的需求了。”漯河市住房保障和房屋管理局局长陈兴和说。

（资料来源：根据“中国经济网 2016-01-04”资料整理编写。）

【思考题】 案例对哪些方面内容进行了调研？采用哪些调查方法？

三、房地产市场调研的方法与流程

（一）房地产市场调研的方法

房地产市场调研的方法有很多种，基本上可分为两大类：第一类按选择调查对象来划分，有全面普查、重点调查、随机抽样、非随机抽样等；第二类是按采用的具体方法来划分，有询问法、观察法、实验法，企业市场调查人员可根据具体情况选择不同的方法。调研方法的选择是否合理，对调研有很大影响，会直接影响到调研的结果。

1. 按调查对象划分

(1)全面普查。全面普查是指对调查对象总体所包含的全部个体都进行调查，可以获得非常全面的数据，能正确反映客观实际，效果明显。如果能对一个城市的人口、年龄、家庭结构、职业、收入分布情况进行系统调查了解，对房地产开发将是十分有利的。但由于全面普查工作量很大，要耗费大量人力、物力、财力，调查周期较长，一般只在较小范围内采用。当然，有些资料可以借用国家权威机关的普查结果，例如可以借用全国人口普查所得到的有关数据资料等。

(2)重点调查。重点调查是以总体中有代表性的单位或消费者作为调查对象，进而推断出一般结论。采用这种调查方式，由于被调查的对象数目不多，企业可以以较少的人力、物力、财力，在很短时期内完成。如调查高档住宅需求情况，可选择一些购买大户作为调查对象，这些大户对住宅的需求量往往占整个高档商品住宅需求量的绝大多数，从而可推断出整个市场对高档住宅的需求量。当然，由于所选对象并非全部，调查结果难免有一定误差，特别是当外部环境产生较大变化时，所选择的重点对象可能就不具有代表性了。例如，2008年国家加强了宏观调控，一些房地产公司贷款受到限制，资金不足，开工不正常，水泥等材料需求量急剧减少。在这种情况下，房地产开发企业就应及时调整，重新选取调查对象，并对调查结果认真分析，只有这样的市场调查结果才能为企业制定策略提供有用的根据。

（3）随机抽样。随机抽样调查是在总体中随机任意抽取个体作为样本进行调查，根据样本推断出一定概率下总体的情况，其最主要特征是从母体中任意抽取样本，每一样本有相等的机会，即事件发生的概率是相等的，因此可以根据调查的样本空间的结果来推断母体的情况。

（4）非随机抽样。非随机抽样是指市场调查人员在选取样本时并不是随机选取，而是先确定某个标准，然后再选取样本数。这样，每个样本被选择的机会并不是相等的。非随机抽样在实际应用中还可以进一步细分为任意抽样、判断抽样和配额抽样三种具体方法。

非随机抽样的优点是按照一定的主观抽样标准抽样，可以根据已知的资料选择较为典型的样本，使样本更具代表性；同时，可以缩小抽样范围，节省调查人员、调查时间和调查费用。不足之处是无法判断调查误差和检查调查结果的准确性。

2. 按照调查方法划分

（1）询问法。询问法是向被访者提出一些问题，由被访者回答，研究者根据这些回答进行归类统计分析而获得相关的市场数据。通常根据询问的对象及使用工具的差异，可以将询问法分为入户询问法、路上拦截法、邮寄询问法、经理询问法、电话询问法和网络询问法六种具体类型，这六种询问法都各有利弊，在实际应用中可根据具体情况选择最适合的类型。

（2）观察法。观察法是指调查人员不与被调查者正面接触，而是在旁边观察。这样被调查者无压力，表现得自然，因此调查效果也较理想。有些购买者不愿透露他们某些方面的行为，通过观察法便可以较容易地了解到，但观察事物的表面现象，不能得到另外一些信息，如人们的感情、态度、行为动机等，因此调查人员通常将观察法与其他方法组合起来使用。

（3）实验法。实验法是指将调查范围缩小到一个比较小的规模上，进行实验后取得一定结果，然后再推断出总体可能的结果。例如，调查广告效果时，可选定某一消费者群作为调查对象，对他们进行广告宣传，然后根据接受的效果来改进广告词语、声像等。在实验期间，消费者的偏好、竞争者的策略都可能有所改变，从而影响实验的结果。虽然如此，实验法在研究因果关系时能提供其他两种方法所不能提供的材料，因而运用范围较为广泛。

【案例分析 3-2】

如何让农民买得起房子

“农民的观念已经改变了，愿意贷款买房。但不少农民工没有固定工作，虽然有还款能力，却提供不了收入证明，没法在银行贷款。城里人买房绝大多数都是贷款，不给农民提供这个金融支持，怎么也说不过去。”漯河市住房保障和房屋管理局局长陈兴和说。

为此，漯河、濮阳等地普遍采取了金融创新的办法，在加强前期调研，确保借款人还款能力的同时，把出具收入证明材料的范围扩大到村委会等机构，让包括摆摊设点的农民工也能顺利办理贷款。从调研掌握的情况来看，90%以上的农民买房时选择贷款。

为给农民提供金融支持，濮阳市准备实施农民购房政府担保，成立一个政策性置业担保公司，为进城农民买房提供担保。公司运营的一个硬性条款就是，凡农民进城购房首付款比例达到20%，可以享受最低的贷款利率。

同时，他们还将有稳定劳动关系的进城落户农民工纳入住房公积金覆盖范围，在农民工自愿的基础上，强制用工单位和农民工本人共同缴纳住房公积金，农民工也可以申请用公积金贷款买房。

数据显示，2015年前10个月，漯河市房屋销量73万平方米，平均每月7万平方米。但9月份漯河市实施政策支持后，每月的销量都有15万平方米左右。

多位接受采访的人士表示，鼓励农民工进城购房是化解三四线城市房地产库存的有效办法。按此思路，三四线城市房地产去库存有条件也有能力。

（资料来源：根据“中国经济网 2016-01-04”资料编写。）

【思考题】 上述案例采用了哪些调查方法，它有什么特点？

（二）房地产市场调研的流程

房地产市场调研的流程，是指从调研准备到调研结束全过程工作的先后次序。一般而言，房地产市场调研流程有以下几个方面：初步调研；确定收集资料的方法；设计调研表；选样；资料整理与分析；报告的准备与提出。

1. 初步调研

初步调研是确定问题及研究的范围，并经过研究，拟订出一套计划。可以分为三个步骤：

（1）情况分析。在拟订正式调查计划之前，市场调查人员必须对公司的历史、产品、竞争者、分配渠道与方法、消费者购买习惯、广告、销售和促销方法等情况相当了解。

（2）预备调研。预备调研是对与目前调研范围有关的资料进行分析，分析同业与政府的资料、专家的意见等，分析调研本身的问题及发展出来的假设，作为正式调研的基础。

(3)决定研究范围。经过情况分析与预备调研后，可以使假设减少到几个，甚至一个，从而确定出研究的计划与范围。同时对所有的假设进行仔细且系统的分析，如果在研究计划的初期就能够确定和解决所要研究的问题，可以节省后期营销所需的人力、物力和财力。

2. 确定收集资料的方法

资料可以分为初级资料和次级资料两类。初级资料(或原始资料)，指专为某项计划而收集或实验而得的资料；次级资料(或二手资料)，指原始资料经过整理后所形成的可为他人利用的资料。如果有适当的二手资料并加以利用，可以节省大量人力、财力。二手资料的来源主要有：

(1)政府机关、金融机构所统计、公布的资料，如各级政府公报、银行结汇统计等；

(2)同业公会、商会等团体所公布的资料，如建工集团、房管机构等；

(3)市场研究机构、资信机构或国有、民营企业所公布的资料，如各经济研究所、规划研究院等；

(4)广告代理商及各种广告媒体所发布的资料；

(5)国内外大学的出版物；

(6)各种基金会的研究计划及报告；

(7)国内外公共图书馆所公布的资料；

(8)公司本身拥有的各种资料。

原始资料搜集最常用的方法如下：

(1)调查法。这种方法又可分为：①人员调查法。此方法是目前房地产业用得最多而且被认为是最必要与最有效的调查方法。访问对象主要是现场售楼处的售楼先生或小姐，他们在销售房屋的过程中扮演了直接而重要的角色，最能了解购房者的需要和反应，同时也清楚地了解销售率变动的过程。②电话调查法。电话调查在时间上最为经济，但大多只能作为调查人员访问调查后的辅助办法。电话调查可以用来核实销售率的虚实，假借客户购房的名义询问，可以得到不少有价值的资料。③通信调查法。给已经积累的客户发调查信函，对某一项事件进行调查，此种方法时效性较差，没有相当必要的理由较少用到。

(2)观察法。在销售现场，敏锐的市场调查人员通过对现场布置、人潮来往、现场销售气氛、销售技巧的运用等方面的观察后，通常可以从一些现象中判断出该项目的成功与失败，进而得到普通调查难以得出的有意义的资料。

3. 设计调研表

在调研中，将调研表设计得周密理想是极为重要的一环。任何一个问题，只要在措辞或语气上稍有不妥，所得到的结果往往会与事实相去甚远。现将设计调研表的程序和应注意的问题列举如下：

(1)决定调研方式。调研人员运用人员调查、电话调查或通信调查时，对于调研表内容的设计不一样。

(2)决定采用哪一种类型的问题。调研问题的设计有很多种，不同的目的有不同的问题设计方式，常采用的问题有多项选择问题、自由作答问题和双面问题等类型。

(3)设计调研表问题时应注意的事项有：

①问题要力求简单清晰，使被调查人一看就能明白问题的内容；

②问题本身不用模棱两可的话语，运用简单通俗的文字；

③问题的文字间不要使用有引导性的问句，不要含有暗示；

④避免提出涉及私人的问题，避免提出不合理问题；

⑤注意问题的排列顺序，前几个问题要设计得简单有趣，以引起被调查人的兴趣和合作，问题的衔接要合理而自然，避免因主题的改变而造成被调查人理解上的混淆。

4. 选样

由于消费者的数目庞大，想要调查全部消费者是不现实、不经济的，因此要在全部消费者中，选择一部分具有代表性的消费者进行调查，即选样或抽样调查。

5. 资料整理与分析

从被调查者处收集来的资料千差万别，在编制调查报告之前，必须先进行资料的整理，这样做也有利于资料的保存。主要有以下过程：

(1)编辑。编辑的目的在于发现并剔除调查资料中的错误部分，如调查人员的主观偏见，答复者有意敷衍或不精确的回答，有矛盾的答复等。

(2)编号。用数字符号代表资料，使资料易于编入适当的类别，更有利于录入计算机进行处理。

(3)制表。将已分类的资料系统地制成各种统计表，以便分析和归纳。

(4)分析与解释。因为绝大多数资料的收集均取自样本，故样本的可靠性必须测定。所谓可靠性是指样本的平均数与总体的平均数可能有多大的差别。通常样本的平均数的标准误差越小，则样本平均数与总体平均数的差异就越小，样本平均数的可靠性就越大。

6. 报告的准备与提出

市场调研之后，必须制作调研报告，供决策者参考与应用。因此，报告的准备必须详尽、扼要而属实。报告书内容的组织要目标明确、有条不紊、重点分明，使读者在短时间内就能够得到一个总体的印象。

【案例分析 3-3】

房地产如何去库存

2015 年底召开的中央经济工作会议指出，2016 年经济社会发展要抓好去产能、去库存、去杠杆、降成本、补短板五大任务。其中，突出强调要化解房地产库存，提出加快农民工市民化，扩大有效需求；建立购租并举的住房制度，发展住房租赁市场。那么目前房地产库存压力大在哪儿？农民购买商品房的意愿和能力如何？回购商品房做保障房是否可行？本报采访组以河南省为研究样本，深入进行调研采访。

近来，农民工进城买房成为热门话题，议论者众。其中一个疑问就是：农民工进城买房潜力有多大？

为回答这些问题，经济日报调研组赴河南蹲点调研。之所以选择河南，主要因为河南是我国人口第一大省和劳务输出大省，加上河南出台政策早，在鼓励农民工进城买房方面已经有一些积极探索。

对于县级城市来说，去库存的压力更为严峻。2015 年上半年，禹州市商品房销售面积同比下降了 35.3%，低谷时全市一个月仅卖出 40 多套房子。目前在售商品房 112 万平方米，即使按 2015 年政策推动下销售 30 万平方米计算，也需要将近 4 年才能消化。

（资料来源：根据“中国经济网 2016-01-04”资料整理编写。）

【思考题】 请你根据上述消息，同时参考案例 3-1 和案例 3-2 的内容，为房地产去库存设计一份调查计划。

第二节 房地产市场调查问卷的设计

问卷，又称调查表，是调查者根据市场调查的目的和需求设计出来的，由一系列问题、备选答案及说明等组成的，向被调查者收集资料的一种工具。问卷调查法是房地产企业进行各种调查时最常用的一种方法。标准化、设计合理的问卷有利于快速准确地收集资料，也便于快速高效地进行数据处理分析。

一、调查问卷的设计原则

（一）一致性原则

调查问卷应与市场调查所希望了解的内容一致。在许多市场调查中，调查发起者提出调查目的后，并不能清楚完整地提出具体的调查内容要求，此时调查问卷设计人员应当与数据使用者积极沟通，相互协调，设法挖掘出调查发起者的潜在需求。

（二）完整性原则

在设计调查问卷时，调查问卷内容应该能涵盖调查目的所需要了解的所有内容。完整性不仅包括调查问卷的完整，还包括具体问题中所给的答案选项的完整，即不应出现被调查者找不到合适选项的情况。

（三）准确性原则

在设计调查问卷时，调查问卷内容应保证数据的准确性。作为调查的脚本，调查问卷在措辞顺序、结构和版式等方面应当保证所需信息被准确翻译为调查问卷中的问题，被调查者能够准确理解问题，并能够给出正确的答案；作为记录工具和编码工具，调查问卷应能提供规范的记录方式和编码方式，保证被调查者或调查员记录的答案准确清晰，设计的编码能准确代表原来资料的信息，以满足录入、编码和分析环节的要求。

（四）可行性原则

调查问卷应保证被调查者愿意并如实回答调查问卷，这是得到有效数据的必要条件之一；调查问卷的设计还要保证编码、分析的可行性；被调查者提供的回答应是可量化的。

（五）效率原则

效率原则就是在保证获得同样信息的条件下，选择最简捷的询问方式，使调查问卷的长度最短、题量和难度最小，以节约调查成本。

（六）模块化原则

为使调查问卷结构分明，便于维护与更新，调查问卷设计人员可以考虑使用模块化的设计方法，即将调查问卷划分为若干个功能块，每个功能块由若干道题构成。功能块内部具有较强的联系，功能块之间具有相对独立性。

二、调查问卷的基本结构

调查问卷的基本结构一般包括三个部分，即前言、正文和结束语。其中，正文是问卷的核心部分，是每一份问卷都必不可少的内容，而其他部分则根据设计者需要进行取舍。

（一）前言

前言是调查者向被调查者写的简短信，主要说明调查的目的、意义、选择方法以及填答说明等。一般在问卷开头的地方用亲切、诚恳、有礼貌的语言说明调查的目的、意义，调查者身份，保密原则，以便尽快让被调查者了解调查的目的和内容，消除被调查者的疑虑，激发他们的参与意识。

（二）正文

正文即问卷的调查内容，主要包括各类问题、问题的回答方式及其指导语，这是调查问卷的主体。

问卷中的问答题，从形式上看，可分为开放式、封闭式和混合型三大类。开放式问答题只提问题，不给具体答案，要求被调查者根据自己的实际情况自由作答；封闭式问答题则既提问题，又给出若干答案，被调查者只需在选中的答案中打“√”即可；混合型问答题，又称半封闭型问答题，是在采用封闭式问答题的同时，最后再附上一项开放式问答题。至于指导语，也就是填答说明，是用来指导被调查者填答问题的各种解释和说明。

（三）结束语

结束语一般放在问卷的最后面，用来简短地对被调查者的合作表示感谢，也可征询一下被调查者对问卷设计和问卷调查本身的看法和感受。

【实践训练 3-1】 请设计一份关于城市低收入困难家庭住房状况的调查问卷。

三、调查问卷的问题设计技巧

问题设计是问卷设计的核心。在设计问卷时，对问题的类型、排列顺序和答案都必须认真推敲。

（一）问题的类型

由于调查问题要求的不同，调查问卷上询问的问题类型和内容设计也不同，主要有以下几种：

1. 两项选择型

两项选择型又称是非式或者赞否式选择型，如“今年您是否打算买房？买□不买□”。它只要求被调查者在两项相互对立的答案中选答一个。一般用“是”或“否”、“有”或“无”、“好”或“坏”回答。它的优点在于短时间内可获得明确答复，便于统计；其不足是不能表达出被调查者意见的程度差别。

2. 多项选择型

这是由调查者事先列出许多答案让被调查者选择适合自己的答案的方法，如“您现在的住房有哪些困难？面积过小□房子破旧□环境较差□地点不适□其他□”。这种方法适用于对消费者购买动机的调查。它可避免两项选择型的强制选择，也便于统计分析；缺点是答案范围不易把握，过多则会使被调查者厌烦，过少则容易漏掉真正的答案。

3. 顺位型

顺位型如“您认为在小区环境中哪几点最重要？（请用阿拉伯数字标出各项的顺序）距工作单位近□交通便利□中小学教学质量好□购物方便□物业管理质量高□文化娱乐丰富□绿化好□”。对所咨询的问题列出几个答案，请被调查者依自己喜欢的程度对各答案排出先后顺序。这种方法便于调查对象衡量比较，表达其对所列项目重要程度的态度，也便于结果统计；其不足是答案过少。

4. 程度评价型

调查人员对询问的问题列出程度不同的几个答案，并对答案事先按顺序评分，要有被调查人可以选择的答案，如“您对售后物业管理服务的评价是：满意□比较满意□一般□不满意□很不满意□”。

5. 自由回答型

此法在调查问卷上无拟定的答案，被调查者可以自由陈述意见，不受任何约束，如“您对房地产中介机构有什么要求？（随意填写）”

（二）问题顺序的设计

为了提高调查问卷的回收率，调查者在设计调查问卷时，应站在被调查者的角度，顺应被调查者的思维习惯，使问题易于回答。在调查问卷的设计过程中，安排好问题的顺序是非常重要的。同样的若干个问题，顺序排列得合理，就能收到良好的调查效果；顺序排列得不合理，就会影响市场调查的质量和调查问卷的回收率。因此，设计问题的顺序应注意以下几点：

1. 问题排列应具有逻辑性

设计调查问卷时，应把同一性质和同类别的问题排列在一起，以便被调查者按照一定的思路连贯地回答问题。

2. 先易后难

设计调查问卷时，应把比较容易回答的问题放在前面，比较难的问题放在后面；把被调查者熟悉的问题放在前面，不熟悉的放在后面；把被调查者比较感兴趣的问题放在前面，比较严肃的问题放在后面。

3. 问题的排列应考虑时间顺序

时间顺序的安排，可采取由过去到现在的顺序，也可采取由现在到过去的顺序，便于被调查者按照连贯的思路回答问题。

4. 问题的排列应考虑被调查者的心理承受能力

在市场调查中，往往无法回避一些敏感性问题。在设计调查问卷时，调查问卷设计人员应考虑被调查者的心理承受能力，把敏感性问题放得靠后一些。

（三）问题答案的设计

调查问卷问题答案的设计与问题的设计同等重要。因此，答案的设计要经过周密细致的考虑，要符合以下要求：

1. 答案要穷尽

要把问题所有可能的答案都列出来，以供被调查者选择。穷尽性原则要求将可能的答案都列出来，而许多问题难以做到这一点。对此，设计答案时最常采用的办法是将问题的主要答案列出来，最后把“其他”也作为一种答案，由“其他”来包括主要答案中没有列出的情况。

2. 答案要互斥

答案要互斥是指同一个问题的若干个答案之间应是互相排斥的，不能有交叉、重叠和包含等情况。对每一个回答者来说，只能有一个答案适合他，如果有两个或两个以上的答案适合他，这个问题的答案就不是互斥的。例如：“您的职业是什么？工人□农民□商业人员□售货员□教师□医生□其他□”，在所列答案中，商业人员和售货员就不具有互斥性。

（四）问卷的外观和布局

调查问卷的外观力求纸质优良、印刷精美，使被调查者认为这项市场调查意义重大，调查问卷的布局也应清晰易懂，既便于调查者依序发问，又便于被调查者依序回答，不致混淆或发生错误。

（五）问卷的预试

调查问卷设计好以后，不能直接在正式调查中使用，而应先在小范围内进行预试，以发现调查问卷的不足，提高调查问卷的质量。

附录

××房地产开发公司市场调查问卷

一审：________　　　　　　问 卷 编 号：________

二审：________　　　　　　访问员姓名：________

复审：________　　　　　　住宅区名称：________

尊敬的女士/小姐/先生：

您好！我是××房地产开发公司委托的访问员，现在我们正在进行一项关于房地产需求的调查，您被选为访问的对象，耽误您一些宝贵时间，我想与您或您的家人谈谈，多谢您的支持与配合！

郑重承诺：

我司将严格遵照行业操守，保证阁下所填资料只用于此项研究工作，而不用于其他的任何商业用途，同时严格保密！

被访问住宅详细地址：________________________

被访者姓名：________

被访家庭电话：________________

访问起止时间：____月____日____时____分至____时____分

甄别部分

1. 请问您在未来2年内有购买商品住宅的可能性吗？________________

2. 请问您或您的家人现在是否在下列机构工作？

①房地产开发机构　②物业管理公司　③建筑公司　④市场调查公司

⑤政府房地产管理部门　⑥报社电台电视台　⑦房地产中介代理公司

⑧广告策划公司（选①～⑧调查结束）　⑨以上都没有（选⑨调查继续）

3. 请问您的年龄是否在25岁以上？（是——调查继续，否——调查终止）

4. 请问您是家中购房的决策者或参与决策者吗？（是——调查继续，否——调查终止）

5. 请问您的个人月收入是否在1000元以上？（是——跳至主体问卷，否——调查继续）

6. 请问您的家庭年收入是否在2万元以上？（是——调查继续，否——对不起，您不符合我们的要求，打扰了）

A. 消费者购买意向调查

A1. 请问您未来2年内购买商品住宅的可能性有多大？（　　）

1. 可能性很大　2. 可能性较大　3. 可能性一般　4. 可能性较小　5. 可能性很小

A2. 您最可能购房的时间为（　　）。

1. 半年内　2. 半年至1年　3.1年至1年半　4.1年半至2年　5.2年以后

A3. 您购买商品住宅的主要目的是什么？（　　）

1. 结婚　2. 改善居住条件　3. 扩大居住面积　4. 工作、生活更方便　5. 投资用于转手　6. 保值　7. 为家人或朋友购买　8. 其他

A4. 您计划购买多大面积的商品住宅？（　　）

1.70平方米以下　2.70～90平方米　3.90～110平方米　4.110～130平方米　5.130～150平方米　6.150～170平方米　7.170～180平方米　8.180～200平方米　9.200平方米以上

A5. 您打算购买哪种房屋结构的商品住宅？（　　）

1. 平层　2. 复式　3. 跃式　4. 无所谓

A6. 您打算购买哪一类型的商品住宅？（　　）

1. 高层(18层以上)　2.小高层(8～18层)　3. 多层(4～7层)带电梯　4. 多层(4～7层)不带电梯　5. 低层(1～3层)　6.其他

A7. 您喜欢哪种建筑布局的商品住宅？（　　）

1. 围合式　2. 行列式　3. 独立单栋式　4. 无所谓

A8. 您打算购买__________房__________厅__________卫__________阳台的商品住宅。

A9. 您对交房装修标准的要求怎样？（　　）

1. 毛坯房　2. 简单装修　3. 厨卫简单装修，其他毛坯　4. 中高档装修　5. 豪华装修

A10. 您打算购买住宅的单价是______________________________，总价是______________________________。

B. 片区及价格调查

B1. 请您用一句话描述一下您对您所居住片区的看法：

____

B2. 总的来说，您对您所居住片区的喜欢程度为(　　)。

1. 非常喜欢　2. 比较喜欢　3. 一般　4. 不喜欢　5. 非常不喜欢　6. 说不清/不知道

B3. 如您购买商品房，您将会选择以下哪个区域？(　　)

1. 东山区　2. 西港区　3. 教育园区　4. 其他

B4. 请问您在老城区购房的可能程度是(　　)。

1. 很有可能　2. 可能性较大　3. 可能性一般　4. 可能性较小　5. 没有可能

B5. 请用一句话描述一下您对××房地产公司的看法：

____

B6. 您对多层住宅(总楼层为4～7层)的喜欢程度是(　　)。

1. 很喜欢　2. 比较喜欢　3. 无所谓　4. 不太喜欢　5. 很不喜欢

B7. 如果购买，您认为总价为多少比较合适？(　　)

1. 10万元以下　2. 10万～13万元　3. 13万～16万元　4. 16万～19万元　5. 19万～21万元　6. 21万～24万元　7. 24万～27万元　8. 27万～30万元　9. 30万元以上

B8. 如果购买，您所选择的付款方式为(　　)。

1. 一次性付款　2. 分期付款　3. 银行按揭

B9. 您购房最高可以接受多少首期？(　　)

1. 免首期　2. 二成首期　3. 三成首期　4. 四成首期

B10. 如果购房，您觉得首期款为多少比较合适？(　　)

1. 2万～4万元　2. 4万～6万元　3. 6万～8万元　4. 8万～10万元　5. 10万元以上

B11. 如果购房，您觉得购房单价为多少比较合适(元/平方米)？(　　)

1. 1000以下　2. 1000～1300　3. 1300～1600　4. 1600～1900　5. 1900～2200　6. 2200～2400　7. 2400～2600　8. 2600以上

B12. 如果购买，您觉得月供款为多少比较合适？(　　)

1. 400元以下　2. 400～600元　3. 600～800元　4. 800～1000元　5. 1000～1200元　6. 1200元以上

访问到此结束，十分感谢您的合作！

本章小结

房地产市场调研，就是以房地产为特定的商品对象，对房地产产品信息、市场内外部环境和其他房地产企业营销状况等相关的市场信息进行系统的收集、整理、记录和分析，进而对房地产市场进行研究和预测，并最终为营销决策服务的专业方法。房地产市场调研主要包括房地产市场环境调研、房地产市场需求调研、房地产市场供给调研和房地产市场营销活动调研四个方面的内容。

房地产市场调研方法有很多种，按选择调查对象来划分，有全面普查、重点调查、随机抽样、非随机抽样等；按采用的具体方法来划分，有询问法、观察法、实验法。房地产市场调研的流程可分为：初步调研；确定收集资料的方法；设计调研表；选样；资料整理与分析；报告的准备与提出。问卷调查法是房地产企业进行各种调查时最常用的一种方法，标准化、设计合理的问卷有利于快速准确地收集资料，也便于快速高效地进行数据处理分析。

关键概念

房地产市场调研　Real estate market research

调研方法　Research method　　市场环境　Market environment

调研流程　Research process　　调查问卷　Questionnaire

问题设计　Question design

复习思考题

1. 什么是房地产市场调研？
2. 开展房地产市场调研有何作用？
3. 房地产市场调研的内容有哪些？
4. 房地产市场调研的方法有哪些？
5. 调查问卷的设计要遵循什么原则？
6. 调查问卷的问题顺序设计要注意什么问题？

实践与训练

以下是一次对某地区潜在购房者进行需求调查的部分结果：

1. 可接受价位为8000～10000元/平方米的客户对建筑面积需求以100～150平方米为最多；

2. 在同样可接受价位下，客户的首选户型是三室二厅；

3. 经过对周边同档次项目进行供给调查发现，所提供的三居室以120平方米以上为供应量最大。

通过对以上调研结果的分析，你能发现这个市场存在什么机会吗？

案例分析

市场调查的误区

一般认为，市场调查是企业制定决策的重要依据，市场调查有助于产品的更新换代，有助于新产品的开发和研究。但是，如果企业把市场调查结果当作真理，并根据其结果制定计划和决策的话，世界上就不会有新产品，世界也就不会发展，也就不会有摩丝发胶和答话机之类的新产品。因为在这两种产品问世时，最初的市场调查结果根本无法反映广大消费者的需求态度。他们把摩丝发胶称为“黏糊糊的东西”，把答话机称为“不礼貌的产品”。

据有关资料统计表明，根据各种市场调查结论进行生产和销售的商品，其失败率高达92%，成功率只有8%。因此，目前许多企业都正在改变它们对市场调查的看法。因此，本文着重从下面六个方面来探讨市场调查理论上的误区，以使人们在进行市场调查时格外小心。

误区之一：市场调查是决定产品和服务能否成功的有效方法

市场调查中不论采取何种方法，都只能简单地记录今天的事实和当今人们对某种事物的常规看法，其结果绝不适用于明天。如果市场没有某种产品，或者人们不熟悉某种产品或不了解其性能，市场调查的结果也只能如此，不会有其他结果。如日本索尼公司的随身听在20世纪80年代是最成功的消费品，但最初的调查结果表明，人们不喜欢这种产品，认为对一个神经正常的人来说，谁会带着录音机到处乱跑呢？因此，如果索尼公司根据调查结果进行决策的话，今天也就不会有Walkman满地走的情景了。

误区之二：市场调查是一种经济而又有效的管理方法

市场调查中存在着各种弊端，它们都会降低调查的效果。首先，市场调查代价昂贵。由于市场调查的业绩不明显，许多人认为，如果把资源投在产品开发、培训和设备的更新改造上，其效果可能会更好。其次，在各种产品生命周期都在迅速缩短的时代，市场调查费工费时。有调查表明，75%～90%的新产品上市一年后就迅速从货架上消失。因此，当调查报告写好后，其中的大部分资料都已经过时。最后，市场调查涉及多种技术，如扫描技术、计算机模型和统计分析等，人的能力有一定的限度，不可能样样都精通，因此，高级管理人员必须对大量信息进行仔细推敲，才能从中得出有用的结论。

误区之三：在统计理论和方法论中，市场调查是一种有效的方法

市场调查的统计及其他方法中所存在的问题，也会降低其准确性，任何一位统计

学家和心理学家都会列出许多理由，说明为什么要怀疑市场调查的有效性。撇开选样中的错误不说，更为突出的问题是调查对象的回答取决于调查中使用的问题类型和技巧。同样的内容，提问的方法不同，得出的结果也不相同。

误区之四：市场调查是一种公正而科学的方法，调查结果也是公正的

市场调查结果并不一定公正，常常带有一定的倾向性。市场调查是一种微妙的艺术，其结果可能会有多种。对于同一个问题，不同观点的人会有不同的调查结果。如果某种调查结果不合适，可另换一种，直至满意为止，调查者总会发现某种支持自己观点的资料。拼命抓住现有产品和制作方法不放的管理人员采用这种方法最内行。正如有的人所说，对于喝醉酒的来说，电线杆只是拐棍，而不是照明设备。紧抓市场调查不放的人也是如此。

误区之五：市场调查使企业和顾客之间的关系更加密切

市场调查会使管理人员和工作人员不能了解到真正的顾客和他们的真正需要。当一般工作人员和其他调查公司的人进行市场调查时，企业的大部分人就失去了同顾客进行面对面交流的机会，并会用调查结果和报告来代替全体人员的意见，从而使管理人员失去和顾客直接发生关系的可能性。

误区之六：市场调查可使产品和服务有重大突破

市场调查只能帮助企业继续生存，而不能使它繁荣发展。企业的成功取决于产品的特性和差异性，然而，市场调查却常常使企业随波逐流，提供与其他企业相同的产品和服务。随着信息技术和调查的日益增多，人们大都喜欢根据资料制定决策，结果只能是企业围绕市场转，市场上需要什么就提供什么，而不能引导市场和创造市场。事实上，引导市场和创造市场才是企业成功的关键，企业要引导市场就必须发现顾客的潜在需求并满足这种需求，但市场调查根本不可能发现这种潜在需求。因此，企业的成功越来越多地取决于其“放卫星”的能力。在当今竞争日益激烈的世界中，企业如果不能成为“带头羊”，它的状况就永远不会改变。

【思考题】

既然市场调查存在诸多缺点，还有没有必要进行市场调查呢？针对市场调查存在的诸多误区，我们在开展市场调查时该如何克服？

第四章 房地产消费者购买行为分析

学习目标

1. 了解消费者的需求、购买动机分析和购买行为的类型；
2. 掌握房地产消费者的购买行为模式；
3. 理解影响房地产消费者购买行为的因素；
4. 掌握房地产消费者的购买决策过程。

引例

户籍改革将刺激住房消费

深化户籍制度改革是新型城镇化建设的重要政策，户籍改革下大量人口涌入城市，必将刺激各大城市的住房消费，尤其是对二三线城市的影响较大。

过去几十年，人口迁移和人口结构一直是推动我国房地产市场发展的重要因素。据相关数据显示，2014 年，东、中、西部地区实现房地产销售金额比例分别为 59%、23%和 18%，销售面积比例分别为 48%、30%和 22%，也就是说，东部地区房地产市场的发展与人口迁徙趋势是相匹配的。

目前，就北上广深一线城市来说，这类城市人口密度大，城市环境承载能力趋于极限，虽然教育、政治、文化、经济、医疗等条件很好，并且机会多、收入高，但是巨大的压力与快节奏的生活并不是多数人愿意长期生活的环境，落户政策略有放宽，但落户门槛也会更严格，尽管很多人想落户在一线城市，但最终只有一小部分高端流动人口才有可能落户于此，因此住房消费刺激也不太明显。

与一线城市相比较，流动人口量大的二三线城市或许人口落户会更多。

据了解，我国目前有 2.7 亿多的农民工在城镇就业，但这么多人买房的比例只有 1%。而到 2020 年，我国要努力实现 1 亿左右的农业转移人口和其他常住人口在城镇落户，同时享有城镇基本公共服务。也就是说，在城镇化不太高的部分二三线城市中，这类城市将是城镇化建设的重点，而这类城市流动人口较多，因此，加快实现城镇化，必将促进农民工住房消费，带动二三线城市住房需求。

另一方面，在二三线城市中，经济压力不是太大，生活节奏也不是很快。再加上现在落户限制将有较大程度放宽，对于长期在外务工的农民工或者是外来人员来说，是可以考虑在这类城市买所房子，安定下来的，所以户改还会引发庞大的住房需求。

（资料来源：根据“楼盘网 2015-12-5”资料编写。）

【思考题】

1. 户籍改革会不会影响消费者的购买行为？

2. 户籍改革会不会带来二三线城市房地产市场的红火？

第一节 房地产市场消费者购买行为分析概述

开发商在房地产开发活动中的最终目的在于卖出房子，获取利润。而要达到这一目的，关键在于商品房是否能够满足消费者的需求，而消费者的购买行为是复杂的，特别是当今的消费者已越来越理性，传统的推销和广告已不怎么起作用，时髦的概念炒作也并非灵丹妙药。因此，要做好房地产市场营销，就必须深入分析房地产消费者的心理和购买行为，才能正确地制定房地产营销策略，也才能开发出真正令消费者满意的房地产产品。

一、消费者需求分析

消费者是市场经济活动的中心。对消费者需求进行深入细致的研究，从消费者变化多端、错综复杂的购买动机与行为中找出规律性，对于搞好房地产市场营销具有重要意义。

(一)需求和欲望

消费者需求，首先是指消费者对市场上的产品或服务的占有欲望，具体表现为消费者对市场上的产品或服务的购买欲望，是形成消费者需求的动力和基本条件之一；其次，消费者的购买欲望只有与消费者的货币支付能力结合起来，才能变成现实的需求。只有需求而没有货币支付能力，消费者的需求就不能成为现实。如一个仅有维持温饱货币支付能力的消费者，无论他对高档住宅、轿车等的消费欲望有多大，也只是空想。当然，仅有货币支付能力而没有需求，也不能成为现实的消费需求。

在一般情况下，我们把消费者希望并有能力购买的欲望叫作有效需求，其中包括显现需求和潜在需求两种。显现需求就是消费者有意识的欲望，它的特点是消费欲望与一定货币支付能力相结合。在现实经济生活中，消费者的货币支付能力是有限的，消费者的欲望只能得到一定程度的满足。这就迫使消费者在有限货币支付能力的条件下，先保证吃、穿、住、用等基本生活需要，然后才能用剩余货币购买高档商品。潜在需求可以说是消费者朦胧的欲望，其特点是需求欲望和货币支付能力相分离。一般有两种情况：一是有需求欲望，但暂无货币支付能力，只能储币待购；二是有货币支付能力，但因无理想商品等原因，只能待机购买。

显现需求与潜在需求既有区别又有联系，但在一定条件下，它们可以互相转化。在收入稳定的情况下，促使其相互转化的因素主要有：①价格下降，使一部分潜在需求提前变成显现需求，或价格上涨，使一部分显现需求变成了潜在需求；②储蓄利率升降也会引起显现需求和潜在需求相互转化；③产品结构和质量的变化，既可使一些潜在需求变成显现需求，也可能使一部分显现需求变成潜在需求；④促销手段，如消费贷款、产品广告宣传等，也可以使两类需求部分转化。

（二）消费者对市场的基本期望和要求

1. 期望能在市场上买到称心如意、符合需要的商品

商品的花色、品种、规格、式样、数量、质量、包装、装潢等都要符合消费者心意，要能满足消费者心理上的要求。

2. 期望商品价格合理，同购买能力相适应

人们在生活上和心理上对物质资料的要求是无止境的，但要受购买力的限制。因此，每个消费者在市场上购买商品时，总是希望在有限的收入范围内，花费最少的代价得到最大的满足感。

3. 期望商品购买方便

消费者期望供应商品的时间、地点和方式方法适应自己的要求，做到购买及时、方便。

4. 期望得到良好的市场服务

良好的市场服务包括良好的服务态度和服务质量、优美的购物环境、周到的售货服务等。

以上是消费者对市场的共同要求，也是他们购买商品的一般心理。据此，企业就应在商品的使用价值、价格，供货时间、地点、方式方法以及各种服务工作等方面，做出基本的经营决策，以满足消费者的共同要求。但是，不同的消费者在不同时期、不同地点购买不同商品的具体要求又是千差万别的。因此，企业在经营活动中，除了要掌握消费者的一般心理要求之外，还要灵活地掌握不同消费者的特殊心理要求。

（三）消费者需求的特征

1. 消费者需求的多样性

由于各个消费者的收入水平、文化程度、职业、性别、年龄、民族和生活习惯不同，自然会有各式各样的爱好和兴趣，对商品和服务的需要千差万别。例如，对穿、用商品，每个人在品种、质量、花色、规格上的需要都不尽相同，对食物的需求也存在着习惯上的差异，这种不拘一格的要求，就是消费者需求的多样性。

2. 消费者需求的发展性

随着工农业生产的发展和消费者人均收入的提高，人们对商品和服务的需要也在不断变化，如未曾消费过的高档商品进入消费；过去消费少的高档耐用商品现在大量消费；过去质量一般的商品，现在质量有所提高。一种需要满足了，又会产生新的需要。

3. 消费者需求的伸缩性

消费者购买商品在数量、品种等方面往往是随购买力的变化和商品价格的高低而转移的。例如，基本的日常生活必需品消费需求的弹性较小，人们对它们的需求是均衡而有一定限度的，不会因为货币收入增多，而使需求急剧增加，或因销售价格降低而更多地需求。但是，像穿着用品和装饰品，以及中高档商品和耐用消费品，选择性强，消费需求的伸缩性就比较大。一般地讲，随着货币收入的增多，购买量迅速增加，其需求也会明显增多。

4. 消费者需求的层次性

人们的消费需求是有层次的，虽然各个层次很难截然分开，但在大体上还是有顺序的。一般地说，首先保证满足最基本的生活需要，然后再满足社会性需要、精神需要，即满足对“享受资料”、“发展资料”的需要。

5. 消费者需求的可诱导性

消费者需求是可以引导和调节的。通过工商企业的工作和影响，人们的消费需求可以变化和转移。潜在的欲望可以变为明显的购买行动，未来的消费需求可以成为现实的消费。例如，人们原来并没有准备很快购买新住房，但由于新型住宅区的问世或广告宣传等影响，就会由不准备购买或不准备现在购买，而迅速演变为强烈的购买冲动。因此，房地产企业不仅应当适应和满足人们的需求，而且还可以启发、诱导人们的消费需求。

6. 消费者需求的联系性和替代性

消费者需求在某些商品上具有联系性。如消费者在购买皮鞋时，可能附带买鞋油、鞋带、鞋刷等。经营有联系的商品，不仅会使消费者购买方便，还能扩大商品销售额。只要企业及时掌握市场发展趋势，就能更好地满足消费者的需要。同时，消费者需求在某些产品上也具有替代性。消费者在购买某些产品时，由于价格或者产品特性原因，当有商品恰好满足自己需求的时候，消费者就会选择这样的商品；但当没有恰好的商品满足当下的需求时，消费者会选择替代商品来满足自己的需求，比如夏天的时候，一个消费者感觉很热，他到便利店想买某个品牌的冰水，但是恰好这个便利店缺货，他会选择另外一个品牌的矿泉水或者饮料来满足自己的需求。

7. 消费需求的时代性

消费需求常受到时代精神、风尚、环境的影响。时代不同，消费的需求和爱好也会不同。如适应社会主义物质文明和精神文明建设的需要，对科技书籍和文化用品的需要日益增多，这就是一种消费者需求的时代性。

【案例分析 4-1】

调查显示：七成“80 后”业主曾在网上找邻居

1. 新房没入住，邻居咋认识了

房子还有一年才入住，沈阳市民庞博却提前“敲”开了邻居的门。庞博不仅和隔

壁的几位邻居成为了好朋友，周末还常在一起吃饭、打球，并相约一块儿装修。还没入住，茫茫人海，她是咋做到的？

2. 新房没下来，却和邻居混熟了

2010年4月9日，记者采访了今年26岁的庞博。今年年初她在浑南买了一套房子，虽然房子到年底才入住，但她早已和周围邻居混熟了。“现在斗地主、打麻将都能凑上局儿！”庞小姐笑着说。2010年2月份，她在相关房产网站的业主论坛发了个寻邻居的帖子，很快得到回复。

“大家买房子大多是准备结婚的，岁数都差不多大，有共同语言。”庞博说，起初的话题是如何贷款等，大伙一块出主意想办法，关系就近了。“等到了入住，我们哪儿是新邻居，都是老邻居啦！”庞博笑着说。

3. 调查：七成“80后”业主曾在网上找邻居

记者在沈阳多家房产论坛发现，上网发帖找邻居的准业主还真不少。

网友“贼拉幸福的生活”在帖子中写道：“我家楼上和楼下的都找到了，但隔壁的还没找到。大家快帮帮忙把他‘挖’出来啊！”

还有的网友更直接，标题直接写成：“24号楼的2号门和3号门的都找到了，1号门的你在哪儿？”

随后，记者在部分业主QQ群中对近200名业主进行了调查。

调查显示，近八成业主是“80后”，其中七成“80后”业主在未入住前曾在网上表示要结交新邻居。

为啥还没入住，大家就想认识新邻居？

准业主王晓东说：“我们这一代都是独生子女，亲戚也不常在身边，都说远亲不如近邻，所以要提前认识，混个脸熟，以后也好办事儿！”

4. 社会学家：从互联网中走出，邻里交往高层次回归

沈阳师范大学社会学教授王立波对于“80后”网上发帖找邻居的做法很赞同：“人们从过去敞开式的大杂院，到关起门来过日子，再到现在从互联网中交往并从中走出，形成了一种邻里交往方式高层次的回归。”

王立波说：“‘80后’中独生子女居多，他们在关起门来过日子的环境中成长起来。都说缺啥补啥，所以他们长大后特别渴望更密切的邻里关系。”

（资料来源：2010年4月10日《华商晨报》。）

【思考题】 本案例反映出了“80后”房地产消费者的什么特征？

二、消费者购买动机分析

（一）消费者购买动机的形成

消费者购买动机是指消费者为了满足某种需要而产生的购买欲望和意念。消费者购买动机由其生理需要和心理需要组成。这就决定了他们的购买行为不是由一种

动机所引起，而是由多种相互关联并同时起作用的购买动机所引起的。消费者的购买动机，建立在心理和生理需要的基础上，并受到这种需要的制约和支配。例如，人体的生理作用引起饥饿的感觉，产生吃食物的需要；看到其他同学购买了手机，就在心理上产生了对手机的需要等。当人的需要得到基本满足时，则紧张状态消失，恢复平衡，从而动机也就不存在了。

（二）马斯洛的需求层次理论

人们的需要是复杂的，也是经常变化的，具有多层次性。美国著名心理学家马斯洛认为，人类的需要可以分为五个层次。

1. 生理需要

人类的生理要求，是最低限度的基本要求，如满足御寒、解饥和睡眠等所需的衣、食、住等方面的需要。马斯洛认为，在一切需要中，生理需要是最优先的，对于一个处于饥饿中的人来说，写诗的愿望、获得一辆汽车的愿望，则统统被忘记或退居第二位。因为对于一个饥饿的人来说，除了食物，没有别的兴趣。

2. 安全需要

安全需要是指人身安全要得到保障，以免遭受危险和威胁，如保险、健康等方面的需求。

3. 社会需要

人类在社会生活中，往往很重视人与人之间的交往，希望成为某一团体或组织的有形或无形的成员，得到人们的重视和友谊。

4. 自尊的需要

马斯洛认为，社会上所有的人(病态者除外)，都希望自己有稳定、牢固的地位，希望得到别人的高度评价，需要自尊、自重，或为他人所尊重。

5. 自我实现的需要

即使以上所有的需要都得到满足，人也会产生新的不满足。音乐家必须演奏音乐，画家必须绘画，诗人必须写诗，这样才能使他们感受到最大的快乐。是什么角色就要干什么事情，而且要有所成就，这种需要叫作自我实现。简单地说是希望自己越来越成为所期望的人物，完成与自己的能力相称的一切事情。

根据马斯洛的观点，一个人会同时存在多种需要，包括物质需要和精神需要。然而，每种需要在不同时期的重要性不同。每个人都会首先寻求对他来说最有意义的需要，即需要结构中的主导需要，这个主导需要就是其行为的动机。当这一主导需要成功地得到满足后，该需要就会失去激励作用，他势必会转向对他来说相对重要的需要。一般地说，人类需要的变化趋势是从较低层次到较高层次，从基本的需要到发展的需要。

（三）购房动机的表现形式

由于购房者的需求具有多样性、层次性的特点，因此，其表现出来的购房动机也多种多样。概括来说，这些购房动机的表现形式可分为理性购房动机和感性购房动机两大类。

1. 理性购房动机

理性购房动机是指消费者在购房时所关注的内容主要是价格、质量、售后服务等特征，如果商品房在这些方面能够让消费者满意，就会促进消费者购买行为的实现，理性购房动机遵循的是经济原则。由于房地产价值高昂，很多消费者是倾其多年的积蓄买房子的，因此，购房者的行为相对于其他商品的消费是非常理智的。即使是附带感情色彩的购房动机，也是在理性购房动机的主导和支配下形成的。这种动机主要表现在以下几种具体的购买动机上：①综合性价比动机，即偏重于考虑楼盘的质量、信誉、物业管理收费、工作生活的便利、配套的齐全性等楼盘综合性价比状况；②廉价动机，即关心楼盘的价格，追求低价格的楼盘，这种动机一般发生在部分中等收入的购房者中；③方便动机，即追求减少或简化购买程序，希望得到全方位销售服务的一种动机。

2. 感性购房动机

感性购房动机即带有感情色彩的购房动机，这种购房动机的外在表现比较复杂，主要的表现有：①美感动机，能迎合追求美感动机的因素包括楼盘的建筑风格、外立面设计、小区绿化景观、建筑布局、推广工具、开发商与项目品牌形象、案名、销售人员形象等；②炫耀动机，一般高档住宅区都定位在“尊贵、成就、成功人士象征”，就是为了利用和迎合购房者追逐炫耀动机需要的一种推广策略；③效仿动机，如一旦购房者心目中的仰慕对象或崇尚的名人入住某个楼盘，就会带动一批效仿者加入购房的行列，房地产广告制作常常以大众都熟知的人或喜欢的艺人为主角，就是这个道理；④权力动机，人们大多具有支配欲，总喜欢显示自己的权力和地位，这也是自尊需要的一种具体表现，这种动机会促使消费者在购房时选择那些象征威望、权力、金钱或地位的房地产，以显示自己的与众不同；⑤求新动机，即以追求新颖、刺激、时髦为主要目的，这种动机一般在年轻人身上表现得较为突出。

三、消费者购买行为的类型

消费者做出购买行为，因其情境而异，购买可乐、衣服、手机和汽车之间存在着很大差异。消费者对于越复杂、越昂贵商品的购买，考虑得就越多、参与程度也越高。依据消费者的参与程度和品牌间的差异程度，可以将购买行为分为四种类型，见表4-1。

（一）复杂性购买行为

消费者面对不熟悉的、单位产品价值高且重复购买率低的商品时，考虑的相关因素必然很多。如果这类商品的品牌差异较大，则消费者将会采取更复杂的购买行为。一般来说，如果消费者不知道产品类型，不了解产品性能，更不知晓各品牌之间的差异，并且缺少购买、鉴别和使用这类产品的经验或知识，则需要花费大量的时间收集信息，学习相关知识，做出认真的比较、鉴别和挑选等。

表 4-1　消费者购买行为分析

品牌差异程度 \ 投入情况	高投入	低投入
品牌之间有明显差别	复杂性购买行为	多样性购买行为
品牌之间差别较小	平衡性购买行为	习惯性购买行为

对于这种类型的购买，消费者经历了一个学习的过程，从收集信息到形成态度到产生偏好，最后做出慎重的购买选择。例如，购买汽车就是一种复杂的购买行为。消费者需要对自动导航、自动变速、安全保护、尾气排放、发动机最大输出功率等各项汽车指标进行了解，对各种品牌汽车进行比较，还需要多方征询专家的意见，最后才能做出购买决策。

（二）平衡性购买行为

当消费者面对投入高、重复购买率低且品牌差异较小的商品时，也会持谨慎态度。消费者会因商品昂贵、购买有风险等因素，保持较高的购买参与度。消费者会到处选购商品，收集信息。但由于品牌差异较小，消费者有可能在合适的价格、方便的购买时间与地点做出迅速的购买决策。

（三）习惯性购买行为

价格低廉又经常需要的产品，如果品牌差别小，消费者又比较熟悉，则一般不会花太多时间进行选择。比如在超市中购买牙膏，可能随便选择一支就是了，消费者并不一定关心品牌，即使每次都选择同一品牌，也多出于习惯，并不是由于对品牌忠诚。在该类型的购买行为中，消费者并没有经过一系列过程对产品和品牌进行认真研究和评价。消费者选择某一品牌，并不是对其有偏好，而仅仅是由于常接触其广告，对其较熟悉。生活日用品的购买大多属于此类购买行为。

（四）多样性购买行为

消费者也会因产品品牌差异大和参与购买程度低，而经常改变品牌的选择。例如，在购买饼干时，消费者几乎不理会对某一品牌的评价，等吃饼干时才加以评价。随后发生的购买，可能因对原口味的厌倦或想品尝新口味，而转向其他品牌，品牌选择的转变通常并不是因为对产品不满意，而多为寻求多样化。

四、消费者的购买行为模式

房地产消费者的购买行为是指消费者个人或家庭为了满足自己物质和精神生活的需要，在某种购买动机的驱使下，用货币换取所需房地产商品的活动。房地产消费者的购买行为模式，可以简单地概括为“5W1H”，即谁来买房地产（Who），为什么要买房地产（Why），在什么地方买房地产（Where），在什么时候买房地产（When），买什么样的房地产(What)，如何来买房地产(How)。通过对“5W1H”模式的研究，基本上可以比较清楚地勾勒出消费者购房行为的轮廓。

(一)谁来买房地产(Who)

1. 要明确将房地产卖给什么样的消费对象

即解决一个消费者层次定位的问题。例如，别墅豪宅营销的对象是企业主、私营老板或是大公司的高层领导；而普通住宅面对的购买对象就应该是一般的工薪阶层。

2. 要明确购房决策角色分工

由于房地产商品的价值巨大，在购买过程中还存在许多参与者，包括倡议者、影响者、决策者、购买者和使用者等。因此，在研究主要消费对象的同时，还要对谁参与了购买的决策进行研究和分析：谁进行购买决策，谁出资购买房地产，谁对购买决策产生影响，谁最终实际使用房地产。

3. 对消费者进行分类

由于消费者所受的教育、文化修养、处事方式存在差异，即使确定了主要消费对象，这些消费对象的各个个体之间也存在很大的差异。因此，仅仅确定主要消费者还是不够的，还应该对消费者进行分类，以便在营销活动中，采取正确的策略来加以突破。

(二)为什么要买房地产(Why)

消费者为什么要购买房地产？为什么要购买这一区位、这一类型的房地产？这主要是要明确消费者的购买动机。我们知道，消费者的购买动机有多种类型，不同的购房动机，对房地产项目开发的要求是不同的。营销者要掌握购房目标客户群的购买目的、要求和愿望。迎合消费者的购房动机，有利于房地产项目的销售。

(三)在什么地方买房地产(Where)

在多数情况下，购房者最终决策前一般会到现场进行实地了解、查看。因此，施工现场、销售处、样板房、现场广告宣传资料和现场售楼人员成为影响购房者购买决策的重要因素。在房地产项目的营销操作中，有关售楼现场与工地的设计、配制和包装，成为开发项目营销运作极其关键的环节。

(四)在什么时候买房地产(When)

研究消费者在什么时候购房或者在什么时候更愿意购房，有助于营销决策人员选择最合适的时机将楼盘推向市场。房地产市场不像中秋节买月饼那样具有明显的时间特征，但也不是毫无规律可循。如夏天天气炎热，消费者不太愿意冒酷暑外出选购；每逢双休日、节假日，询问、购买房地产的消费者较平时要多一些。当然房地产营销者也要充分考虑竞争对手推出楼盘的时间，在同等情况下抢在竞争楼盘的前头更易于占据有利的先机。

(五)买什么样的房地产(What)

由于购房者所处的社会环境、经济条件以及心理因素的作用，购房者所购买的房地产是多种多样的。例如，新婚夫妇需要一室一厅，三口之家可能就需要二室一厅，孩子成年后可能需要三室一厅；同时由于受到经济条件的制约，在购买房地产区位上也会有所选择。通过对购房者需要购买什么样的房地产的研究分析，可以使房地产企业及时正确地了解消费者的需求，适时推出合适的房地产商品。

（六）如何来买房地产（How）

消费者购买房地产的方式，不仅会影响市场营销活动的状态，而且还会影响房地产产品的设计以及营销计划的制订。例如，消费者拥有足够的支付能力，会一次性付款；当消费者支付能力不足时，消费者将分期付款或以按揭方式付款。消费者的购买方式受到许多因素的影响，这将在消费者购买决策中做进一步的分析。

【案例分析 4-2】

陈先生准备在某新建成的居民小区购买一套住房，但以后实际要来住的却是他在某公司工作的儿子，而做出决定为儿子购买婚房的则是陈先生的夫人，但影响陈太太决定购买该小区住房的却是王先生，王先生是承担开发建设该小区的房地产公司的财务人员，由于他的大力推荐，陈太太才决定购买该小区的房产。

【思考题】 上述案例涉及的人物在购房活动中分别扮演什么样的角色？

第二节 影响房地产消费者购买行为的因素

影响房地产消费者购买行为的因素有很多，概括来说，这些因素可归纳为四大类，即心理因素、个人特性、社会因素和文化因素。

一、心理因素

消费者购买行为要受动机、感觉、学习以及信念和态度等主要心理因素的影响。

（一）动机

动机是一种升华到足够强度的需要，它能够及时引导人们去探求满足需要的目标。人是有欲望的动物，需要什么取决于已经有了什么，尚未被满足的需要才影响人的行为，亦即已满足的需要不再是一种动因。根据马斯洛需求层次理论，人的需要是以层次的形式出现的，按其重要程度，由低级需要逐级向上发展到高级需要，依次为生理需要、安全需要、社会需要、自尊需要和自我实现的需要。只有低层次需要被满足后，较高层次的需要才会出现并要求得到满足。一个被激励的人随时准备行动，然而，他如何行动则受其对情况的感觉程度的影响。

（二）感觉

感觉是人们通过各种感官对外界刺激形成的反应。现代社会，人们每天面对大量的刺激，但对同样的刺激不同人有不同的反应或感觉，原因在于感觉是一个有选择性的心理过程。由于每个人的感知能力、知识、态度和此时此地关心的问题不同，同样的刺激作用于不同人身上会产生不同的反应，导致了一部分消费者购买行为的差异。

(三)学习

人们的行为有些是与生俱来的，但多数行为，包括购买行为是通过后天的学习得来的。人们在市场上会遇到许多从未见过的新产品，他们怎样建立起对这些产品的态度或信念呢？除了宣传广告以外，正如一句俗话所说：要想知道梨子的滋味，就得亲口尝一尝。尝过、用过之后，对这种产品有了亲身体验，就会形成某种观念或态度，学习过程即告结束。具体讲，学习是驱动力、刺激物、提示物、反应和强化诸因素相互影响和作用的结果，其中每一要素都是完成整个学习过程必不可少的，营销者显然需帮助创造这些条件。

(四)信念和态度

信念和态度是人们通过学习或亲身体验形成的对某种事物比较固定的观点或看法。这些信念和态度影响着人们未来的购买行为。信念和态度一旦形成就很难改变，它们引导消费者习惯性地购买某些商品。

每位消费者在以上各方面的特性都会或多或少地影响到他的购买行为，营销人员为很好地开拓市场，有必要从上述诸方面对消费者进行认真的研究。

二、个人特性

消费者购买决策也受其个人特性的影响，特别是受其年龄所处的生命周期阶段、职业、经济状况、生活方式、个性以及自我形象的影响。生活方式是一个人所表现的有关其活动、兴趣和看法的生活模式。个性是一个人所特有的心理特征，它导致一个人对其所处环境的相对一致和持续不断的反应。

(一)年龄

不同年龄层消费者的购物兴趣、选购商品的品种和式样有所不同。如青年人多为冲动型购买，容易受外界各种刺激的影响改变主意；老年人经验丰富，多为习惯型购买，不容易受广告等商业信息的影响。

(二)性别、职业、受教育程度

由于生理、心理和社会角色的差异，不同性别的消费者在购买商品的品种、审美情趣、购买习惯方面有所不同。职业、受教育程度不同也会使人们的需求和兴趣产生差异。

(三)经济状况

经济状况主要取决于一个人可支配收入的水平，也要考虑他是否有其他资金来源、借贷的可能及储蓄倾向。在一个经济社会中，经济状况对个人的购买能力起决定性作用。消费者一般要在可支配收入的范围内考虑其开支。

（四）生活方式

生活方式是人们根据自己的价值观念安排生活的模式。有些人虽然处于同一社会阶层，有相同的职业和相近的收入，但由于生活方式不同，其日常活动内容、兴趣、见解也大相径庭。因此，了解客户的生活方式及产品与生活方式之间的关系，显然也是营销人员的任务之一。

（五）个性和自我形象

个性是个人的性格特征，如自信或自卑、内向或外向、活泼或沉稳、急性子或慢性子、倔强或顺从等。显然，自信或急躁的人，购买时很快就能拿定主意；缺乏自信或慢性子的人购买决策过程就较长，或是反复比较，拿不定主意。外向型的人容易受周围人的意见影响，也容易影响他人，内向型的人则相反。有学者认为，根据个性不同可将购买者分为 6 种类型：习惯型、理智型、冲动型、经济型、感情型和不定型。

自我形象，即人们怎样看待自己。现实中呈现一个十分复杂的现象：有实际的自我形象、理想的自我形象和社会自我形象（别人怎样看自己）之分。人们希望保持或增强自我形象，购买有助于改善或加强自我形象的商品和服务就是一条途径。

【课堂讨论 4-1】 如果你有一定的经济实力，你愿意给自己买什么样的房子？给你的父母买什么样的房子？为什么？

三、社会因素

消费者购买行为也会受到诸如相关群体、家庭、社会角色与地位等一系列社会因素的影响。相关群体是指对个人的态度、偏好和行为有直接或间接影响的群体。每个人周围都有许多亲戚、朋友、同学、同事、邻居，这些人都可能对他的购买活动产生这样或那样的影响，他们就是他的相关群体。尤其是在中国，顺从群体意识是中国文化的深层结构之一，因此人们往往有意无意地按照或跟随周围人的意向决定自己购买什么、购买多少。

家庭是最重要的相关群体。一个人从出生起就生活在家庭中，家庭在个人消费习惯方面给人以种种倾向性的影响，这种影响可能终其一生。而且，家庭还是一个消费和购买决策单位，家庭各成员的态度和参与决策的程度，都会影响到以家庭为消费、购买单位的商品的购买。

一个人一生中会有多种角色和地位，它反映社会对一个人的尊敬程度。人们在购买商品时，常常会考虑到自己在社会中的角色和地位。不同的角色和地位，会有不同的需求和购买行为。

四、文化因素

文化因素对消费者的行为具有最广泛和最深远的影响。每一种文化都包含着能为其成员提供更为具体的认同感和社会化的较小的亚文化群体，如民族群体、宗教群体、种族群体、地理区域群体等。如地区亚文化群，由于地理位置、气候、历史、经济、文化发展的影响，我国可明显地分出南方、北方或东部沿海、中部、西部内陆区等亚文化群。不同地区的人们，由于生活习惯、经济、文化的差异，导致消费的固有差别。

每个社会客观上都会存在社会阶层的差异，即某些人在社会中的地位较高，受到社会更多的尊敬，另一些人在社会中的地位较低，他们及他们的子女总想改变自己的地位，进入较高的阶层。不过，在不同社会形态下，划分社会阶层的依据不同。在现代社会，一般认为所从事职业的威望、受教育水准和收入水平或财产数量综合决定一个人所处的社会阶层。显然，位于不同社会阶层的人，因经济状况、价值观取向、生活背景和受教育水平不同，其生活习惯、消费内容以及对传播媒体、商品品牌、住房购买的选择都可能不同。

第三节　房地产消费者的购买决策过程

房地产市场可根据房地产商品的用途简单划分为住宅市场和非住宅市场两大类型。住宅市场和非住宅市场由于各自的用途不同、购买目的不同，做出购买决策的消费者也不同，因此，购买行为特征和购买决策过程也有所不同。

一、住宅购买者的决策过程

（一）住宅购买行为特征

住宅作为一种极特殊的商品，除了具有一般商品的一般属性外，还有着许多不同于一般商品的属性特征与消费特点，因此，也就有了一些不同于一般商品的购买行为特征。目前，我国住宅消费者购买行为的特征，主要体现在以下几个方面：

1. 住宅购买与生活相关性最显著

据有关资料显示，80％以上住宅购买都是为了解决自己或者是子女或者是父母的居住需要，因此，购买住宅实际上是购买一种生活，或者说是一种生活方式。正如住宅销售商的广告语“购买一次，享受一生”所言，住宅除了给购买者提供一个居住空间之外，实际上还从很多方面对入住者的生活、工作、休闲及家庭发展等产生重要影响。如小区环境和配套设施对于生活、购物、休闲娱乐、子女教育等方面的方便性与舒适性；小区氛围对于入住者的交往、子女成长的有利性；物业管理对于生活的便捷性、家庭人身的安全性；小区的自然环境和人文环境对生活、工作、社交等方面的发展性；等等。事实上，随着消费者生活水平的提高，人们的精神需求如审美、个人价值实现等也日趋重要，而这些都会主导着人们的购房行为。住宅对个人及家庭生活的影响，在广度、深度和时间跨度上是其他消费品难以企及的。也正是由于住宅的购买与生活相关性最显著的特点，才使得购买住宅成为家庭生活中一项艰巨而又神圣的使命。

2. 住宅购买是决策最困难的购买

住宅不同于其他商品，大多数家庭可能只有一到两次购买行为。在我国，对于中低收入者，一次购房终身享用的情况十分普遍。因此，买一套住宅可能要使用几十年，这使得购房者在购买住宅时十分谨慎，唯恐步入购房陷阱和误区而受骗上当，使一辈子的血汗钱付诸东流。因而，每个购房者在购买住宅时，都要仔细考虑诸多问题，如房屋产权是否合法、居住地段是否适宜、住宅售价是否能承受、付款方式能否接受、居住环境是否舒适、住宅设计是否合理、装修标准是否满意、工程质量有无保证、公共设施是否完备、物业管理是否优良等等。对于这些问题，购房者要逐一了解清楚、分析透彻后，才有可能使购房者的决策建立在准确判断的基础之上。另外，购买住宅需要巨额资金，人们在购房时大都要仔细评估，认真做好资金筹措和支付计划，以达到自己的目的。当然，如果是一个很富有的人，购房的开支就算不上什么。事实上，我国大多数人并不富裕，家庭财富是多年薪金积存的结果，要花费巨额资金购房，实在是一个沉重的负担，甚至会暂时降低生活品质。对此，购房者还要在是现在购房还是以后购房、是买房还是租房等问题上做出决策。影响购房者的因素众多而繁杂，再加上购房者自身条件的差异性，使得购房者做出实施购买行为的决策就显得尤为困难。

3. 住宅购买是专业性最强的购买

消费者在购买住宅时会涉及很多专业知识，如地段的考察与评价、同类楼盘的识别与比较、房型与平面的评价、建筑结构的识别、区位价值的判定、建筑质量与住宅品质的检测、价格的推算、面积的测量、楼层与朝向的选择、按揭付款的计算、销售合同的签订与公证、产权证的办理、物业管理水平的评价以及市场行情的分析等，而上述每一个环节又都包含了许多方面的因素。凡此种种，对于一个缺少房地产专业知识及购房经验的消费者来说实在是煞费苦心。因此，众多消费者在购买住宅的过程中，都要邀请有经验的房地产专业人士做参谋，以规避购房中的误区和陷阱，确保自身的权益和美好愿望的实现。

4. 住宅购买决策的参考信息极广泛

消费者在购买住宅时，有关住宅供给的信息来源较广泛。首先是大众传媒上传播的住宅销售的广告信息，这也是消费者所获得的最直接的信息。其次是可以从房地产交易市场获得大量的住宅销售信息。从房地产交易市场既可了解到房源和房价变动情况，也可以初步了解到住宅开发公司的一些情况，以及住宅建筑结构、质量、所处位置等情况。其三是可以从住宅销售商或代理商（中介商）处获得住宅销售的有关信息，向销售商或代理商直接了解商品住宅的各种有关信息，包括商品住宅的名称、具体位置、建筑结构、住宅小区的整体规划、工程进度、销售价格、付款方式、配套设施、交通状况、物业管理等情况，而且可以从更广泛的层面上向代理商了解其他楼盘的销售信息、购房手续、住宅功能的利弊等情况。其四是向居住在某一住宅小区的居民或已经购买住宅的朋友打听来获取有关住宅销售的信息。总之，购房者能够获得有关住宅销售情况的信息来源特别广泛，关键是要能从众多信息中分辨真伪，对住宅购买决策起到真正的参考作用。

5. 住宅购买决策的参与人众多

住宅购买主要是家庭型购买，其购买行为的决策人并不是单一决策者，作为家庭核心成员的丈夫、妻子、孩子三者都是主要的决策人员，并以家庭会议的形式讨论决定。除此之外，有的还有长辈和亲朋好友也参与决策，这是由于普通家庭购买者缺乏专业知识，加之对销售人员不大信任等原因，购买者往往会依赖具有专业知识与经验及可依赖的亲朋好友去了解情况、判别虚实，如向房地产行业的业内人员或相关行业人员请教，或向已购买住宅的朋友咨询。购房者如果直接认识这些人则比较省事，如果不认识，他们往往会借助介绍去请教和咨询，以致很多销售人员都有被请去充当决策顾问甚至直接参与决策的经历。可见，参与住宅购买决策的人员比较多，其主要包括：发起者，即首先提出或有意购买住宅的人；影响者，即其看法或建议对最终购买决策具有一定影响的人；决策者，即在是否购买、为何购买、如何购买、何时与何处购买住宅等方面做出完全决定或部分决定的人；购买者，即实际实施购买行为的人；使用者，即实际消费或使用住宅的人。

6. 住宅购买决策耗费时间长

调查表明，住宅购买者从产生购买动机到最终完成购买，耗费时间最少的为 1 至 2 个月，最长可达 1 年以上，平均耗时为 6 个月。在购买过程中，购买者大都经历了收集售楼信息、电话询问、楼盘实地考察、售楼处咨询、请教专业人士、征求亲朋好友意见、家庭会议商议等多个环节。慎重型的住宅购买者或家庭甚至会经过几轮这样的过程。这就使住宅购买的程序就像体育竞技项目和电视明星选拔赛一样，有报名、初赛、复赛，最后是决赛。有的时候，即使是在购买意向已经非常明确的情况下，购买者还会为了某个不大确定或不甚清楚的重要因素，再到该类楼盘销售现场去弄个明白。可见，在住宅购买过程中，购买者所表现出来的惊人耐心和经过的漫长过程是其他商品的购买不能比拟的。

7. 住宅购买的综合成本较高

住宅购买的综合成本是指除购买住宅所支付的货币成本之外，还包括消费者在购买过程中所付的时间成本和精力成本（精神与体力成本）。众所周知，住宅购买的货币支出成本是巨大的，又因其购买决策的过程（时间）很长，导致购买者在购买住宅时，在精神与体力方面的耗费与支出是相当大的，也是购买其他商品不能相比的。这一点对于有购房经历，特别是在购房过程中出现过购房纠纷的人来说，都是有很深甚至难以忘却的感受的。常闻购房者戏言，买房就是体力与智力的测验。购房者为了降低时间成本和精力成本，可以将购房事宜委托给中介机构或者是专业经纪人去承办，不过这虽然能降低购房者的时间成本和精力成本，但是因购房事宜的委托承办是有偿服务方式，必然会导致购房者的货币支出成本增加。因此，无论采用何种方式，住宅购买都是综合成本很高的购买。

（二）住宅购买决策过程的步骤

西方营销学者对消费者购买决策的一般过程做了深入研究，提出若干模式，采用较多的是五阶段模式，即引起需要—信息收集—方案评价—购买决策—购后行为。

1. 引起需要

购买者的需要往往由两种刺激引起，即内部刺激和外部刺激。市场营销人员应注意识别引起消费者某种需要和兴趣的环境，并充分注意到两个方面的问题：一是注意了解那些与本企业的产品实际上或潜在的有关联的驱使力；二是消费者对某种产品的需求强度，会随着时间的推移而变动，并且被一些诱因所触发。在此基础上，企业还要善于安排诱因，促使消费者对企业产品产生强烈的需求，并立即采取购买行动。

2. 信息收集

一般来讲，引起的需要不是马上就能满足，消费者需要寻找某些信息。消费者的信息来源主要有个人来源（家庭、朋友、邻居、熟人等）、商业来源（广告、推销员、经销商、包装、展览等）、公共来源（大众传播媒体、消费者评审组织等）、经验来源（处理、检查和使用产品等）等，市场营销人员应对消费者使用的信息来源认真加以识别，并评价其各自的重要程度，以及询问消费者最初接触到品牌信息时有何感觉等。

3. 方案评价

消费者的评价行为一般要涉及产品属性（即产品能够满足消费者需要的特性）、属性权重（即消费者对产品有关属性所赋予的不同的重要性权数）、品牌信念（即消费者对某品牌优劣程度的总的看法）、效用函数（即描述消费者所期望的产品满足感随产品属性的不同而有所变化的函数关系）和评价模型（即消费者对不同品牌进行评价和选择的程序和方法）等问题。

4. 购买决策

评价行为会使消费者对可供选择的品牌形成某种偏好，从而形成购买意图，进而购买所偏好的品牌。但是，在购买意图和决定购买之间，有两种因素会起作用，一是别人的态度，二是意外情况。也就是说，偏好和购买意图并不总是导致实际购买，尽管二者对购买行为有直接影响。消费者修正、推迟或者回避做出某一购买决定，往往是受到了可觉察风险的影响，可觉察风险的大小随着为该风险所支付的货币数量、不确定属性的比例以及消费者的自信程度而变化。市场营销人员必须了解引起消费者有风险感的那些因素，进而采取措施来减少消费者的可觉察风险。

5. 购后行为

产品在被购买之后，就进入了买后阶段，此时市场营销人员的工作并没有结束，购买者对其购买活动的满意感（S）是其产品期望（E）和该产品可觉察性能（P）的函数，即 $S=f(E,P)$。若 $E=P$，则消费者会满意；若 $E>P$，则消费者不满意；若 $E<P$，则消费者会非常满意。消费者根据自己从卖主、朋友以及其他来源所获得的信息来形成产品期望。如果卖主夸大其产品的优点，消费者将会感受到不能证实的期望。这种不能证实的期望会导致消费者的不满意感。E 与 P 之间的差距越大，消费者的不满意感也就越强烈。所以，卖主应使其产品真正体现出可觉察性能，以便使购买者感到满意。事实上，那些有保留地宣传其产品优点的企业，反倒使消费者产生了高于期望的满意感，并树立起良好的产品形象和企业形象。

消费者对其购买的产品是否满意，将影响到以后的购买行为。如果对产品满意，则在下一次购买中可能继续采购该产品，并向其他人宣传该产品的优点。如果对产品不满意，则会尽量减少不和谐感，因为人的机制存在着一种在自己的意见、知识和价值观之间建立协调性、一致性或和谐性的驱使力。具有不和谐感的消费者可以通过放弃或退货来减少不和谐感，也可以通过寻求证实产品价值比其价格高的有关信息来减少不和谐感。市场营销人员应采取有效措施尽量减轻购买者买后不满意的程度。

二、非住宅用房的购买决策过程

非住宅用房的购买者主要是企事业单位，其中主要是企业用户。要分析非住宅用房的购买决策过程，首先必须了解企业购房的参与者和他们购买决策的特点。

（一）企业用户购买决策的参与者

不同企业之间购买房地产产品的品种是不一样的，因此参与决策的人员也因企业、产品而异。但不管怎样，参与企业购房决策的人员一般可以分为使用者、影响者、购买者、决策者和控制者这五类人员。

1. 使用者

使用者是指企业中已经或将使用所购买房地产的成员。通常由他们提出来，并协助确定房地产规格。

2. 影响者

影响者即影响购买决策的人。他们主要帮助确定房地产规格，并提供方案评价信息，其中工程技术人员尤其重要。

3. 购买者

购买者是指正式有权选择供应者并安排购买条件的人。购买者可以协助制定房地产规格，但主要任务是选择卖主和交易洽谈。在购买房地产产品时，通常由企业的高层管理人员参加。

4. 决策者

决策者是指一些有正式或非正式权力来选择和批准最终供应者的人。房地产购买过程中，决策者通常是企业的主管。

5. 控制者

控制者是指可控制信息流的人员。他们可控制外界与购买有关的信息流入，企业采购代理往往有权阻止房地产销售商与使用者或决策者见面。作为企业市场营销人员，必须了解：谁参与主要决策？他们对哪些决策有影响？他们影响的相对程度如何？决策参与者们的评价标准是什么？摸清购买者的这些情况，然后才能有针对性地采取促销措施。

（二）企业用户购买决策的特点

企业用户的购买行为属于理性行为。因此，企业用户的购买决策比个人或家庭的购买决策要复杂得多，其复杂程度首先取决于购买活动的不同类型。企业用户购买生产或办公用房，属于固定资产投资，是企业的一项长期性投资，是最为复杂的一种购买情况。所以，在非住宅用房的购买过程中参与决策的人最多，所需了解掌握的信息也最多。企业用户购买房地产决策中所要考虑的项目很多，主要有：房地产产品性能、规格，价格幅度，交易条件和交房时间，服务条款，付款方式，订购数量，可供选择的供应者等。

（三）非住宅用房购买决策过程的步骤

非住宅用房购买决策的做出分以下步骤进行：

1. 购房需要的提出

购房活动开始于企业内部有人提出对房地产的需要，提出需要可能是由于内部或外部的刺激。内部刺激如决定生产某种新产品，需要配置新的标准厂房，或者拟在外地设立分公司扩大经营范围，增强竞争能力，需要购买生产经营用房和办公用房等；外部刺激如消费者对企业所生产产品的需求量增加，引起对工业厂房的需要。某一地区产业政策向商业和第三产业服务方向倾斜，则引起金融、贸易、商业、餐饮、旅游业对营业用房的需求增加。

2. 确定所需房地产的总体框架

在确认企业的需要以后，就要把所需房地产的种类与数量从总体上确定下来。总体需要主要是根据企业性质和发展目标、投资及扩大再生产计划来确定，一般由购买人员会同企业内部有关人员共同研究确定。

3. 评述产品规格

接下来是对所需房地产的规格型号等技术指标做详细说明。一般由专业人员运用价值工程的分析法，分析产品成本与功能之间的比例关系，在保证不降低产品功能的前提下，尽量减少成本费用，取得更好的经济效益。

4. 搜集供应者

企业用户可以利用电脑资料、工商名录和其他企业的推荐信息，查询房地产经营企业。经初选后，列出备选房地产企业的名单。

5. 获取供应信息

找到备选的房地产企业后，应尽快请它们寄来产品说明书、价目表等详细资料，在这些资料中应对房地产的相关情况详加分析。

6. 选择供应者

企业用户在收到各个房地产企业的有关资料之后，要通过比较做出选择。选择时一般需要考虑的因素主要有：物业管理如何，交房是否及时，能否迅速适应客户的需要，产品质量如何，企业信誉如何，产品价格高低，产品种类、规格是否齐全，推销人员的能力如何，付款条件是否优惠，人际关系如何等。

7. 发出正式订单

用户选定房地产企业后，就会发出正式订单。正式订单应包含订购房地产的规格、数量、交房期限和保证条件等条款。

8. 评估履约情况

用户对房地产供应者的履约情况进行综合评价，从而决定是否继续、修改或终止合同。

本章小结

消费者需求，是指消费者对市场上的产品或服务的有支付能力的购买欲望，它具有多样性、发展性、伸缩性、层次性、可诱导性、联系性和替代性以及时代性等特点；消费者的购买动机，是建立在心理和生理需要基础上，并受到这种需要的制约和支配，只有当消费者产生了某种需要并期望得到满足时，才会产生购买动机，消费者如何做出购买行为，因其情境而异；依据消费者的参与程度和品牌间的差异程度，可以将购买行为分为复杂性购买行为、平衡性购买行为、习惯性购买行为和多样性购买行为四种类型；房地产消费者的购买行为模式可以简单地概括为“5W1H”，即谁来买房地产(Who)，为什么要买房地产(Why)，在什么地方买房地产(Where)，在什么时候买房地产(When)，买什么样的房地产(What)，如何来买房地产(How)；影响房地产市场消费者购买行为的因素有心理因素、个人特性、社会因素和文化因素四大类。住宅市场和非住宅市场由于各自的用途不同、购买目的不同，做出购买决策的消费者也不同，因此，购买行为特征和购买决策过程也有所不同。

关键概念

房地产市场消费者　Real estate market consumer

消费者需求　Consumer demand　　购买动机　Purchasing motivation

购买行为　Purchasing behavior　　需求层次　Hierarchy of needs

购买行为模式　Mode of purchasing behavior

决策过程　Decision-making process　　住宅购买者　Home buyers

复习思考题

1. 什么是消费者需求？消费者需求有何特征？
2. 消费者购买行为的类型有哪些？
3. 什么是房地产消费者的购买行为模式？
4. 影响房地产市场消费者购买行为的因素有哪些？
5. 住宅购买决策过程的步骤包括哪些？

实践与训练

选择你熟悉的两座城市，比较这两座城市的房地产市场上社会文化因素对消费者造成的购买行为差异。

案例分析

“90后”住房消费面面观

近期，网上公布的零点研究咨询集团《2014年大学生生活形态及消费调查》显示，29.6%的“90后”表示，毕业5年内会买房，84%的人表示早晚会买房，而65.9%的人希望“先房后婚”。事实上，“90后”买房的这些特征与“80后”，甚至是“70后”也并无多大区别。而且，对于“三十而房”的良好愿望能否实现，“90后”表现得更乐观，只有5.3%的人表示“根本没有信心买房”。看来，置业成家是国人的共性，“90后”也难逃“购房圈”。

孙燕姿曾在一首歌中唱道：“我要一所大房子，有很多很多的房间，一个房间有最快的网路，一个房间有很多的吉他，一个房间有我漂亮的衣服，一个房间住着朋友和他的爱人……”这是关于“住房梦”的浪漫表达。说得直白一点，就是“不要金窝银窝，就要自己的狗窝”。只有拥有一个这样的“窝”，才意味着自己告别了漂泊，真正在城市“安定”和“扎根”下来，也才有家庭和蓬勃的事业，这首歌形象地描述了“90后”新一代人对住房的期望。

在行为特征、消费倾向、价值认同上，打着浓重时代标识和代际差别的“90后”，会怎样消费房子？18岁上大学、22岁大学毕业，在踏进职场3年后的25岁买房、结婚和生子，这是我国城市每一代新生力量进入社会的一般情况。这样来看，在购房人群中，不知不觉的，“90后”已经登堂入室了，而且越往后越成为楼市需求的主力军。

如果说“60后”和“70后”中的绝大部分是幸运的一代，上大学赶在扩招之前，就业赶上了包分配，进入社会又赶上了福利分房、全民医保和国家养老的话，“80后”确实是相对不幸运的一代人，他们进入社会刚好赶上了房改、医改、公务员和事业单位改革等。在这些问题上，“90后”似乎更加不幸，一毕业就赶上了经济长周期下滑，工作不好找、生活物价成本高、房价高不可攀、社会保障全得自己奋斗。

但同时，“90后”是最纯净的独生子女一代，没有经历“70后”“80后”所经历过的物质匮乏时代和为生计奔波的辛劳；而且，“90后”集父母、祖父母四方千宠万爱于一身，从来没有操心过“柴米油盐酱醋茶”。即便在经济地位上不一定是“富二代”，但主张话语权和注重幸福感，让他们在思想观念上具有极强的“富二代”痕迹。因此，在住房这个问题上，他们多数相信，自己一定会拥有属于自己的“窝”，而且，“根本买不起房”的比例比“80后”还要低、还要乐观。

这意味着，在我国大城市，房子永远都不是一个单纯遮风避雨的住所，更是经济和社会地位的彰显，是生活质量和幸福感的标志。无论是“70后”、“80后”，还是“90后”，这一点永远都不会改变。而且，在装修花费意愿的调查上，“90后”为装修准备10万元以上的比例为12.1%，而“70后”、“60后”，甚至是“50后”，有此打算的仅占8%左右。

看来，在住房消费上，“90后”确实舍得下血本，就像他们“先车后房”的比例从2007年的2.5%增加到2014年的12.8%、经济收入下行而上餐馆照旧一样。这一方面体现了“90后”天然地认为自己将获得体面住房；另一方面，这也体现了新一代年轻人消费理念告别排浪式，彰显个性化、差异化。这也是为何各大互联网公司和龙头开发商(如万科)纷纷进军家装市场的原因。

（资料来源：根据“中国证券网2015-10-02”资料编写。）

【思考题】

1.“70后”、“80后”、“90后”买房消费理念存在什么样的差异？

2.作为房地产开发商应注意哪些问题？

第五章 房地产市场细分与目标市场定位

学习目标

1. 了解房地产市场细分的概念和作用；
2. 理解房地产目标市场定位的步骤和原则；
3. 掌握房地产目标市场选择的方法。

引例

海悦华城的市场细分

进行准确的市场定位从而锁定目标客户是楼盘畅销的先决条件。从近两年热销的国际文化大厦、星河明居、海悦华城、中海怡翠山庄等来看，无一不是以准确的市场定位最终取得买家的认同而获得成功的。

海悦华城位于深圳皇岗中岸，堪称为目标客户量身订造的典范。两栋 35 层高的楼盘共 520 个单元，不到两个月销售率达 96%，而且价格也比周边楼盘价格每平方米高出 1000～2000 元。海悦华城为何能在较短时间内既卖得快价格又卖得高呢？原因在于海悦华城的目标客户十分明确，用开发商的话来说就是，以该项目所处的位置，深圳人不可能去买，它的对象只能是香港人，开发商别无选择。因此，海悦华城可以说是为香港人量身订造的。它的钻石形结构、户型、阳台以及阳台上的栏杆、交楼标准等，全部按香港人的喜好以及他们能够接受的方式设计。比如海悦华城没有生活阳台，在客厅只有一个 1 米宽的阳台，有一个透明的有机玻璃栏杆，这一点足以让香港人从心里得到满足。因为在香港，这种只有 1 米宽、带透明栏杆的阳台只有富人家才有可能享用。

（资料来源：http://www.docin.com/p-1694425474.html，根据材料整理。）

【思考题】

1. 请根据案例分析海悦华城为什么能够实现高价畅销。
2. 海悦华城是如何进行市场细分的？

第一节　房地产市场细分

一、房地产市场细分的概念和作用

市场细分思想是由20世纪50年代美国市场营销学家温德尔·史密斯(Wendell R. Smith)提出的，是指企业通过市场调查研究，根据消费者的需要和欲望、购买行为和购买习惯等方面的差异，把某一产品的市场整体划分为若干消费者群的市场分类过程。每一个消费者群就是一个细分市场，亦称子市场或亚市场，每一个细分市场都是由具有类似需求倾向的消费者构成的群体。

（一）房地产市场细分的概念

房地产市场细分主要是指将房地产市场划分为具有不同消费能力和购买力的消费者群的过程。

（二）房地产市场细分的作用

房地产市场细分是分析房地产消费需求的一种手段，对于房地产企业而言，在制订战略性的房地产市场营销计划时，企业的基本任务是发现和了解它的市场机会，然后制订和执行有效的营销方案，而房地产市场细分是完成这一任务的关键和核心。其作用在于：

(1)有利于营销者找到有利的市场方向，掌握市场上的现实购买量与潜在购买量、购买者满足程度及竞争状况等，做好市场定位，从而为后期的营销做好铺垫。

(2)便于把自己的优势力量集中在目标市场上，做到有的放矢，有针对性地开发房地产商品，从而获取更大的社会效益和经济效益。

(3)能针对目标市场制订适当的营销组合方案，从而提高自己的市场占有率和知名度。

二、房地产市场细分的方法和步骤

（一）房地产市场细分的方法

市场细分的标准是动态的，不同的企业在市场细分时应采用不同标准。企业在进行市场细分时，可采用一项标准，即单一变量因素细分，也可采用多个变量因素组合或系列变量因素进行市场细分。下面是几种主要的房地产市场细分方法：

1. 单一变量因素法

根据影响消费者需求的某一个重要因素进行市场细分。如按收入变量将房地产市场细分为高端市场、中端市场和低端市场。

2. 变量因素组合法

根据影响消费者需求的两种或两种以上的因素进行市场细分。比如以年龄、性别、职业、工作地点等变量组合细分市场。

3. 系列变量因素法

根据企业经营的特点并按照影响消费者需求的诸因素，由粗到细地进行市场细分。这种方法可使目标市场更加明确而具体，有利于企业更好地制定相应的市场营销策略。比如从人口、地理、心理、行为等方面选取系列因素逐步细分市场，对客户定位和营销策略的选择比较有意义。

【案例分析 5-1】

2010 年初春，全国“两会”后，各地“地王”层出不穷，虽然房价一路高歌猛进，但在北京，房屋销售却也异常火爆。在北四环的四季青桥东南角，一个名叫四季会的楼盘已经开盘近一个月，每天都要接待 100 位左右的客户。在这个楼盘的售楼处，近一个小时的时间里，来来去去大概有十几位客户来咨询、交定金，甚至全款买房。“100 套期房，2000 人登记摇号”——销售人员这样描述其楼盘的火爆销售局面。从公开的信息看，北京市目前四环以内的住宅项目已经寥寥无几，在上市供应的楼盘中，绝大多数是五环以外的楼盘，四环以内的新房并不多。这种状况导致的结果是，一旦有新楼开盘，很快就能卖完，价格似乎不那么重要。

（资料来源：原文地址 http://news.qq.com/a/20100412/000895.htm，根据以上资料整理。）

【思考题】 从以上材料分析，作为北京的房地产开发商，哪些因素是企业在市场细分时的主要参量。

（二）房地产市场细分的步骤

美国市场学家麦卡锡提出了细分市场的一整套程序，这一程序包括七个步骤。

(1)选定产品市场范围，即确定进入什么行业、生产什么产品。产品市场范围应以顾客的需求，而不是产品本身的特性来确定。例如，某一房地产公司打算在乡间建造一幢简朴的住宅，若只考虑产品特征，该公司可能认为这幢住宅的出租对象是低收入顾客，但从市场需求角度看，高收入者也可能是这幢住宅的潜在顾客。因为高收入者在住腻了高楼大厦之后，恰恰可能向往乡间的清静，从而可能成为这种住宅的顾客。

(2)列举潜在顾客的基本需求。比如，公司可以通过调查，了解潜在消费者对住宅的基本需求。这些需求可能包括安全、方便、宁静、设计合理、室内陈设完备、工程质量好等。

(3)了解不同潜在用户的不同要求。对于列举出来的基本需求，不同顾客强调的侧重点可能会存在差异。比如，经济和安全是所有顾客共同强调的，但有的用户可能特别重视生活的方便，另外一类用户则对环境的安静、内部装修等有很高的要求。通过这种差异比较，不同的顾客群体即可初步被识别出来。

(4)抽掉潜在顾客的共同要求，而以特殊需求作为细分标准。上述所列购房的共同要求固然重要，但不能作为市场细分的基础。如安全是每位用户的要求，就不能作为细分市场的标准，因而应该剔除。

(5)根据潜在顾客基本需求上的差异，将其划分为不同的群体或子市场，并赋予每一子市场一定的名称。例如，西方房地产公司常把购房的顾客分为年轻者、老龄者、新婚者、度假者等，并据此采用不同的营销策略。

(6)进一步分析每一细分市场的需求与购买行为特点，并分析其原因，以便在此基础上决定是否可以对这些细分出来的市场进行合并，或做进一步细分。

(7)估计每一细分市场的规模，即在调查基础上，估计每一细分市场的顾客数量、购买频率、平均每次的购买数量等，并对细分市场上的产品竞争状况及发展趋势做出分析。

第二节 房地产市场定位

一、房地产市场定位的概念和内容

(一)房地产市场定位的概念

现代市场营销理论认为，市场定位是针对消费者对企业或产品的重视程度，确定企业相对于竞争者在目标市场上所处的市场位置，通过一定的信息传播途径，在消费者心目中树立企业的特殊形象。因此，房地产目标市场定位即房地产开发企业基于房地产购买者的需求和区别竞争对手的产品特征而确定企业在房地产竞争市场上的相对位置，主要包括项目定位、品质定位、房型和面积定位、价格定位等。

(二)房地产市场定位的内容

1. 项目定位

房地产开发商在获得土地后，首要的问题就是确定开发项目，而这必须建立在了解客户需求的前提下，抓住市场空白点，准确地进行定位。项目定位对开发商而言，与其所要获取的利润或回报有着不可分割的关系。从通常意义上来说，项目定位涉及面较广，但定位的选择性却有限。这主要是因为定位受硬件和软件两大因素的影响。硬件一般包括规划指标，如控高、容积率、密度、绿化率、停车泊位比例等，全部由政府规划所决定，具有不可更改性。软件包括资金、材料、工期、技术、施工等不确定因素的变数影响。房地产项目定位，有着一般商品的共性，但也有着其他商品所不具有的特性和个性。相对而言，楼盘项目的定位完全因项目的档次、价格、区域、品质、综合性价比等因素而异。

2. 品质定位

伴随着生活水平的提高，人们对房地产的品质要求也越来越高，从20世纪六七十年代的“楼上楼下、电灯电话”的简单理想到20世纪80年代热销的商品楼、集资楼，从20世纪90年代的小高层到现如今的国际互联网、闭路电视、管道热水一应俱全的高层等，人们的追求越来越体现个性、时尚和潮流。但是房地产市场的高品质楼盘是否真正带来了高收益呢？答案是否定的。目前市场上，一些品质适中的楼盘在市场上取得了比高档楼盘更好的销售业绩，因此，一个楼盘的销售成功与否，并不在于其品质的高低，而在于其品质档次能否适合市场的实际需求。

3. 房型和面积定位

对于一个开发商来说，确定各种面积的户型应该占到整个楼盘的比例是一个非常重要的问题，户型面积是否符合所定位的潜在购房群体的需求，将在相当程度上决定开盘后项目的销售状况。随着居民收入的增加，尤其是住宅金融业的发展，“花未来的钱购现在的房”已成为人们尤其是年轻人的共识。在房屋总体价格水平一定的情况下，人们需求的房屋面积就会相对较大；如果价格水平较高，为满足基本生活需求，则会在房型和面积上有所迁就，因此，总价是购房客户在选择房屋时的一道门槛。而对于具体项目来说，因地理区位、家庭结构和购买力等因素的不同，该项目所定位的细分群体的面积需求会与总体需求呈现出一定的差别，因此，具体户型面积配比比例要根据潜在群体进行进一步分析，设计出符合目标客户的房型和面积的产品，以确保获得市场的竞争优先权。

4. 价格定位

房地产市场的价格定位，往往对楼盘的销售影响很大。高价的楼盘，虽然在短期销售中可能会有较高利润，但若不为购房者所接受，将会造成楼盘的长期滞销。若价格定位较低，虽然能在相当短的时期内畅销，但也有可能因价格太便宜，使开发商无利可图。制定一个合理的价格是保证开发商尽快回笼资金并取得相应销售周期内最高利润的一个重要条件。此外，房地产市场价格定位的重要一点，就是必须注重营销策略问题，应该依据楼盘的地段差异、档次差异、类型差异等因素来制定不同售价策略。在通常情况下，新开楼盘价格有一个较为自然的市场定位过程，预售期往往采用低开高走，经较低的价格吸引人气，逐步小幅慢走，至准现房或现房期，售价相对稳定。而对于清盘期的剩余房源，可以予以酌情让价销售，通过售价策略加快资金回笼，让回报得到最大限度的保障。

二、房地产市场定位的方法

面对需求各异的客户，任何企业都不可能满足所有消费者的需求，它只能以市场上部分特定顾客为其服务对象。

（一）产品特色类型定位

这种定位方法以房地产产品特色进行定位，如强调其区域优势、优良的物业管理或者小区环境优美等。

（二）利益类型定位

这种定位方法注重强调消费者的利益，比如有的房地产产品定位侧重于“升值潜力”，有的强调其“高档享受”。

(三)使用者类型定位

房地产商常常把他们的产品定位于适当的使用者或者某个细分市场，以便根据该市场的开发创建适当的形象，如有些企业将自己的住宅项目定位于“70后的理想选择”。

(四)竞争者类型定位

如果企业所选择的目标市场已经有了强劲的竞争对手，则可以根据竞争需要进行定位。

(五)特别消费者类型定位

在房地产住宅市场“散户行情”弥漫时，可以采用特别消费者类型定位。在现实情况中，很多房地产企业进行市场定位的根据往往并不只有一个，而是多个结合，因为作为市场定位所体现的企业及其产品的形象必须是多维的、丰富的。

三、房地产市场定位的步骤和原则

房地产项目需要正确定位自己的目标市场，定位正确与否决定了一个房地产项目的成败。一个正确的定位往往能为开发商带来滚滚的财源，而错误的定位很可能会导致巨额资产血本无归。很多房地产项目在建筑、设计、销售等方面都做得很好，但是最终楼盘还是以失败而告终，这样惨痛的案例比比皆是。究其原因，定位错误或者有偏差可算作一个很重要的因素。因此，对房地产目标进行准确的市场定位就显得非常重要。房地产市场定位要遵循以下的步骤和原则：

(一)房地产市场定位的步骤

1. 房地产市场细分

如果不对复杂的房地产市场进行细分，那后期的营销就无法去做，目前没有一个房地产开发商宣称自己的项目能够满足所有客户的需要，实际上那也是做不到的。因此应先对房地产市场进行细分，找出细分市场的标准，找准自己要面对的市场究竟是哪一块，这样在后期的营销中才能有的放矢。比如以档次来分，是要挤占中端市场，还是角逐高端市场；以建筑风格来分，是要凸显国外风格，还是要表现国内风格，是展示现代的，还是传承古典的；以客户群来分，客户是以中年人为重点，还是以老年人为主；以产品类型来分，是做多层、高层、别墅，还是酒店式公寓等。根据不同的标准就会划分出不同的市场。

2. 选定目标市场

市场细分之后，各个子市场就清晰地显现出来了，这时再根据地段条件、开发能力、运作实力等选择一个适合自己的开发市场。有一些项目做得不成功就是因为没有选定目标市场，总是希望能做多种类型的产品，能涵盖不同的客户，这是不切合实际的。实践证明，一个楼盘只能满足特定的客户。

3. 分析顾客

选定目标市场后，就应从地区参数、人口参数、消费行为和心理参数等几个方面，大致估算一下潜在的顾客对产品有哪些方面的需求，通过进一步对所掌握的情况的分析，为以后的深入分析提供参考依据。

4. 判断竞争对手

企业的竞争对手通常为以相近价格向同一顾客群销售不同品牌的同种产品的其他企业。这是对产品特性和品牌价值的再一次认真审视，要了解产品特性以及其所给予顾客的利益点，同时还要分析与品牌相关的其他关联因素。房地产企业产品之间的竞争在很大程度上表现为同一区域内类似楼盘之间的竞争，至于区域范围的大小要视推出的项目楼盘性质而定。

5. 确定竞争对手

确定竞争对手是一个看似容易实际上却很困难的问题，因为在大多数情况下，一个品牌所面对的可能是一个基本的竞争群体而不是一个明确的竞争对象，在这中间既有比较直接的竞争对手，也可能还有一些次级的竞争对手。所以要根据企业自身实力选择合适的竞争对手以期在相应的市场份额中获得有利的地位。

6. 确定所需的房地产市场

所谓“知己知彼，百战不殆”，在充分地了解市场特征、客户需求、竞争对手等所有市场竞争的因素后，企业此时就需结合自身的实际，认真分析研究相关的参数，集思广益，最终确定所需的房地产市场。

（二）房地产市场定位原则

1. 符合企业发展战略的原则

企业发展战略是企业发展的整体性、长远性、基本性谋略，包括品牌战略、经营战略和管理战略。房地产开发项目市场定位，要在企业发展战略的框架下进行，体现企业的竞争优势，发挥企业的核心竞争力，构建企业品牌和产品品牌，使企业的产品具有延续性和创新性，有利于实现企业发展目标。

2. 经济性原则

企业从事房地产项目开发的主要目的就是获取经济利益，而这又与企业是否为顾客或消费者创造了价值密切相关。因此，市场定位过程中应从产品和企业两个角度满足必要的经济性要求。从产品的角度，在满足必要建筑功能的前提下，重点要求其具备良好的性价比，达到全寿命周期收益能力最高和使用费用最低的目标；从企业的角度，必须以经济效益为中心，并且要把经济效益同社会效益结合起来，以较小的劳动消耗和物资消耗取得最大的成果，要能够有效控制成本，达到预期的收益目标。

3. 适应性原则

市场定位的适应性原则，要求房地产开发项目与当地区域的社会经济发展水平和消费者收入水平相适应，与所在区域房地产市场的物业档次、标准、品质相适应，与经市场调查分析确定的目标客户群的消费特点和消费能力相匹配，与企业的技术和管理水平相适应。

4. 合法性原则

市场定位的合法性原则，要求开发项目在土地利用、规划建设、投融资安排和市场营销的过程中，遵守国家法律法规和政府政策，不能突破法规的约束而异想天开或故意钻制度的空子，以有效控制项目的法律风险。

四、房地产市场定位的技巧

房地产市场的定位不仅要注重途径，还要注重技巧，正确的途径加巧妙的技巧可以使工作达到事半功倍的效果。下面介绍几种房地产市场定位的技巧：

（一）根据人文因素细分进行房地产市场定位

1. 年龄

购房能力随着年龄的增加在不断地变化。二十岁、三十岁、三十五岁、四十岁、四十五岁、五十岁……其消费水准皆有大的差异。

2. 性别

人的性别区分为男性与女性。随着女权运动的高涨与女性经济能力的不断提升，在进行市场定位时，除了关注对传统男性特质的诉求外，愈来愈需要对女性的观点与特质做新颖的计划与诉求。正如同有愈来愈多的杂志是以女性市场为目标做开发。

3. 收入所得

一般可将收入分为高收入、中等收入、低收入。市区的房子通常为中高收入人群所购置，郊区及较偏远区则为中低收入人群所光顾，而最高级的地段则为最高收入人群所聚居。

4. 职业

职业可分为会计师、律师、医师、企业界经理、政府高级官员、教师、一般公务员、一般商人、劳工朋友、技术人员、家庭主妇等。不同的职业对房产有不同的标准。

5. 教育

目前，教育层次区分为小学、中学、专科、大学、研究生等学历；学历越高，经历越丰富，对房屋的质量、品位的追求也就越高。

6. 社会阶层

社会阶层的地位有高低之分，处于社会较高阶层的群体对住房的位置、环境、户型、物业、交通等要求较细较高；而社会的低阶层群体，可能在某些方面会有较大的妥协。

（二）根据地理因素细分进行房地产市场定位

1. 居住区

居住区区分为市区、郊区、乡村等，或老市区、新发展区等。

2. 行政区

如广州市的天河区、海珠区、东山区、越秀区等。

3. 大区域都市人多寡

如 5 万人以下，5 万～10 万人，10 万～30 万人，50 万人，100 万人等。

根据不同地理因素，建设居住小区物业楼盘或商业中心、CBD 社区等，以确保产品满足对应的目标市场的需求。

(三)根据心理特征细分进行房地产市场定位

1. 个性

个性有内向型、外向型、冲动型、理智型、合群型、独断型、野心型等之分。

2. 生活形态

生活形态有平实型、寒酸型、炫耀型、名士型等之分。

(四)根据消费行为因素细分进行房地产市场定位

1. 购房率

购房有第一次购房、第二次购房、第三次购房、多次购房等之分。

2. 购买动机

购买动机有经济型、地位型、理智型、投资型、投机型等各种动机。

3. 品牌忠诚度

品牌忠诚度有强、弱、没有三种。

4. 准备购买时的欲望

准备购买时的欲望有不知、已知、很清楚、有兴趣、有欲望等之分。

5. 对产品的态度

对产品的态度有狂热、喜欢、无所谓、不喜欢、敌视等之分。

根据不同的消费行为进行房地产市场定位，判断消费者是属于自住型的购买者还是投资型的购买者，是重品牌还是对品牌无所谓，是具有强烈的购买意向还是观望等，在不同的消费行为主导下，房地产开发企业应结合消费者的需求考虑产品的各项特征。

【案例分析 5-2】

广东有两个著名的楼盘——碧桂园和丽江花园。碧桂园的目标市场是香港中下层居民和广州的部分富裕家庭，它的市场定位是度假、休闲(给你一个五星级的家)；而丽江花园的目标市场是广州市的白领人士，它的市场定位是文化丰富的和谐居家场所。

市场定位不只局限在功能特征上，它还体现在档次、情感、个性、文化、与竞争对手的比较或以上几种的混合上等，它是项目充分张扬的起点和基础，让楼盘“未成曲调先有情”。目标市场是市场定位的前提，市场定位是为目标市场服务的。若没有一个准确而生动的市场定位，整个房地产的策划和营销就显得呆板、苍白、缺乏方向性，楼盘就缺乏活力和生机。

（资料来源：http://seahao 87. blog. 163. com/blog/static/870417602008813052O6/，根据以上材料整理。）

【思考题】 请结合材料分析房地产市场定位对产品营销的重要性。

第三节 房地产目标市场选择

一、房地产目标市场的分析

房地产目标市场就是房地产企业经过比较、选择，决定为其服务的相应的细分市场。房地产市场细分揭示了房地产企业所面临的市场机会，应对这些细分市场进行评估，挑选一个或几个细分市场作为企业经营活动的目标，其实质就是用目标市场的基本要求综合评价一个细分市场的过程。

一个市场要成为房地产营销的目标市场，要符合以下条件：

1. 有一定的需求和规模

细分市场必须有现在和潜在的需求，这是进入目标市场的前提。对细分市场做需求研究时，要注意因房地产开发周期长而造成的时滞现象。例如某地段商铺需求迫切，但是，当企业进入本地段并积极开发完工时，可能该市场的热点已经转移，需求不在。房地产企业对市场的细分应该在量和规模上做适当的准备，规模小的市场，企业不宜再参与。

2. 有一定的支付能力

随着我国经济的不断发展，居民收入也在不断增加，人们对房地产产品的消费水平也呈现出一种积极的态势，对房产的需求和追求也进一步地提高，但成为需求必须要具有一定的支付能力。由于房地产产品的价格不菲，需求者的平均支付能力总是和房产价格相差较大的距离。房地产企业进入目标市场时，要准确分析该目标市场顾客群体的经济实力和收入水平，根据消费者的支付能力设定该目标市场的前景。

3. 有一定的竞争优势

房地产市场的竞争随着我国住房制度的改革变得异常激烈，在企业选定了具有足够吸引力的目标市场之后，还需要进一步了解在此目标市场是否还有竞争对手，竞争对手的实力如何。只有具有相对竞争优势的目标市场，企业才能进入，否则会在日益激烈的竞争中遭受严重损失，甚至被竞争对手击败。

4. 有较好的盈利性

企业的生存和发展都要靠利润。房地产企业对目标市场进行综合的财务分析和市场风险评估后，要确保该房地产项目的投资盈利性目标符合企业的投资预期。只有具备较好的盈利性，企业才能进行市场开发。

5. 企业的目标和实力

某个细分市场满足了上述条件，还要考虑企业的目标和实力。有些细分市场不符合企业长远的发展战略或会分散企业精力，则应适时放弃。对于任何一个细分市场，企业要取得成功，必须具备相应的人力、物力、财力和经营管理能力，这样才能成功地进入目标市场。

二、房地产目标市场选择策略

经过对房地产目标市场的定位和分析后，企业采取怎样的市场策略来达到目的，成为企业当下最为重要的工作。以下几种不同的策略可供企业结合自身实际进行选择：

1. 单一市场策略

单一市场策略指房地产开发企业选择一个目标市场集中营销。即企业集中人力、财力、物力和信息于一点，针对某一个细分市场开展重点生产、销售。此策略的重点是要做好前期的市场调研和分析，在对市场做出准确判断后方可采用。

2. 专业化模式策略

房地产开发企业选择若干个目标市场，其中某个项目在很多目标市场上都有吸引力，而且都符合开发商的目标。

3. 复合目标市场策略

复合目标市场策略指房地产开发商集中开发一种类型的物业产品，并向多个目标市场的客户群体销售这种产品。开发商力图通过该物业的开发建设来满足不同目标市场的需求。但是，将不同的目标客户群体安排在同一物业内显然无法满足这些目标群体的个性化需求，因此，开发商在选用此策略时要慎重。

4. 专业市场策略

专业市场策略即指房地产开发商专门为了满足某个目标群体的各种主要需求而开发物业。

5. 完全市场覆盖策略

完全市场覆盖策略指房地产开发商通过投资开发各种类型的物业来满足各种目标市场的需求。只有大型的房地产公司才能采用完全市场覆盖策略。

三、影响房地产目标市场选择的因素

目标市场选定以后，就要决定进入目标市场的策略。企业究竟采用哪种策略，需视具体情况权衡利弊，做出正确选择。一般来说，企业选择目标市场策略应考虑下列因素：

1. 企业的资源

企业的资源主要指企业资金、技术设备、职业素质、竞争能力、管理水平等。在房地产企业中，土地资源是必不可少的考虑因素。

2. 产品特点

产品特点主要指开发建设的产品自身的特点。

3. 市场特点

企业在营销周期内应对市场的变化具有分析与预估能力，所开发的产品应对市场变化具有应变能力。

4. 产品生命周期

在产品的营销时期内根据产品的生命周期而进行的策略转变，是企业选择目标市场的参照标准。

5. 竞争状况

企业在竞争对手、潜在竞争对手发生变化时应具有应变能力。

本章小结

本章第一节主要介绍了房地产市场细分的含义和作用，明确了市场细分的方法和步骤。第二节讲述了房地产市场定位的内容，包括项目定位、品质定位、房型和面积定位、价格定位等；房地产开发商可以根据产品特色类型定位、利益类型定位、使用者类型定位、竞争者类型定位或者特别消费者类型定位；无论怎样定位，都要有一定的原则和步骤，一般步骤都是先进行市场细分、选定目标市场，然后分析顾客、判断竞争对手、确定竞争对手，最后确定所需的房地产市场，它们都要遵循一定的原则，比如符合企业发展战略的原则、经济性原则、适应性原则和合法性原则，在此基础上还要掌握一定的定位技巧才能取得事半功倍的效果，比如根据消费者的年龄、性别、心理因素等进行定位可能会取得意想不到的效果。第三节探讨了房地产目标市场的选择策略，企业是选择单一市场策略，还是选择专业化模式策略，抑或复合目标市场策略、完全市场覆盖策略等，这要根据影响房地产目标市场选择的因素，如企业的资源、产品特点、市场特点、产品生命周期、竞争状况等进行选择。

关键概念

市场细分　Market segmentation　　目标市场　Target marketing

市场策略　Marketing strategy　　市场定位　Marketing positioning

市场选择　Market selection

复习思考题

1. 房地产市场定位的原则有哪些？步骤是什么？
2. 一个市场要成为房地产营销的目标市场，要符合哪些条件？
3. 房地产目标市场的选择策略有哪些？

实践与训练

阅读表5-1，请根据此表分析不同的房地产企业类型对目标市场定位的依据。

表5-1 竞争对手房地产项目市场定位情况调查表

序号	项目名称	目标市场	市场定位	销售情况
1	广州碧桂园	中青年白领人士、高收入人士	五星级的家	畅销
2	祈福新邨	高级白领人士	精英卫星城	较好
3	广州奥林匹克花园	热爱运动、注重健康的中青年白领人士	运动就在家门口	畅销
4	光大花园	关心环境、注重健康的中高收入人士	大榕树下，健康人家	较好
5	隆基怡苑	中低收入人士	广州大道北的家	一般
6	白云堡豪苑	高收入人士	富豪人家	较好

（资料来源：http://www.docin.com/p-6811051.html，根据以上资料整理。）

课堂讨论

消费者的年龄、性别、职业、受教育程度、家庭成员数量对房地产目标市场定位有哪些影响？

案例分析

据悉内地某城市一个楼盘，推出一年尝试了多种营销手段。其营销过程大致是：
1. 推出之初，定位为“成功人士的心水华庭”；
2. 两个月后，定位为“孩子们成长的地方”，集中表现其配套齐全的特点；

3. 又过了两个月，宣传客户所购房产即将升值；

4. 后来，该楼盘重新定位为“智能豪宅”；

5. 年底时，眼看年关淡市已近，发展商心里着急，于是又降价促销。

营销手法虽然在不断翻新，但效果总是难尽人意。

【思考题】

根据上面材料分析该楼盘在市场定位方面存在的问题。

第六章 房地产产品策略

学习目标

1. 了解房地产产品和组合策略；
2. 理解房地产产品组合策略的内涵；
3. 掌握分析房地产产品策略应用的情景。

引例

半山半岛项目的产品营销策略

半山半岛位于三亚小东海鹿回头半岛，整个半岛是由鹿回头公园、鹿回头岭两山和小东海、鹿回头湾两湾组成的独立区域，距大东海和市区仅3分钟车程，一山之隔，闹中取静。小东海鹿回头半岛是三亚市西至海坡、东至亚龙湾的五十余千米海岸线中唯一一个待开发的半岛，有着优质的沙滩和背山面海的绝顶自然资源。为了最大化地发挥这些资源的价值，三亚市政府极力招揽大企业进入，力图将此板块打造成为超越目前亚龙湾的三亚唯一的六星级区域。同时，素有“海南中南海”之称的三亚国宾馆，即“椰庄”就坐落于此，它将改建成为国际性六星级酒店，并由世界著名奢侈品酒店管理集团——悦榕集团管理，将继续承担接待国家领导人的重要使命。除此之外，小东海鹿回头半岛还有世界酒店业的No.1——洲际酒店六星级亚洲旗舰店，全亚洲最好的高尔夫球场——鹿回头高尔夫球场(国际18洞，洞洞见海，洞洞全灯光)，能见度在6米以上的小东海优质海水，而半山半岛尽享世界顶级荣耀，处于这一六星级区域的核心地带。半山半岛占地面积2000多亩，拥有小东海近千米的海岸线，是由中国爱地房地产开发集团投资、三亚鹿回头旅游区开发有限公司开发的超大型综合房地产项目。整个项目包括坡地水景独栋别墅、高层海景公寓、六星级酒店、豪华商业步行街、国际潜水俱乐部、游艇码头等，未来这里将发展成三亚乃至全中国最大的滨海旅游度假胜地。

（资料来源：根据相关资料整理，海南搜房网. http://newhouse.hn.soufun.com/house/5010321944.htm。）

【思考题】

1. 半山半岛的主要营销对象是哪些消费群体？
2. 半山半岛项目在整体产品营销中应该采取何种策略？

第一节　房地产整体产品与组合策略

一、房地产产品的整体概念和基本类型

（一）房地产整体产品的概念

通常所讲的房地产，主要是指城市房地产，即城市房产和地产，具体包括城市建设用地和建筑在土地上的各种房屋，如住宅、厂房、仓库和商业、服务业、文化、教育、卫生、体育以及办公用房等。房地产产品的整体概念则是指能够为消费者带来效用的、具有某种特定物质形状和用途的物业，是由有形产品和无形服务构成的，前者主要包括土地、建筑物，以及附着物的实体及其质量、特色、类型、品牌等；后者则主要包括可以给消费者带来附加利益和心理满足及信任感的服务、保证、物业形象等。具体来说，房地产产品整体概念可划分为三个层次的内容：核心产品、形式产品、延伸产品。

1. 核心产品

房地产核心产品是房地产整体产品中最基本的层次，它代表消费者在使用产品的过程中和使用后可获得的基本利益，表达了消费者需求的实质，是消费者购买的目的所在。这种基本利益在房地产产品中直接表现为居住功能，使消费者获得家庭感、安全感和成就感。

2. 形式产品

房地产形式产品是房地产核心产品的载体，指产品的物质形态和实物外观，是核心产品的实现形式和消费者选购产品的依据，通常表现为产品的质量水平、特色、式样等，它包括房屋的质量、建筑特色、户型、外立面、小区配套等，对房地产的营销起到决定性作用。

3. 延伸产品

延伸产品也叫附加产品，是指消费者通过房地产产品的购买和使用所得到的附加服务和利益的总和，它包括所提供的物业管理、保值能力、居住感受、自我评价、他人看法等许多方面。能够向消费者提供完善的产品附加利益的开发商，才可能成为市场竞争的优胜者。

房地产整体产品的三个层次相互依存，构成一个完整的产品概念，十分清晰地体现了一切以顾客为中心的现代房地产营销理念。对房地产整体产品的理解，有利于房地产企业开发出全方位的满足消费者需求的产品，提高产品的市场竞争力，提高房地产企业的声誉和效益。

（二）房地产产品的基本类型

1. 土地

土地是房地产产品中重要的组成部分。一般分为非建设用地和建设用地，前者基本上属于农村用地，后者通常属于城市用地，当然在一定条件下前者可以向后者转化。依据土地所处的状态不同，城市土地可分为具备开始建设条件，立即可以开始建设的熟地和必须经过土地的再开发过程才能用于建设的生地。生地和熟地的价格差异不仅仅是土地的开发费用，还在于其区位及周边环境的差异，房地产开发企业可以将生地成片开发为熟地，然后将其转让给其他开发企业和生产经营单位使用。土地按照用途分类，可以分为居住用地、工业用地、仓储用地、商业用地、市政用地、公共建筑用地、交通用地、特殊用地、农用地等，能作为房地产开发企业生产要素的一般是居住用地。

2. 居住物业

居住物业是提供人们生活居住的建筑，包括普通住宅、公寓、别墅等，在城市建设中所占的比例最大，经常以居住小区的形式被成片开发建设。

3. 写字楼物业

写字楼物业也称办公大楼，是一种供机关、企事业单位等办理行政事务和从事业务活动的建筑物，一般由办公用房、公共用房、服务用房三部分组成。

4. 商业物业

商业物业是进行商品交换和流通的建筑物和场所，主要包括商店、商场、百货大楼、超级市场、购物中心等。按照城市用地结构的等级划分，可分为市级、居住区级、居住小区级三种。

5. 工业物业

工业物业是为工业生产提供活动空间的物业，是工业生产的重要条件，主要包括厂房、仓库、货场等。工业厂房一般包括重工业厂房、轻工业厂房和高新技术产业用房。工业物业一般不要求内部装修，外部简单地处理即可，建筑成本比较低；结构设计技术性和专业性较强，适应性比较差；而且一般选择自建，买卖或者租赁的比较少。

6. 酒店、旅馆

酒店、旅馆是为旅客提供住宿、饮食服务以及娱乐活动的公共建筑，一般情况下主要建在城市中心或者旅游景点。

7. 特殊物业

特殊物业的经营内容通常需要得到政府的许可，市场交易比较少，对这类物业的投资多属于长期投资，投资者靠日常经营活动的收益来回收投资，赚取投资收益，主要有高尔夫球场、飞机场、车站、码头、加油站等。

（三）房地产产品策略

房地产产品策略即通过对房地产产品的整体概念与房地产市场营销竞争之间的相关性的研究，以及对同一供需圈内整个房地产市场中竞争的差异化程度的分析，寻找产品及竞争的差别，并采取相应的策略，如生命周期策略、差异化策略、品牌策略、营销服务策略、新产品开发策略等，开展错位竞争，以获得市场先机。

二、房地产产品组合策略

（一）产品组合

产品组合是指一个项目开发建设的全部产品线、产品项目的组合方式。它包括四个变数：宽度、长度、深度和关联性。产品组合宽度是指项目开发经营的户型大类（一居室、二居室、三居室、四居室、跃层等），各户型大类相当于一般意义上的产品线，户型的种类多，产品组合就宽。产品组合长度是指项目全部户型大类中具体户型的总和。户型大类多，各户型大类下的各户型种类多，产品组合长度就长。产品组合的深度是指户型大类中每一套户型的面积、格局、层数的多少。产品组合的关联性是指各种户型的最终用途、开发条件、销售渠道或者其他方面相互关联的程度（比如说经济适用房、普通住宅、高级公寓、商铺、写字楼、酒店等）。

产品组合中产品线越多（比如从一居室到四居室都有），项目开发经营的多样化程度就越高；产品项目越多（比如从75平方米到125平方米的二居室都有），同类产品能适应和满足的消费者就越多；产品组合较深，目标市场消费者的选择余地更大，这样有利于分散项目的操作风险。当然，产品组合并不是越宽、越深、越长越好，因为产品组合状况与生产经营成本和促销费用成正比，与个别产品项目的营销资源集中度成反比，产品组合越宽、越深、越长有可能导致项目的整体销售速度减缓；同时，只有分析和预期营销环境，重视消费者需求研究，发现竞争者产品组合的优势，项目才能准确地安排产品组合，适时地调整产品组合，形成某些产品线和产品项目的特色，并有利于集中营销资源，实现项目产品的快速销售，但同时也会带来项目产品市场风险的加大，两者调和的关键在于市场的把握程度。

（二）房地产产品组合策略

在多样化经营与专业化经营同时并存的房地产市场中，项目的产品组合可以根据产品替代、消费连带和无关联三个角度分析研究，无关联的产品种类较多，经营跨度大，产品组合内容增加；替代性产品种类多，消费者的选择余地大，但产品之间容易形成竞争，给销售带来压力；连带消费成分越多，既充分满足了消费需求，又可发掘消费潜力。根据项目的经营目标，对产品组合的宽度、深度、长度和关联度进行最优组合主要包括以下几种：

1. 全线全面型

即强化产品组合的关联度，开发房地产各类关联性产品以满足市场的需要。如北京和天津两地的大型综合体，华贸中心、万达广场、泰达时代广场、时代奥城、海河新天地等，其产品包括商业、酒店、写字楼、公寓等，这些项目的特征是地处城市中心位置，为综合性用地，且规模较大。此类项目虽然也分商业型综合体、商务型综合体、住宅型综合体，但一般都会兼顾其他类型物业的开发，完整地考虑了产品组合的四要素。

2. 市场专一型

市场专一型指仅开发经营某一种市场上的各种产品，而不在乎产品线之间的关联程度。比如普通住宅项目、商业项目、写字楼项目、酒店项目、别墅项目，这也是市场上最为常见的类型。这种类型项目的特征是位置，是按照所处片区的城市位置和所形成的相应物业聚集度而分布的，用地性质为单一物业用地，且相对来说规模较为适中，但在某一特定的专业市场上，其所提供的产品则是分布在此类市场的各个不同区间段，也就是说产品组合的关联度较为有限，但兼顾了产品组合的宽度、长度和深度。

3. 产品专一型

产品专一型指项目专门开发某一类市场上的某一种产品，而不在乎产品组合的宽度。如别墅项目和一些高档住宅项目提供的产品，从面积上来看基本上都在150平方米以上，户型功能都在三居室以上；还有一些投资类住宅项目，从面积上来看都会在120平方米以下，户型功能都集中在二居室，这类项目的特征是走区域市场的错位经营之路，规模相对较小。在产品相对集中的情况下，为了分散项目的操作风险，往往会强化产品组合的长度和深度，比如一居室的不同面积区间和各种朝向、景观、格局等。

4. 有限产品专一型

有限产品专一型指项目根据市场的特征，集中精力开发有限的产品线以适应有限的或单一的需求市场。与产品专一型不同的是，有限产品专一型关注的是目标客户群的单一和市场单一两个方面，考虑了产品组合的宽度，而忽略产品组合的长度和深度。例如，一些住宅项目锁定的目标客户群就是改善型的客户，则其产品不一定就是130平方米的豪宅，而有可能是既有一居室也有四居室，甚至是错层、跃层和复式，只是每一种产品在长度和深度上有所限制，比如一居室只是限制在某些朝向不好的产品，二居室则限制了其面积的区间，于是定位在120平方米左右的舒适性二居室等。

5. 特殊产品专一型

企业也可根据自己的专长，开发某些在市场上有竞争力的特殊产品。

上述五种类型都是站在市场的角度进行产品组合的区分，其实随着市场的发展，一些企业会在某些产品的开发上形成核心的竞争优势，在项目的产品组合上也就会力争追求这种产品的组合。例如，万科在设计技术上遥遥领先于同行业，并在天津万科水晶城项目上获得情景花园洋房的设计专利，这样在很多万科类似的项目上都会将此种产品考虑到产品组合当中；还有像奥林匹克花园，其产品的特色除了将运动的概念引入项目的开发当中以外，郊区化类别墅的开发也是其特色之一。总之，目前房地产市场上项目的产品种类繁多，仅住宅项目的户型就有成千上万种，并不是开发经营的产品越多越好。当然，项目也不能仅仅开发经营单一的产品，在确定上述的具体产品组合策略时，应该依据不同的情况，选择不同的动态性产品组合类型。

【课堂讨论 6-1】 目前房地产市场上项目的产品种类繁多，仅住宅项目的户型就有成千上万种。根据所学知识，讨论是不是开发经营的产品越多越好呢？

第二节 房地产产品的生命周期策略

一、房地产产品的生命周期

房地产产品的生命周期是指一种房地产产品在市场上的销售情况以及获利能力随着时间推移而变化的过程，这种变化的规律正像人和其他生物的生命周期一样，都要经历从诞生、成长到成熟，最终走向衰老死亡的过程。这个过程在市场营销学中是指房地产产品从投放市场开始，经历成长、成熟，到最终退出市场为止所经历的全部时间，即产品的市场寿命，而不是产品的使用寿命。其生命长短受顾客需求的变化、房地产产品更新换代的速度等因素的影响。

房地产产品的生命周期一般可划分为四个阶段，即导入期、成长期、成熟期和衰退期。整个生命周期中，销售额和利润额的变化表现如图 6-1 所示。

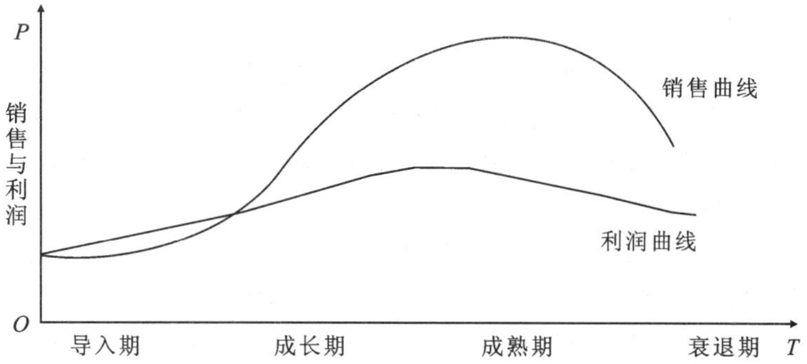

图 6-1 房地产产品生命周期图

房地产产品生命周期各个阶段的划分是相对的，一般来说，各阶段的分界是以产品销售额和利润额的变化为根据的。在导入期，销售额和利润额增长缓慢，利润多为负数；当销售额迅速增长，利润由负变正并快速上升时，进入成长期；当销售额增长放慢，利润增长停滞时，则进入成熟期；当销售额快速递减，利润也较快下降时，说明产品已经进入衰退期。

二、影响产品生命周期的因素

产品生命周期理论表明，一般情况下一种产品都不可能经久不衰，永远盈利。房地产企业的决策者及营销人员必须经常不断地对本企业各类产品的市场状况进行分析，适时淘汰老产品，开发新产品，使企业的产品组合处于最优状态。企业在制定市场营销策略时，要认真分析产品所处的生命周期阶段及影响因素。影响房地产产品生命周期的因素很多，主要有：

1. 房地产产品本身的性质和用途

由于房屋能够满足人们的长期需要，其生命周期就比较长。

2. 科学技术的发展

科技进步越快，更新换代的频率就会越高，其生命周期就越短。

3. 消费需求的变化

生活水平提高得快，消费者的偏好就会发生变化，从而加快需求的变化，其生命周期就短。

4. 市场竞争状况

市场竞争激烈，仿制品或替代品纷纷出现，就会使其生命周期缩短。

另外，国家宏观政策和相关法规等因素，也会直接或间接地影响房地产产品的生命周期的各个阶段。因此，房地产营销应根据房地产产品所处的生命周期的不同阶段采取不同的市场营销策略。

三、房地产产品生命周期策略

房地产产品生命周期策略就是依据房地产产品所处的生命周期的不同阶段采取不同的营销策略，因此要对房地产产品的生命周期曲线进行考察，并根据各阶段的特点来制定相应的策略。

（一）市场导入阶段

从产品生命周期曲线的形态来看，导入阶段的销售量较小，增长缓慢。产品所蕴含的某种消费观念未被大多数消费者所了解、接受，消费者不愿放弃或改变以往的消费行为；市场上只有少数喜欢创新的消费者出于好奇或冲动实施购买，一般属于高收入阶层；价格决策难以确立，可能限制了购买，也可能难以收回成本；广告费用和其他营销费用开支较大；利润较少，可能出现亏损。因此，在这个阶段，企业经营的风险最大，市场预测的失误可能使投资项目损失惨重，但是市场的竞争对手较少。因此，企业要让消费者尽快认识产品，能够在消费观念上接受产品，尽快地进入成长阶段，以获取较高的利润。这一时期的营销策略主要有以下几种：

1. 撇脂法

撇脂法是采取高价格、高促销费用，以便迅速扩大销售量，取得较高的市场占有率。这种策略需要具备一定的市场环境，如大多数潜在消费者还不了解这种产品，已经了解的消费者急于购买，并愿意按价购买；企业面临潜在竞争对手的威胁，应该迅速使消费者建立对自己产品的偏好。

2. 渗透策略

渗透策略是实行低价格、高促销费用的战略，迅速打入市场，取得尽可能高的市场占有率。在市场容量较大时，消费者对产品不熟悉，但对价格非常敏感，潜在竞争激烈，企业随着销售量的扩大可以在降低成本的情况下采取这种策略。

（二）市场成长阶段

从生命周期曲线可以看出，市场成长阶段产品销售量急剧上升，有越来越多的消费者开始接受并使用，企业的销售额也直线上升，利润增加。在此情况下，竞争对手也会纷至沓来，威胁企业的市场地位。因此，在成长期，企业的营销重点应该放在保持并且扩大自己的市场份额，加速销售额的上升方面。另外，企业还必须注意成长速度的变化，一旦发现成长的速度由递增变为递减时，必须适时调整策略。这一阶段可以适用的具体策略有以下几种：

1. 宣传重点转向促销

在广告宣传上，应从介绍产品、建立知名度转为树立形象、说服消费者接受和购买上来，以促进销售量的增加，以利于进一步提高企业产品在社会上的声誉。

2. 充分利用价格手段

在成长期，虽然市场需求量较大，但在适当时企业可以降低价格，以增加竞争力。当然，降价可能暂时减少企业的利润，但是随着市场份额的扩大，长期利润还可能增加。

（三）市场成熟阶段

在成熟期中，产品竞争相当激烈，产品的销售主要靠消费者的重复购买来维持，但是房地产产品是一种高档耐用品，同时受消费者收入水平的限制，使得大多数消费者不可能在短时间内重复消费房地产商品，所以从房地产商品的生命周期曲线看，成熟阶段的销售量难以维持成长阶段的水平，销售量陡然下降。此时可以采取的策略主要有：

1. 营销组合改进

通过改进营销组合的一个或几个要素来刺激销售，延长产品的市场成长期和成熟期。可将价格、渠道、促销、服务等营销工具进行适当组合。

2. 市场改进和产品改进

通过市场和产品改进寻找新的消费者。企业可以通过市场细分，寻找新的细分市场，将产品引入新的目标市场；或者是对房地产产品进行改造，改变或扩大原有产品的用途和使用功能，吸引新的消费者。企业可以通过产品特征的改良，来提高销售量。企业可采用以下措施：

（1）品质改良，即增加产品的功能性效果，如耐用性、可靠性等；

（2）特性改良，即增加产品的新特性，如规格、大小、重量、材料质量、添加物以及附属品等；

（3）式样改良，即增加产品美感。

3. 营销组合调整策略

营销组合调整策略即企业通过调整营销组合中的某一因素或者多个因素，以刺激销售。企业可采用以下措施：

(1)通过降低售价来加强竞争力；

(2)改变广告方式以引起消费者的兴趣；

(3)采用多种促销方式如大型展销、附赠礼品等；

(4)扩展销售渠道，改进服务方式或者货款结算方式等。

(四)市场衰退阶段

衰退期是指商品逐渐老化，转入商品更新换代的时期。当商品进入衰退期时，企业不能简单地放弃，也不应该恋恋不舍，一味维持原有的生产和销售规模。企业必须研究商品在市场上的真实地位，然后决定是继续经营下去，还是放弃经营。

1. 维持策略

维持策略即企业在目标市场、价格、销售渠道、促销等方面维持现状。由于这一阶段很多企业会退出市场，因此，对一些有条件的企业来说，并不一定会减少销售量和利润。

2. 缩减策略

缩减策略即企业仍然留在原来的目标上继续经营，但是根据市场变动的情况和行业退出机制在规模上做出适当的收缩。如把所有的营销力量集中到一个或者少数几个细分市场上，以加强这几个细分市场的营销力量；也可以大幅度地降低市场营销的费用，以增加当前的利润。

3. 撤退策略

撤退策略即企业决定放弃正在经营的房地产产品，撤出目标市场。

【课堂讨论 6-2】 我国居民的居住条件从新中国成立初期黄土高原的土窑到20世纪五六十年代的青砖瓦房，从20世纪七八十年代的小平房到20世纪90年代的集资楼、商品楼，从21世纪初期的小高层、大高层到现如今成片的别墅群，中国居民的房地产产品消费曲线描绘了一个丰富多彩的产品更新换代的过程，你从中可以得到哪些启示？

第三节　房地产产品的差异化策略

一、房地产产品差异化策略概述

目标市场确定后，房地产企业应针对目标客户的需求，结合自身的优势，最大限度地挖掘房地产产品的特色，甚至是创新点，使自己的产品在某方面比竞争者更具优势，更好地满足客户的需求，这就是差异化策略。具体而言，房地产产品差异化策略，是指在房地产产品的设计、开发、建设和服务过程中形成的各种差异，从而使本企业为市场提供的房地产产品和竞争者产品相区别的过程。这是房地产企业最重要的策略之一。

在房地产产品开发之初，应该对目标客户的需求以及偏好进行周密的调查和分析，比如对房屋类型、用途、面积、格局的喜好以及对房屋价格的接受程度等因素进行分析，从而确定本企业能够提供具有特色的差异化产品。房地产产品差异化的内容包括房地产产品的特色、风格、性能质量、服务和营销渠道五个方面。

(一)特色差异化

特色化主要是指对房地产产品基本功能的增加和补充。房地产产品本身其实就蕴含了极大的差异，例如位于同一区域不同路段，同一路段不同地块，同一地块不同幢号，同一幢号不同房型，同一房型不同朝向等。而在房地产的建设中更要重视产品的人性化服务，例如，在住宅小区的绿化普遍未得到重视时，充分重视绿化；在住宅中增加智能化设施、集中供热和供应优质饮用水；建造错层住宅、大采光凸出窗台、阳光客厅、可移动透光屋顶天井、室内自动报警等，都可以构成房地产产品的特色。

(二)风格差异化

房地产风格是指房地产产品给顾客的视觉和感觉效果。房地产产品和一般产品相比较而言更容易产生风格，因为房地产产品体积大、投资大，无论从空间角度或是从经济角度看都是将工程、文化、艺术密切结合的产物，具有强烈的风格。具有鲜明风格的产品，其实投入了更多的成本和费用，同时可以满足顾客的感官愉悦、个性追求和自身价值。所以，房地产产品从风格差异化的角度为顾客考虑，可以获得更多的顾客关注和利润。

(三)性能质量差异化

性能质量是房地产产品的性能优势在实际使用中的表现。它可以体现在区位上的远近优劣，环境上的方便优美，布局上的大方精巧，设计上的合理完善等。例如同一区位内，在生态小环境方面可以形成差异；同一档次的产品中，不同种类的设施设备会体现出不同的效果等。房地产产品的性能质量可分为不同的等级，一般而言，产品质量同价格、利润之间存在着很高的关联性。但是，质量较高的，产品价格一般较高，顾客的数量也会下降。所以，房地产产品的开发需要谨慎地选择一个与目标客户和竞争地位相称的性能质量水平。例如，在同一区位内，你的楼盘比别的楼盘有更好的生态小环境；在一样的得房率的基础上，你的房型比别的楼盘有更多或更方便的功能组合等。只要售价没有超过顾客的认知价值，他们就愿意付出较高的价钱购买性能良好的房地产产品。

(四)服务差异化

与其他商品有所不同的是，商品房的消费群体既有共性需求又有个性需要，当竞争对手之间在客户共性需求方面势均力敌的时候，影响客户购买意向的因素往往就是哪个项目更能满足他的个性需要，更能博得他的好感。这些个性需要往往是产品本身无法满足的，而需要通过产品附加的服务来满足，这也是人们通常所说的“服务能提高产品附加值”。

（五）营销渠道差异化——业主直销

在营销学中，人们认为，在一个人的生活圈子里，他可以接触到并能导致类似购买的人最多可以达到250人。因而在房地产的销售中，如果一个已经购房的业主，通过现身说法向朋友、同事推销楼盘，可以产生比销售人员推销更好的效果。

二、房地产产品差异化策略的实施

了解了房地产产品差异化的含义和内容后，就应着手实施这一策略的实质内容。那么，房地产产品差异化策略到底应该如何实施呢？

首先，把科学、缜密的房地产产品市场调查、市场细分和市场定位作为基础。这是因为，市场调查、市场细分和市场定位能够为企业决策者提供顾客在物质需要和精神需要方面的差异，准确地把握顾客需要什么样的户型、什么样的房屋结构等最基本的信息。在此基础上，分析满足顾客差异需要的条件，要根据企业现实和未来的内外状况，研究企业是否具有相应的实力和能力，最主要的目的是明确“企业能为顾客提供什么”这一主题素材，使得企业在实施差异化竞争策略的时候做到有备无患。

其次，房地产产品差异化策略是一个动态的过程。任何差异都不是一成不变的，房地产产品市场也是如此。随着社会经济和科学技术的发展，顾客的需求也会随之发生变化，在消费者心理越来越成熟的今天，他们会分析自己的真实需求，而不会轻易相信企业的诱导。这可能造成对差异化需求的降低，特别是在从众心理的作用下，一些差异化对消费者来说，也许并没有什么吸引力。同时，也应注意其他竞争者的模仿。在当今的中国房地产市场上，产品的专利性很难保障，因此跟风现象相当严重，竞争者的模仿，会使得差异化缩小，从而使得企业在差异化中投入巨大，却收效不佳。另外，随着房地产业的日益成熟，差异化也会缩小。这些差异化的缩小将主要体现在规划设计、建材选用和施工工艺上，而品牌的差异化会得到加强，所以要在不断变化的过程中寻找新的差异化。

最后，要注意房地产产品成本的控制。实施差异化，企业在房地产产品的设计、施工、材料选用上，必须要有一定的投入。如果这种投入过大，会造成成本过高，并且远远高于实施低成本战略的企业，差异化就无法吸引顾客，顾客很有可能会舍弃差异化企业提供的某些特性、服务和形象。

总之，差异化策略是一个动态的、不断变化的过程，是各方因素相互补充的完美组合。因此，房地产产品差异化策略的实施，需要从消费者的需求、企业的实力、竞争对手的能力、市场的变化、科技的进步等许多方面同时考虑，尽可能做到“人无我有，人有我优，人优我转”，确保本企业的差异化始终走在市场需求的前端，赢得先机。

【案例分析 6-1】

北京现代城的创新

北京的现代城项目创造了总销售额 40 多亿的商业神话，所有现房抢购一空，甚至为周边楼盘带来了商机，使这些楼盘在 6 个月内销售额达到了 11.3 亿，营造出了一种“现代城”效应。现代城的成功销售得益于以下几方面：

第一，所有的房屋进行精装修。当时现代城属于内销房，不同于现在的内外销合并，完全国际化运作。将现代城所有的内销房进行精装修并附送家具的做法当时在国内尚属首例。

第二，选用森德暖气。当时国内的暖气片都是铸铁的，装修时需要用木头外包，虽然经济但不美观。而现代城每套房间都采用森德散热器，虽然其价格是铸铁暖气片的 8 倍，但物有所值。

第三，使用落地玻璃。在建筑设计规范中，限定窗台高度为 0.9～1.0 米，而落地式玻璃等于将窗台的高度降为零。虽然这在国外很普遍，但在当时的北京还没有，3 年后北京绝大多数楼盘使用了落地式玻璃。

第四，使用立面色彩。北京的楼房大多没有颜色，而现代城的外观创新突破，采用了彩色立面，效果很好。

（资料来源：http://www.soufun.com/，根据以上资料进行整理。）

【思考题】 北京现代城的创新在房地产产品营销方面给了我们什么启示？

第四节 房地产产品品牌策略

当今世界国际国内的竞争日益呈现出白热化的状态，在经历了一番价格、质量、服务等方面的较量之后，进入了一个新的竞争阶段，即品牌的竞争阶段。目前的房地产企业如何才能在激烈的竞争中取得成功？答案也许只有一个：靠品牌取胜。伴随着我国经济的高速、持续发展，人们的物质生活水平逐渐提高，而人们对于住房的要求也越来越高，不再仅仅满足于“居者有其屋”，而是追求“优其屋”。我国大部分消费者已进入“品牌消费”阶段，房地产企业要想在买方市场取得主动权，就必须树立和创造自己的品牌，追求品牌效应。

一、房地产产品品牌策略概述

(一)房地产产品品牌策略的含义

品牌是用以识别产品或企业的某种特定标志，通常由某种名称、记号、图案或其他识别符号构成。品牌实际上是企业或产品在消费者心目中的一种形象代表，将产品或企业从竞争者中区别开来。房地产产品品牌是指房地产开发企业给自己开发的房地产产品规定的名称与标志，通常是由文字、标记、符号、图案和颜色等要素组合构成的。房地产产品品牌在整体产品营销中起着越来越重要的作用，成为房地产企业普遍重视的竞争手段。房地产产品品牌策略是指房地产开发企业通过对房地产产品品牌的创立、塑造，在消费者心目中树立良好的品牌形象，以期在市场上获得竞争优势。

（二）房地产产品品牌策略的重要性

1. 品牌是房地产产品的象征

由于品牌总是依附于某种特定的房地产产品，是房地产产品的形象代言，因此，当人们看到某一品牌时，就会联想到它所代表的房地产产品的品质和服务。

2. 品牌有助于突出产品的特点

品牌的建立往往是抓住产品的某一特点，予以突出和夸大，有利于企业进行广告宣传，特别是有利于企业推广新产品。如谈到北京现代城，大家就会想到SOHO，想到时尚的家居办公。

3. 品牌有助于树立形象，增强竞争

通过建立优秀或知名的品牌，使市场对企业及企业的产品产生认同感，进而达到提高市场占有率的目的。如谈到“四季花城”，无论是深圳的四季花城、武汉的四季花城、上海的四季花城、沈阳的四季花城，还是成都的四季花城，大家就会想到万科，虽然销售价格高于同品种的周边的房地产产品，但在各地均取得了不错的销售业绩。

（三）影响房地产产品品牌策略实施的主要因素

1. 创品牌最重要的是市场定位

对于房地产企业而言，要想创品牌，首先必须找准市场定位。因为准确的市场定位是创品牌的基础，必须在充分的市场调研的基础上，根据目标市场上顾客的不同需求，结合市场竞争情况及对手的具体情况，结合企业自身的竞争优势，科学合理地进行企业产品的市场定位。如果将创立品牌仅定位在高档次物业上是不科学的，它只会导致事实上的定位结构失衡和资产的大量闲置。这种所谓的品牌产品是无法成为真正的消费品的。成功的品牌不在于档次的高低，而在于其价格与质量定位是否在同一层面上，即创立适销对路、价格合理的物业品牌才能取得成功。

2. 质量是创品牌的核心

品牌战略其实质是质量的战略，获得品牌的决定性因素是质量，没有质量保证就没有品牌。对房地产企业而言，质量是一个综合性概念，既包括房地产作为建筑物的建筑质量，也包括规划设计质量和交工后的服务质量。所以房地产企业必须从规划设计、功能配置、环境美化等方面综合考虑，从图纸审查、施工监督到工程验收每个环节都以质量为中心去进行管理。只有这样才能建造出优质产品，这是赢得消费者的最基本保证。房地产的开发涉及面广、建设周期长，企业要创优质产品，仅有强烈的质量意识还不行，还必须建立完善、高效、合理的组织管理系统，建立新的管理模式，即实行品牌质量管理。人们常说 100－1＝0，这对于房地产市场同样适用，即使是一件小事做得不好，也可能使全部努力前功尽弃。

3. 优质服务是创品牌的保证

房地产业的服务一般分为售前服务与售后服务。售前服务指的是房地产商加强与金融信贷机构的联系，便于消费者进行住房按揭贷款，为购房者提供尽可能多的方便，确立良好的服务形象，这也是品牌建设的一部分。完善的售后服务和良好的物业管理在创品牌中有特殊的重要作用。物业管理是使用环节中感受最直接的一环，这对于品牌良好口碑的形成、再开发有极大的作用。售后服务是优良品牌的延伸。对房地产企业来说，完成开发、实现销售仅仅是品牌建设的开端。在产品漫长的使用阶段，物业管理状况如何，很大程度上决定着品牌的命运。有不少房地产项目设计精良，环境很好，但投入使用后，由于物业管理落后，很快就损害了项目的声誉。在现实中，许多消费者在选择房屋时，选择物业管理甚至先于房价等因素的选择。因此，强化产品售后服务，提高物业管理水平，已经成为房地产品牌建设必不可少的条件。

4. 文化内涵是房地产品牌的灵魂

人类科学家赫斯科指出："文化是环境的人为部分。"由于地域空间的阻隔，地球上存在着一定文化特征的地区，拥有明显不同的居住形式、特定的语言、一定的经济体系和社会组织。住房是人为劳动的结晶，会明显折射出不同地区的文化环境差异。因此，一定地区的住房生产、流通和消费行为方式就会构成该地区"居住文化"的特色。

房地产在分类上叫作不动产，跟土地的结合使房地产与其他行业相比具有了本质的特征。房地产具有鲜明的本土化特征，如果房地产开发商做出的房地产产品"水土不服"就会出问题。文化上的差异很微妙，但又很鲜明，比如民族风俗、地域风俗、心理喜好等都不尽相同。上海外滩的建筑是典型的西洋建筑，首都北京多是四合院建筑，而闽南人则特别喜欢红色，从砖瓦到地板都大量使用红色，这就是文化。有一定经验的开发商只要认真地进行调查，提升房地产的文化品位，不愁推不出有特色的产品。

5. 创立房地产品牌必须实施高效的营销策略

市场营销被誉为是房地产企业经营和运作的生命线，是其最终获得利润并在激烈的市场竞争中立足的制胜法宝。营销策略则是为了实现各种各样的企业目标，保持并扩大市场占有率，树立企业良好形象，提高品牌知名度，并不断培养忠诚顾客而采取的各种行动。一个品牌的问世和生存必须以高质量和适销对路的产品为前提，但仅仅如此是不足以使其成为名牌产品的，还必须依赖于高效的营销策略。

二、房地产企业实施品牌营销的途径

目前我国房地产品牌的建设远远落后于其他的商品，其影响力还不突出，主要表现在：市场上被社会认可的、被消费者信赖的房地产品牌数量少，开发商在房地产品牌的认知方面有误区。其主要原因：一是我国长期实行计划经济的福利分房和单位购房制度，影响和妨碍了房地产市场的竞争和发展；二是大多数房地产开发商的经济实力不强，综合素质不高，难以形成规模并建造高品质的产品；三是由于受房地产专业性因素的影响，消费者选择具有一定的盲目性，对品牌的认知不够；四是房地产企业短视行为造成品牌开发的短暂性和阶段性，直接影响和制约了房地产品牌的创建和发展。因此，房地产企业在实施品牌营销方面应从以下方面着手：

1. 树立品牌理念

在制定品牌战略时，房地产企业必须首先树立牢固的品牌理念。这是实施房地产品牌营销的先决条件，只有制定正确的品牌理念，才能在品牌的创造和发展中取得胜算。

2. 强化品牌意识

品牌的产生是市场发展的必然结果，也是社会需求的必然结果。房地产企业必须清醒地认识品牌在现代市场上的地位和作用，审时度势，转变观念，以市场为导向，强化品牌意识，并把这种意识贯穿到企业的每一个环节中去，把品牌的经营理念转化成消费者能感知的服务。

3. 重视品牌定位

品牌定位就是锁定目标消费者，在消费者心目中确立一个与众不同的差异竞争优势和位置的过程。它是品牌建设的核心，是确立产品特色并把它与其他品牌区分开来的过程。它可以突破消费者心中的疑惑，有效实现市场细分。

4. 开创品牌特色

房地产品牌建设要体现其自身特色，其实品牌就是特色的集中体现。打造品牌就是打造名牌、打造特色的同义语。房地产品牌建设需要高质量、有特点、有吸引力、与众不同的理念，在进行房地产开发和建设的每一个环节力争做到“人无我有、人有我优”。只有做到这一点，才能在品牌开创中立于不败之地。

5. 建造品牌质量

品牌的核心在于其过硬的产品质量。这里所指的房地产产品质量是一个综合性的概念，既包括房地产作为建筑物的质量，也包括开发商或物业管理公司向购房者提供的服务水平，以及诸如房屋设计、小区环境等所有决定物业市场价值的因素。

6. 提升品牌的科技含量

品牌本身就意味着一种创新精神，品牌房地产应作为房地产界的旗帜带动整个房地产业的前进和发展。因此，在开发经营中，应不断运用新的设计理念、新技术、新成果、新材料，将房地产业的发展同科技的发展联系起来，不断将新的科技发明创造运用到房地产产品的建设中，从而使房地产产品不断推陈出新，不断取得进步。

总之，房地产品牌的树立和推广对房地产公司来说是一项艰辛而复杂的系统工程，需要从前期的市场调查、规划设计，到楼盘建设、售后服务、物业管理等全方位的精心组织，其中任何一个环节出错，品牌形象都会大打折扣。当房地产企业发展到一定规模，品牌建立以后，就会进入房地产品牌的维护阶段。在这个阶段，除了关注品牌的正常运营和持续发展外，还要密切注视潜在竞争对手的品牌战略。已经建立的品牌并不是永恒存在的，它会随着项目的完成而淡化甚至退出市场，因此更需要企业注重产品品牌的延续性，并将产品的品牌与企业的品牌相联系。一个好的品牌建立之后，会产生良好的经济和社会效益，也必将带来竞争对手的效仿和仿制，因此，必须不断加强品牌的宣传，强调品牌之间的差异性。

第五节　房地产营销服务

一、房地产营销服务的内容

房地产开发的最终目标就是将所开发的产品顺利地销售出去，房地产营销是帮助开发商实现顺利销售的重要过程和手段，没有好的营销策划，就不可能生产出好的产品，更谈不上实现产品价值的最大化、利润的最大化。所以，导入专业的房地产营销服务对开发商而言是十分必要的，它贯穿了房地产开发的各个环节，承担着十分重要的任务。具体概括起来有三个方面的内容：

1. 为市场提供有效供给产品

这也是房地产营销服务的第一个阶段，即产品的研发阶段。一是通过项目周密细致的市场调查，找准项目的定位，同时根据项目的可行性分析，了解项目的运作成本和投入产出比，做到心中有数；二是通过优秀的建筑和园林规划设计，根据定位的要求，实现产品的最优化组合，使项目的价值进一步得到提升。

2. 为开发商发现市场机会，实现产品价值，规避市场风险

这是房地产营销服务的第二个阶段，即产品的推广阶段。一是通过严格的工程管理和质量控制，将产品的品质和价值实实在在地兑现出来，展示在客户眼前，给客户以强烈的信心；二是通过与项目定位一致的形象包装设计，展示项目形象，吸引目标客户；三是通过精心的营销推广和严密的销售管理，为发展商找准卖点和突破口，发现市场机会和空白点，力争将产品在最短的销售周期内以最理想的价格顺利地实现销售，以规避市场风险。

3. 树立知名度和美誉度，提升项目和公司品牌

这是房地产营销服务的第三个阶段，即产品的提升阶段。一是通过周到细致、优质高效的物业管理服务，提升产品的附加值，以服务进一步提高项目和公司的知名度和美誉度；二是通过项目和公司的品牌建设，提升项目和公司品牌，为公司的可持续发展创造条件。

二、房地产营销服务的形式

1. 前期市场调研

为发展商提供在项目取得地块之前的项目分析以及取得地块之后的项目的市场定位工作。具体工作内容包括市场调研与分析、商业策划、产业定位、商家建议、招商策略调研、市场分析、消费者分析、投资者分析、消费习惯、产品定位、建筑规划、概念设计、开发周期建议、财务预算、可行性经济分析等。

2. 策划顾问（广告企划）

为发展商提供包括项目策划（项目定位、项目规划、项目 VI 设计、租售价格拟定等）和营销策划（营销策略制订、推广计划制订、广告策划、培训计划制订、法律文件准备等）在内的顾问服务。

3. 销售代理

为发展商提供销售过程中的销售代理、销售培训、销售诊断、销售策略制定与执行、售后服务等专业服务。

4. 商业地产策划

为房地产开发商项目提供商业地产的市场调研，具体服务内容包括地块调查，商圈、商用物业和相关产业市场的市场调研与分析，竞争项目分析，项目定位以及竞争战略分析，总体开发模式与营运策略，主力商家与投资者组合进驻分析以及建议，产品建筑设计和环境配合建议，营销、招商主题和推广策略，项目投资效益分析等。

5. 分销代理

为房地产开发商提供除项目所在地之外的全国销售，通过公司的全国销售网点，在异地进行分销，以最节省、最便捷的销售方式，加快销售进度，提高销售额度。

6. 企业形象顾问

在产品同质化竞争日趋激烈的时代，房地产开发企业品牌形象问题日益重要。从房地产项目品牌建立健全开始，为房地产开发企业的持续发展提供企业形象品牌建设与维护服务。

第六节 新产品开发策略

一、房地产新产品的类型

随着科学技术的飞速发展，消费者需求也开始出现新的变化，市场上的新产品也是层出不穷，市场新产品开发直接关系到房地产企业的生存和发展。企业同产品一样，也存在着生命周期，如果企业不开发新产品，则当产品走向衰退时，企业也同样走到了生命周期的终点。相反，企业如能不断开发新产品，就可以在原有产品退出市场舞台时利用新产品占领市场。一般而言，当一种产品投放市场时，企业就应当着手设计新产品，使企业在任何时期都有不同的产品处在生命周期的各个阶段，从而保证企业盈利和稳定增长。因此，任何一个企业都应该积极开发新产品，以推动整个社会经济的可持续发展。营销学中只要是产品整体概念中三个层次的任何部分的创新、改革或改进都属于房地产新产品之列，一般包括全新型新产品、仿制型新产品和改造型新产品。

1. 全新型新产品

全新型新产品是在房地产产品建造过程中采用新观念设计，用新结构、新技术、新材料、新工艺制造的房地产产品。例如，深圳华侨城集团之上海新浦江城项目总用地面积8.07万平方米，总建筑面积9.47万平方米，总规划632户，包含了部分的商业住户；项目类型为4～5层的平层多层公寓、四层底层复式多层公寓、小高层带联排别墅等。该项目是将意大利城市模型与中国居住文化完美融合的全新型房地产产品。

2. 仿制型新产品

房地产企业可以模仿市场上旺销的其他房地产企业生产的产品而开发某种模仿型房地产产品。例如，万科集团在全国主要城市开发的城市花园项目，碧桂园在广东二、三线城市开发的别墅群项目等均属于仿制型新产品。

3. 改造型新产品

改造型新产品是在房地产产品建造过程中，在样式、形状、色彩、材料、房型等方面进行部分改进的新产品。例如，某住宅区融住、行、休闲于一体，在多层次平面设计上实行全面布局，引进了新加坡住宅的底层架空结构，每户配备了独立车位。特别是其配备了设在底楼的独门独户的多功能室，面积为5～10平方米不等，给客户提供了多种选择。

二、房地产新产品开发策略

新产品开发可以应用以下策略：

1. 创新策略

房地产产品必须立足于创新，要不落窠臼走新路子，用新技术创造出富有特色的新产品。房地产企业应从企业本身的实际和市场需要出发，在“新”字上下功夫，要标新立异，追求与众不同。

2. 组合策略

房地产企业也可以将现有的已经成熟的技术和产品加以重新组合，开发出别具一格的新产品。运用这种策略开发新产品，一般不需要大量的投资，成功率较大。其关键在于细心研究市场的需要，富有想象力地发现各种新的组合的可能性。

3. 补缺策略

在产品开发者众多、竞争激烈的情况下，对于实力不太雄厚、没有取胜把握的企业，可以选择避开锋芒策略，避免背水一战的较量，最好选择强势企业放弃的或忽视的市场，这些市场可能利润不丰，而被一般开发商所遗忘或忽视，但是它们的风险较小，取得收益的概率较大。

三、房地产新产品开发的风险

新产品开发是一个复杂的、动态的、连续的过程，其中涉及大量的信息收集、分析、筛选及传递，各种模式方案的选择与确定，各种要素资源的投入与配置，新产品生产及营销战略制定等一系列的工作。这些工作都不同程度地存在不确定性，从而导致企业新产品开发风险的发生。因此，要成功进行新产品开发，就必须加强对新产品开发中的风险的了解。房地产新产品开发的风险主要有：

1. 技术风险

技术风险指房地产企业在新产品开发过程中，因技术因素导致新产品开发失败的可能性。技术风险大小由下列因素决定：技术成功的不确定性；技术前景的不确定性；技术效果的不确定性；技术寿命的不确定性。

2. 市场风险

市场风险指新产品的相对竞争优势的不确定性，市场接受的时间、市场寿命及市场开发所需资源投入强度等难以确定，而导致新产品开发失败的可能性。新产品开发出来以后，价格往往较贵，同时人们对新产品的质量、性能及其稳定性往往要观望一段时间，或等别人使用后再购买，这就阻碍了新产品快速渗透并占领市场。若新产品不能在短时间内占领市场，则很可能夭折。因为若这项技术也被竞争对手看中，他们很可能模仿并加以改进，在短时间内追赶上来，且其产品更具优势，这时，刚刚被引导出来的市场，很可能被竞争对手占领。

3. 资金风险

资金风险指因资金不能适时供应而导致新产品开发失败的可能性。若不能及时供应资金，会使新产品开发活动停顿，其技术价值随着时间的推移不断贬值，甚至被后来的竞争对手超越，初始投入也就付之东流。此外，通货膨胀也会引起资金风险。

4. 环境风险

环境风险指新产品开发由于所处的社会环境、政策环境、法律环境等变化或由于自然灾害而造成新产品开发失败的可能性。因此，新产品开发，必须重视环境风险的分析和预测，采取有效的对策和措施，把环境风险减少到最低限度。

5. 生产风险

生产风险指在新产品开发过程中，由于生产系统中的有关因素及其变化的不确定性而导致新产品开发失败的可能性，如难以实现大批量生产、生产周期过长、工艺不合理、产品质量难以保证、可靠性差、供应系统无法满足批量生产的要求等。

6. 管理风险

管理风险指在新产品开发过程中，由于管理失误而导致新产品开发失败的可能性，如组织协调不力、其他部门配合不好、高层领导关注不够、调研不充分、市场信息失真、市场定位不准、营销组合失误、风险决策机制不健全、研发过程不协调等。

本章小结

本章主要介绍了房地产产品在市场营销方面的营销策略，首先阐述了房地产产品的内涵和概念、产品的基本类型以及产品组合的概念，介绍了房地产整体产品的概念和组合策略，就如何寻找最优产品组合，不同的产品组合如何提升房地产的价值等进行了阐述。阐述了三种常用的产品策略：其一是房地产产品的生命周期策略，详细说明了影响产品生命周期的因素和房地产产品生命周期不同阶段的营销策略；其二是产品的差异化策略；其三是产品品牌策略以及房地产企业实施品牌营销的途径。然后论述了房地产营销服务的内容及形式。在房地产新产品开发策略中主要论述了房地产新产品开发策略。在对各种营销策略进行解释和阐述的过程中，结合当前房地产领域理论研究的最新动向，关注我国在未来房地产产品开发、销售方面的主要趋势，以期在房地产产品营销实践方面能够给予一定帮助，以便于在房地产产品的销售中及时发现商机、利用商机，清楚企业所面临的机遇和挑战，更好地在营销中获得主动权，从而为企业发展赢得先机。

关键概念

产品策略　Product strategy　　组合策略　Combination strategy
生命周期　Life cycle　　品牌策略　Brand strategy
差异化策略　Differentiation strategy　　新产品　New product

复习思考题

1. 房地产产品的整体概念是什么？
2. 在房地产产品的不同生命周期中，有哪些不同的营销策略？
3. 房地产产品差异化策略的内容是什么？
4. 影响房地产品牌开创的主要因素有哪些？
5. 房地产企业实施品牌营销的途径有哪些？

实践与训练

请结合你所在区域的房地产市场情况，在充分调研的基础上，分析老城区和新城区类似楼盘的不同产品策略。

课堂讨论

在不同的生命周期中，针对同一个房地产产品是否可以考虑差异化的产品营销策略？为什么？

案例分析

哪个会成功？

案例一：北京市天创房地产开发公司精心打造天缘公寓（高层住宅项目），该项目位于北京市西城区白纸坊和西二环交汇口，项目总建筑面积 7 万平方米，公寓的户型面积从 75 平方米到 193 平方米，涵盖了两室两厅、三室两厅、四室两厅等多种规格，开发商力图通过该物业的开发建设来满足不同目标市场（小康型住宅需求群体、富裕型住宅需求群体、豪华型住宅需求群体）的需求。

案例二：位于南京新街口中央商务区的标志性建筑天安国际大厦，它的目标客户群体定位于在南京 CBD 办公的白领阶层，该项目的 1—8 层为大洋百货公司，9—13 层为高档写字楼，14—42 层是公寓，开发商通过在一个楼盘中开发不同类型的物业，较好地满足了南京新街口 CBD 区域内的白领人士购物、餐饮娱乐、办公、居住等各种需求。

【思考题】

1. 案例一的房地产公司采用了哪种市场营销策略？针对的目标市场是哪些消费者？

2. 案例二的房地产公司采用了哪种市场营销策略？针对的目标市场是哪些消费者？

3. 你认为哪个房地产营销策略会取得较好的效果或不会取得较好的效果，为什么？

4. 二者结合起来看，如果你是房地产开发商，在设计产品的时候，应该注意哪些问题？

第七章 房地产定价策略

学习目标

1. 了解房地产定价与价格构成；
2. 理解房地产价格的特征与影响因素；
3. 掌握房地产的定价方法与定价策略。

引例

别开生面的"客户开价"

某房地产开发公司开发的某花苑，坐落于某市中心区域，占地面积 13265 平方米，由一幢 30 层商住楼和三幢 30 层住宅楼组成。该楼盘于 2015 年 5 月开始预售。当时该市的房地产市场销售状况低迷，为了更好地销售楼盘，开发商经过精心策划，推出了"客户开价"的销售活动。

该活动的具体操作方式是：开发商拿出 3—7 层共 30 套房源，在确定其底价为每平方米 8000 元后，顾客可以以高于此价的任何价格报价。如果客户报价在最高的前 12 名以内，即以此作为该客户的成交价，不另加层次和朝向费用。该活动推出后，立即在社会上引起了一个"客户开价"的热潮，仅半个月时间，参与报价的客户就达 63 名。报价高的前 12 名客户按报价购买了该花苑的商品房，而其余客户在认识到该花苑的优良品质后，愿意出比客户开价更高的价格购买更好的楼层。活动取得了巨大的经济效益和社会效益。该活动使购房者感受到了买房由自己定价的全新体验，为该市房地产更合理定价提供了一条新思路。

【思考题】

1. 该花苑的开发商采用了哪种定价方法？运用这一方法应注意什么？
2. 试分析其成功的原因。

第一节　房地产价格构成及其特征

一、房地产价格及其构成

（一）房地产价格

房地产价格是指房地产开发、建设及其经营过程中，凝结在房地产商品中活劳动与物化劳动的货币表现，它是房屋建筑物价格和土地价格的统一，是房地产商品价值和地租资本化价格的综合性货币表现。从营销学上讲，房地产价格可以理解为消费者对于房地产商品价值判断的货币表现。消费者对于房地产商品的价值判断，主要是根据房地产商品所具有的实用价值、贵重价值和稀少价值进行的。

（二）房地产价格的构成因素

房屋买卖的理论价格公式为：

房屋买卖的理论价格＝房屋建造全过程的造价＋流通费用＋利润＋税金

具体地说，包括如下几项费用：

1. 房屋建筑安装工程费

房屋建筑安装工程费又称为主体工程费，它主要包括建筑安装房屋过程中所耗费的各种材料、构配件、零件和半成品的用量以及周转材料的摊销量，按相应的预算价格计算的材料费、施工机械使用费、人工费等直接费，施工管理费和其他间接费。

2. 勘察设计费

它是指委托勘察设计单位为房屋建设进行勘察、规划、设计，按规定支付的工程勘察、设计费用；为房屋建设进行可行性研究等规定支付的前期工作费用；在规定范围内由建设单位自行完成的勘察、设计工作所需费用。

3. 土地开发使用费

土地开发使用费包括土地使用权出让金、征地拆迁费、土地直接开发费三项内容。

土地使用权出让金是国家以土地所有者的身份，将土地在一定年限内的使用权有偿出让给土地使用者所收取的费用。一般而言，这笔费用是在通过土地招标、拍卖、挂牌、协议出让等形式获取土地使用权时，交付给政府的。

征地拆迁费，包括土地征用费、拆迁安置补偿费。土地征用费是指对于那些位于乡村仍然属农民集体所有的土地，根据《中华人民共和国土地管理法》的规定，应当支付给农民的费用。其主要项目有土地补偿费、劳动力安置补助费、水利设施维修费分摊、青苗补偿费、耕地占用税、耕地垦复基金、征地管理费等。拆迁安置补偿费是指对于城镇地区的土地，国家或地方政府可依法有偿出让用作房地产开发，对因出让而使原用地单位或个人造成的经济损失，由新用地单位按规定给予的补偿费。

土地直接开发费，是指为了房屋建筑施工和使用，需要搞好建筑地段上的土地平整，达到通上下水、通电、通路、通热、通煤气、通信等而投入的费用。

4. 管理费用、销售费用和财务费用

管理费用是指企业行政管理部门为组织和管理经营活动而发生的各种费用；销售费用是指开发项目在销售过程中发生的各项费用，如广告宣传及市场推广费、销售代理费及其他费用；财务费用是指为筹集资金而发生的费用，主要包括借款利息及其他费用。

5. 利润和税金

利润是指开发经营单位销售商品房屋后的销售收入扣除全部生产、销售成本，并缴纳税金之后的净利润。它是房地产开发经营单位应得到的收益，是在经营活动中实现剩余价值的货币表现，是企业扩大再生产的资金来源。税金是政府向房地产开发企业征集的列入商品住宅价格构成的营业税、城市维护建设税和教育附加费等项，反映了单位或个人对国家的贡献。在房屋生产建造和进入流通的全过程中，所涉及的生产者或经营者，都应将获得的利润向国家缴纳税金。利润和税金是房地产商品价值的重要组成部分。

二、房地产价格的特征

房地产商品的特殊性，决定了房地产商品的价格也具有不同于一般商品的特征。

（一）房地产价格具有明显的权利价格特征

由于房地产本身位置的固定性（或不可移动性），不像其他商品一样通过买卖可以转移到任何地点使用，而是一种权利关系的转移，因而房地产价格实质上是权利价格。房地产权利包括房地产所有权和他项权利，这种权利体系称为“权利束”，即房地产权利是由一束权利组成的，房地产所有权是最完美、最充分的权利，由此派生出租赁权、抵押权、典当权。同时，又由于房地产使用价值的多样性，对于同一种房地产不同的人所需要的用途是不一样的，相应所需要的权利也就不一定相同，因而可以分享同一房地产的不同权利，这就形成了不同的权利价格，例如所有权价格、租赁价格等。

（二）房地产价格具有特殊的形成机制

房地产价格受到房地产需求量变动的影响特别大。一方面是房地产的个别性使每一宗房地产都是唯一的，不可能因某宗房地产价格上升就大量生产一模一样的房地产商品，因而任何一宗房地产的供给都是缺乏弹性的；另一方面，房地产建设周期长和地区性的特点，也使供给有明显的滞后性，在一定时期供求关系不可能随时调整，一旦供过于求或供不应求，都要经过相当长时间（短则一两年，长则三四年）才能调整过来。房地产商品的供给弹性小，因而房地产的均衡价格（指市场供给和市场需求相平衡时的价格）主要是由需求量的变动所决定的。当需求量增加，供给量不能相应增加时，房地产价格便呈现出上升趋势。

同时，房地产价格受到房地产效用及其长期发展趋势的影响也特别明显。不仅不同的房地产有不同的效用，而且即使同一宗房地产，由于所处地段、房型、楼层、朝向等的区别，也具有不同的使用价值，这就直接决定了它们之间的价格差异。此外，房地产又是耐用商品，使用时间特别长，未来的供求变动对价格变动趋势会产生相当大的影响。购房者投资置业，总是希望所购置的房地产能保值增值，因此在购房时不只是考虑当前，而是更多地考虑未来的房地产发展趋势，因而，价格预期的心理因素就成为影响房地产价格长期走势的一个不可忽视的因素。

（三）房地产价格具有显著的个别性

这里所说的个别性是指每宗房地产都有其不同于其他房地产的价格。其原因主要是由房地产物质实体的个别性所造成的。由于房地产空间的固定性（或不可移动性），房地产实际的价值和使用价值是各不相同的，因而其价格也具有个别性。例如，一个按同一建筑设计方案所建造的住宅小区，其中每一幢楼都有不同的具体位置，因而在出入方便程度、景观条件、受噪音影响程度等方面都互不相同，房价也必然有所差别；再如，同一幢楼中还有不同楼层、不同朝向、不同位置的区别，房价也会有差别。正是由于每一套住宅都有自身独特的内在价值，因而表现出不同的市场价格。认识这一特性，对于房地产开发企业的定价决策和具体操作有着十分重要的指导意义。

（四）房地产价格具有长远性

房地产商品的构成及效用，往往会随着时间的推移而发生变化。通常某一房地产与其周围的其他房地产构成一个地区，但这种地区往往并不是固定的，其社会、经济地位经常处于扩大或缩小、集中或扩散、发展或衰退等的变化过程之中。因此，某一房地产的构成状态、效用是否最为恰当，往往也随着时间的推移而有所变化，从而决定房地产的价格也必然会随着其效用的变化而发生变动。可见，房地产价格通常是在过去至将来的长远考虑下形成的，今日的价格是昨日的展开、明日的反映。

（五）房地产价格具有不易识别性

由于房地产商品所具有的不可移动性、个别性等自然特性，使其不同于一般商品，不易形成交易市场。房地产商品不能将其搬至一处做比较，要认识它，只有亲临现场观察。因此，房地产商品的现实价格通常是个别形成的，不具有任何人都能容易识别适当价格的条件。

三、影响房地产价格的因素

房地产价格受各种因素的影响而发生变动，要掌握房地产价格的运动规律，必须弄清影响房地产价格的因素，价格必须在对各种影响因素进行深入细致分析的基础之上制定。

根据各种影响房地产价格因素自身的性质，可以将其分为经济因素、社会因素、行政和政治因素、房地产内在因素和周边环境因素及其他影响因素。

(一)经济因素

影响房地产价格的因素主要是国家、地区或城市的经济发展水平、经济增长状况、产业结构、就业情况、居民收入水平、投资水平、财政收支、金融状况。这些因素会影响房地产市场的总体供求,特别是影响需求。通常来讲,一个地区的经济发展水平越高、经济增长越快、产业结构越合理,就业率、收入水平和投资水平越高,财政收入越多、金融形势越好,房地产市场需求就越大,房地产价格总体水平也越高;反之,房地产价格总体水平就越低。从我国的情况来看,改革开放30多年后的今天与改革初期相比,房地产价格有了巨幅增长,就是源于全国的经济发展水平、居民收入水平等一系列经济因素方面的迅猛发展。而从目前来看,沿海地区与内地,北京、上海、广州、深圳等大城市与一般城市之间,房地产价格水平有较为显著的差异,这主要是由于这些城市之间在以上经济因素方面存在的明显差异造成的。

(二)社会因素

影响房地产价格的社会因素包括人口、家庭、城市形成历史、城市化状况、社会治安、文化与时尚等。其中,人口因素包括人口的数量、密度、结构(如文化结构、职业结构、收入水平结构等);家庭因素指家庭数量、家庭构成状况等;文化与时尚主要指文化氛围、风俗习惯、大众心理趋势等。

社会因素对房地产价格的影响作用是相当复杂的,它的作用方式不如经济因素那样直截了当,作用过程也比较长,是一种渗透性的影响。如城市形成历史对一个地区房地产价格水平的影响,虽然不如经济因素的影响那样明显,但却常常是非常深远并具根本性的。在我国许多城市中,某一特定的区域,由于其独特的发展历史,而始终成为房地产价格水平的高值区,如上海的外滩、徐家汇,厦门的鼓浪屿,青岛的八大观等。有些社会因素对房地产价格的影响在不同的阶段作用结果是不同的。如人口密度的提高,一开始会造成房地产需求增加,引起房地产价格上升,但发展到一定程度,则会造成生活环境恶化,有可能引起需求量减少,房地产价格下降。

(三)行政和政治因素

影响房地产价格的行政因素主要是国家或地方政府在财政、税收、金融、土地、住房、城市规划与建设、交通治安、社会保障等方面的一些制度、法规、政策和行政措施。政治因素主要指政局安定程度,国与国之间的政治、军事关系等。行政和政治因素都是由国家机器来体现的,因此它对房地产价格的影响作用也比较突出。如城市规划对一块土地用途的确定,决定了这一地块价格的基本水平。与经济和社会因素不同,行政和政治因素对房地产价格影响作用的速度相对较快,如果说经济、社会因素的作用是渐变式的,行政和政治因素的作用就是突变式的。如加强宏观调控、紧缩固定资产投资规模、收紧银根政策等,会使所在地的需求减少,房地产价格在较短的时间内迅速下跌。

(四)房地产内在因素和周边环境因素

房地产自身的内在因素对房地产的生产成本和效用起着重大的制约作用，从而影响着房地产的价格。如建筑材料上涨、地价上涨、商品房内在品质提高、效用增大都会造成房价上涨。再如，房屋的朝向也会影响房价。在中纬度地区，朝南的住宅就比朝北的住宅舒适，因而价格也高。由于房地产的个别性，房地产价格受自身内在因素（特别是一些与自然有关的因素）制约的现象是非常明显的。这是房地产与一般商品不同的一个重要表现。

此外，房地产的使用离不开其周围的环境，因此房地产周边环境的因素也影响房地产的价格。影响房地产价格的周边环境因素主要是指房地产自身及其周边环境状态，如土地的位置，由于房地产开发公司征用的土地地理位置不同，将直接影响项目成本，城市土地与农村土地费用相差很大，农村相对居民少，安置费用低，但地理位置差，而城市居民密度高，拆迁安置费用大。此外还有土地面积、形状，建筑物的外观、朝向、结构、内容格局、设备配置状况、施工质量，以及所处环境的地质、地貌、气象、水文、环境污染情况等。如位于公园、绿地旁边的住宅，由于其安静、空气清新、风景怡人，价格往往也较高；而如果住宅紧临高速公路、机场等噪音源或垃圾处理场、臭水沟等空气污染源，则价格就低。

(五)其他影响因素

除上述因素外，还有一些其他因素也对房地产价格有很大的影响，如房地产商的发展目标、消费者心理等。如 1998 年以前，深圳购房者选房主要关注户型，即室内功能配置是否合理；1998 年以后，许多楼盘的户型已不再是需求的要点，随着人们对环境保护意识的增强，楼盘的小区环境及楼盘周边的环境已成为楼盘营销的新卖点。

据相关统计资料显示，目前国内地铁早期物业如北京、上海、广州、深圳等地，在地铁沿线物业的升值基本保持在每年 30％的幅度，个别地铁上盖物业更是达到了 150％～200％的巨大升值幅度。从全国地铁沿线楼盘升值的数据来看，不论是地铁沿线的住宅楼还是商业项目，其涨幅和升值潜力都相当大。

（资料来源：根据相关资料整理，四川在线—《华西都市报》，http://www.realestate.cei.gov.cn/。）

【课堂讨论 7-1】 除了改变你的生活方式外，地铁还能带来什么？影响房地产价格的主要因素有哪些？

第二节 房地产定价目标与方法

一、房地产定价目标

房地产定价目标是指企业通过制定一定水平的价格，所要达到的预期目的。房地产定价目标是整个价格策划的灵魂。一方面，它服务于房地产项目营销目标和企业经营战略；另一方面，它还是定价方法和定价策略的依据。房地产定价目标一般有利润目标、市场占有率目标、稳定价格目标等几种不同的形式。

（一）利润目标

利润目标是房地产企业定价目标的重要组成部分，获取利润是企业生存和发展的必要条件，是企业经营的直接动力和最终目的。因此，利润目标为大多数企业所采用。由于企业的经营哲学及营销总目标的不同，这一目标在实践中有两种形式。

1. 以追求最大利润为目标

最大利润有长期和短期之分，还有单一产品最大利润和企业全部产品综合最大利润之别。一般而言，企业追求的应该是长期的、全部产品的综合最大利润，这样企业就可以取得较大的市场竞争优势，占领和扩大更多的市场份额，拥有更好的发展前景。当然，对于一些中小型企业、产品在市场上供不应求的企业等来说，也可以谋求短期最大利润。

最大利润目标并不必然导致高价，价格太高，会导致销售量下降，利润总额可能因此而减少。有时，高额利润是通过采用低价策略，待占领市场和销售形势喜人后再逐步提价来获得的；有时，企业可以采用招徕定价艺术，对部分产品定低价，成本价销售，以扩大影响，招徕顾客，带动其他产品的销售，进而谋取最大的整体效益。

2. 以获取适度利润为目标

它是指企业在补偿社会平均成本的基础上，适当地加上一定量的利润作为商品价格，以获取正常情况下合理利润的一种定价目标。以最大利润为目标，尽管从理论上讲十分完美，也十分诱人，但实际运用时常常会受到各种限制。所以，很多企业按适度原则确定利润水平，并以此为目标制定价格。采用适度利润目标有各种原因，以适度利润为目标使产品价格不会显得太高，从而可以阻止激烈的市场竞争，或由于某些开发商为了协调投资者和消费者的关系，树立良好的企业形象，而以适度利润为其目标。

由于以适度利润为其目标确定的价格不仅可以使企业避免不必要的竞争，又能获得长期利润，而且由于价格适中，消费者愿意接受，还符合政府的价格指导方针，因此，这是一种兼顾企业利益和社会利益的定价目标。需要指出的是，适度利润的实现，必须充分考虑产销量、投资成本、竞争格局和市场接受程度等因素。否则，适度利润只能是一句空话。

（二）市场占有率目标

市场占有率，又称市场份额，是指企业的销售额占整个行业销售额的百分比，或者是指某企业的某产品（如住宅楼盘或者商业楼盘或者写字楼盘）的销量占同类产品市场销售总量的比重。市场占有率是企业经营状况和开发项目竞争力的直接反映。作为定价目标，市场占有率与利润的相关性很强，从长期来看，较高的市场占有率必然带来高利润。例如，美国市场营销战略影响利润系统的分析指出：当市场占有率在

10%以下时，投资收益率大约为8%；市场占有率为10%～20%时，投资收益率在14%以上；市场占有率为20%～30%时，投资收益率约为22%；市场占有率为30%～40%时，投资收益率约为24%；市场占有率在40%以上时，投资收益率约为29%。这些数据不一定适合房地产，但有一定的参考价值。因此，以市场占有率为定价目标具有获取长期较好利润的可能性。

市场占有率目标在运用时存在着保持和扩大两个互相递进的层次。保持市场占有率的定价目标的特征是根据竞争对手的价格水平不断调整价格，以保证足够的竞争优势，防止竞争对手占有自己的市场份额。扩大市场占有率的定价目标就是从竞争对手那里夺取市场份额，以达到扩大企业销售市场乃至控制整个市场的目的。

在实践中，市场占有率目标被许多企业采用，其方法是以较长时间的低价策略来保持和扩大市场占有率，增强企业竞争力，最终获得最优利润。但是，这一目标的顺利实现至少应具备三个条件：

(1)企业有雄厚的经济实力，可以承受一段时间的不盈利，或者企业本身的生产成本本来就低于竞争对手。

(2)企业对其竞争对手的情况有充分了解，有从其手中夺取市场份额的绝对把握。否则，企业不仅不能达到目的，反而很有可能会遭受到损失。

(3)企业的宏观营销环境中，政府未对市场占有率做出政策和法律的限制。比如美国制定有反垄断法，单个企业的市场占有率往往会受到政府的干预。但是，房地产业不同于其他行业，像香港的房地产市场，就是由几家大开发商垄断市场的，这有利于净化房地产市场。

(三)稳定价格目标

稳定的价格通常是大多数企业获得一定目标收益的必要条件，市场价格越稳定，经营风险也就越小。稳定价格目标的实质即是通过本企业产品的定价来左右整个市场价格，避免不必要的价格波动。按这种目标定价，可以使市场价格在一个较长的时期内相对稳定，减少企业之间因价格竞争而发生的损失。

以稳定的价格赢得企业形象，有利于在行业中树立长期优势。房地产市场需求价格弹性不大，但受其他因素影响，需求量波动很大。稳定的价格给人以产品信誉高、公司经营稳健的印象。良好的形象是企业无形的资产，只有精心维护，才能源源不断地创造产品附加值。新鸿基地产在香港市场上采取的就是稳定高价策略，其优质高档物业的定位也逐渐为市场所认同。品牌竞争是高层次的竞争，树立企业形象的定价目标应该与企业的长期战略相一致。

为达到稳定价格的目的，通常情况下是由那些拥有较高的市场占有率、经营实力较强或较具有竞争力和影响力的领导者先制定一个价格，其他企业的价格则与之保持一定的距离或比例关系。对大企业来说，这是一种稳妥的价格保护政策；对中小企业来说，不随便改变价格，其利润也可以得到保障。

将定价目标分为利润目标、市场占有率目标和稳定价格目标，只是一种实践经验的总结，它既没有穷尽所有可能的定价目标，又没有限制每个企业只能选用其中的一种。由于资源的约束，企业规模和管理方法的差异，企业可以从不同的角度选择自己的定价目标。同一企业在不同的时期、不同的市场条件下也可能有不同的定价目标，即使采用同一种定价目标，其价格策略、定价方法和技巧也会不同。企业应根据自身的性质和特点，具体情况具体分析，权衡各种定价目标的利弊，灵活确定自己的定价目标。

二、房地产产品定价程序

（一）收集整理市场信息及定价标的物楼盘资料

主要搜集开发楼盘的所在城市、区域，尤其是标的物附近同档次楼盘的资料，其中包括楼盘位置、区域与个别因素、房屋装修、均价、单元价等内容。同时，包括在企业内部整理楼盘开发过程中的各种费用数据。

（二）估计成本和需求

在进行价格定位之前必须掌握楼盘的成本结构，准确估计楼盘的各项建造成本、销售费用、管理费用以及筹资费用。就房地产市场而言，期房的定价比现房定价更为复杂。因为相对于现房而言，期房在定价时有许多成本及费用尚未发生，必须依赖预测和判断。估计项目的需求是项目在不同价格水平下，消费者可能产生的需求变动，通过对消费者需求量变动的估计大致确定楼盘的价格水平，确保楼盘获得最大限度的利润。

（三）分析竞争对手

这一步骤的作用在于分析自己和竞争者之间的项目差异程度。了解不同项目的不同特征对价格的影响，并进行初步的量化分析，找出本楼盘在产品性质、特征上的优势，根据竞争者的价格确定适合自己的价格水平。这一步骤对房地产商选择竞争导向定价方法极为重要。

（四）选择房地产定价的目标与基本方法

在进行项目定价之前，必须对楼盘的营销目标进行深入研究，考虑竞争环境，权衡房地产营销中的各种关系，依据楼盘的定位、发展商自身的经济实力，确定合理的定价目标。如定位于高档豪华商品房，则可选择最大利润定价目标；中小规模发展商可采取应付与避免竞争之目标，然后根据定价目标确定应采用的基本方法。

（五）确定楼盘的平均单价

任何一个楼盘首先须决定其整体价格水准，也就是一般所俗称的平均单价。虽然发展商在开发土地之时，通常会预估一个单价水准，但到了真正公开销售之前常常由于市场竞争、时机差异、产品规划及开盘目标等因素之影响，有必要再确定平均单价水准，以作为更细价格制定的依据。分析平均单价对全楼盘销售金额及利润的影响，也是发展商和代理公司最“计较”的一环。

(六)确定各期、各栋的平均单价

一旦决定了平均单价，若为大规模楼盘，预计分期销售，则可就各期确定平均单价；若个案规划为数栋建筑，则可评价各栋差异因素及程度，例如栋距、楼层数、景观等，从而确定各栋之平均单价。除了评估差异条件之外，还需检视各期或各栋的可销售面积，使各期或各栋平均单价乘以各自之可销售面积的总和，等于楼盘之平均单价乘以全部可销售面积的总和。

(七)确定楼层垂直价差

垂直价差，顾名思义主要是指由于楼层高度之不同所产生的价格上的差异。一般在制定垂直价差时，常会先决定一个基准楼层，使基准楼层的单价等于该栋建筑的平均单价，然后再评估其他楼层与该基准楼层之间价格差异的程度，从而确定别的楼层的相对价格，并使各楼层相对价格的总和等于零。

(八)确定水平价差

确定了垂直价差后，接下来要着手确定水平价差。水平价差是指同一楼层各户之间的价格差异。通常是依据各楼层的平均垂直价格，评估同一楼层之间朝向、采光、私密性、格局等因素之优劣程度，定出同层平面中各户的单价。若为直筒式建筑，由于每层的平面规划均相同，因此仅确定一个水平差价，即可适用于各层；若是平面格局复杂，例如高度退缩式建筑，或每层的户数不相同，则就每种不同的平面格局确定水平价差。

(九)调整价格偏差

经过了上面所述的各个步骤，已可逐步制定出各户型的平均单价，但还需检核整体的平均单价是否与预定的相符。这时，可将各户的面积乘以各户的单价，得出楼盘全部的可销售金额，将此可销售金额除以全部可销售面积(即各户可销售面积之和)，即得出所确定的平均单价。由于各户的面积大小不一，因此，所得出的平均单价可能不等于原先所预定的平均单价，此时，即可将差异金额等比例调整至相同。

(十)确定付款方式

付款方式包括一次性付款、分期付款、银行按揭和优惠措施等。

三、房地产主要的定价方法

定价方法，是企业在特定的定价目标指导下，依据对成本、需求及竞争等状况的研究，运用价格决策理论，对产品价格进行计算的具体方法。定价方法主要有成本导向、竞争导向、需求导向、顾客感受、可比楼盘量化等几种类型。

(一)成本导向定价法

成本导向定价法是以产品成本作为确定价格基础的定价方法，通过对成本、销量和利润三者相互关系的分析，确定在某一销售量下，为保证开发商不亏损所制定的房地产产品的销售价格，并且要获得大于其支出的收入，超出的部分表现为企业利润。以产品单位成本为基本依据，再加上预期利润来确定价格的成本导向定价法，是企业最常用、最基本的定价方法。成本导向定价法又衍生出了成本加成定价法、目标收益定价法、边际成本定价法、盈亏平衡定价法等几种具体的定价方法。

1. 成本加成定价法

成本加成定价法中的成本是指从取得土地直到建筑物建成交付使用的全过程中开发商所支付的各种费用。这些费用包括直接的和间接的费用、物质的和非物质的费用，如土地使用权购置费用、工程设计和开发费用、人工费用、管理费用、销售费用、房地产开发公司的正常运作费用，以及各种税费和附加费等。所有这些费用的总和构成了房地产项目的总成本。

成本加成定价法中的加成则是指开发商预期获得的利润。由于利润的多少是按成本的一定比例计算的，习惯上将这种比例称为“几成”，因此这种方法被称为成本加成定价法。其理论公式为：

单位产品价格＝单位产品总成本×(1＋预期利润率)

【例 7-1】 某房地产企业开发某一楼盘，每平方米的开发总成本为 2000 元，预期利润率为 20％，则该楼盘每平方米售价为：

2000 ×(1＋20％)＝2400(元)

这一方法的主体为开发商，是从开发商的角度和思维方式为房地产定价的方法。而且这一方法也常常作为房地产开发商心理价位的定价方式。甚至从准备获得土地开始，房地产开发商就对这个房地产项目的总成本、利润率、均价等有一个总体的估计。这个估计的过程就是成本加成法。

采用成本加成定价法，确定合理的成本利润率是一个关键问题，而成本利润率的确定，必须考虑市场环境、行业特点等多种因素。某一产品在特定市场以相同的价格出售时，成本低的企业能够获得较高的利润率，并且在进行价格竞争时可以拥有更大的回旋空间。

在用成本加成方式计算价格时，对成本的确定是在假设销售量达到某一水平的基础上进行的。因此，若产品销售出现困难，则预期利润很难实现，甚至成本补偿也变得不现实。但是，这种方法也有一些优点：首先，这种方法简化了定价工作，便于企业开展经济核算；其次，若房地产行业的所有企业都是用这种定价方法，它们的价格就会趋于相似，因而价格竞争性最弱；再次，在成本加成的基础上制定出来的价格对买方和卖方来说都比较公平，卖方能得到正常的利润，买方也不会觉得受到了额外的剥削。成本加成定价法一般在房地产业、建筑业、服务业以及批发零售业中得到广泛的应用。即使不用这种方法定价，许多企业也多把用此法制定的价格作为参考价格。

2. 目标收益定价法

目标收益定价法又称目标利润定价法或投资收益率定价法，它是在成本的基础上，按照目标收益率的高低计算售价的方法。其计算步骤如下：

(1)确定目标收益率。目标收益率可表现为投资收益率、成本收益率、销售利润率、资金利润率等多种不同的形式。

(2)确定目标利润。由于目标收益率表现形式的多样性，目标利润的计算也不同，其计算公式有：

$$目标利润=总投资额\times目标投资利润率$$

$$目标利润=总成本\times目标成本利润率$$

$$目标利润=销售收入\times目标销售利润率$$

$$目标利润=资金平均占有额\times目标资金利润率$$

(3)计算单位产品价格

$$单位产品价格=\frac{总成本+目标利润}{预期销量}$$

【例 7-2】 某房地产企业开发一个总面积为 20 万平方米的小区，估计未来市场上可实现销售 16 万平方米，总投资为 4.5 亿元，其中开发总成本为 4 亿元，投资回收期为 5 年，问该小区的售价为多少？

$$目标投资利润率=\frac{1}{投资回收期}\times100\%=\frac{1}{5}\times100\%=20\%$$

$$目标利润=总投资额\times目标投资利润率=4.5\times20\%=0.9(亿元)$$

$$售价=\frac{总成本+目标利润}{预期销量}$$

$$=\frac{(4+0.9)\times10^8}{16\times10^4}=3062.5(元/平方米)$$

与成本加成定价法相类似，目标收益定价法也是一种生产者导向的产物，很少考虑到市场竞争和需求的实际情况，只是从保证生产者的利益出发制定价格。另外，先确定产品销量，再计算产品价格的做法完全颠倒了价格与销量的因果关系，把销量看成是价格的决定因素，在实际上很难行得通。尤其是对于房地产这种需求价格弹性较大的产品，用这种方法制定出来的价格，无法保证销量的必然实现，那么，预期的投资回收期、目标收益等也就只能成为一句空话。

3. 边际成本定价法

边际成本是指每增加或减少单位产品所引起的总成本的变化量。由于边际成本与变动成本比较接近，而变动成本的计算更容易一些，因此在定价实务中多用变动成本代替边际成本，且将边际成本定价法称为变动成本定价法。

采用边际成本定价法是以单位产品变动成本作为定价依据和可接受价格的最低界限。在价格高于变动成本的情况下，企业出售产品的收入除完全补偿变动成本外，尚可用来补偿一部分固定成本，甚至可能提供利润。

【例 7-3】 某开发商在一定时期内发生固定成本 800 万元，单位变动成本 70

元/平方米，预计销量为1万平方米。在当时的市场条件下，同类产品的价格为3000元/平方米。那么，企业是否应该继续生产呢？

其决策过程应该是这样的：

固定成本＝800（万元）

变动成本＝70×10000＝700000（元）＝70（万元）

销售收入＝3000×10000＝30000000（元）＝3000（万元）

企业盈亏＝3000－70－800＝2130（万元）

按照变动成本定价法，企业出现了2130万元的盈利，所以应该继续生产。

边际成本定价法改变了售价低于总成本便拒绝交易的传统做法，在竞争激烈的市场条件下具有极大的定价灵活性，对有效地对付竞争者、开拓新市场、调节需求的季节性差异、形成最优产品组合发挥了巨大的作用。

4. 盈亏平衡定价法

盈亏平衡定价法又称收支平衡定价法、损益平衡定价法。盈亏平衡分析是在既定的固定成本、单位变动成本和价格条件下，确定能够保证房地产开发企业收支平衡点的产（销）量；收支平衡点也称损益平衡点或盈亏平衡点。如果设Q为房地产商品产量，Q_0为盈亏平衡点产（销）量，P为房地产产品销售价格，R为房地产开发企业销售收入，F为固定成本总额，TV为可变成本总额，TC为总成本，V为单位房地产产品可变成本，则：

$$R = PQ$$

$$TC = F + TV = F + QV$$

盈亏平衡时

$$R = TC$$

$$Q = Q_0$$

$$PQ_0 = F + Q_0V$$

$$Q_0 = \frac{F}{P-V}$$

即：

$$盈亏平衡点产（销）量 = \frac{固定成本总额}{售价 - 单位变动成本}$$

在此售价下实现的产（销）量使房地产开发企业刚好保本，因此，该价格是保本价格。即：

$$售价 = \frac{固定成本}{盈亏平衡点产（销）量} + 单位变动成本$$

盈亏平衡定价法侧重于总成本费用的补偿，这对经营多种房地产产品的开发企业极为重要。因为一种房地产产品的盈利伴随其他产品亏损的现象时有发生，开发某种产品时所获取的高盈利有可能被其他项目的亏损所冲抵。因此，定价时从保本入手而不是单纯考虑某种产品的盈利状况十分重要。在某种产品预期销售量难以实现时，可相应提高其他产品的产量或价格，在整体上实现企业产品结构以及产量的优化组合。

这一方法的缺点在于，要先预测产品销售量。销售量预测不准，成本预测不准，价格就定不准，因为它是根据销售量来推算价格的。实际上，价格的高低对销售量有很大的影响。

【例 7-4】 某房地产开发企业的固定成本为 200 万元，单位建筑面积可变成本为 2500 元/平方米，预计项目完成后可销售面积 1 万平方米，则该项目的售价为：

$$P=\frac{200}{1}+2500=2700(\text{元/平方米})$$

即盈亏平衡时，该房地产产品的售价为每平方米 2700 元。

以盈亏平衡点确定价格只能使企业的开发耗用得以补偿，而不能得到收益。因此，在实际中均将盈亏平衡点价格作为价格的最低限度，通常加上单位产品目标利润后才作为最终市场价格。有时，为了开展价格竞争或应付供过于求的市场格局，企业采用这种定价方式可以取得市场竞争的主动权。

从本质上说，成本导向定价法是一种卖方定价导向。它忽视了市场需求、竞争和价格水平的变化，在有些时候与定价目标相脱节，不能与之很好地配合。此外，运用这一方法制定的价格均是建立在对销量主观预测的基础上，从而降低了价格制定的科学性。因此，在采用成本导向定价法时，还需要充分考虑需求和竞争状况，来确定最终的市场价格水平。

（二）竞争导向定价法

在竞争十分激烈的市场上，企业通过研究竞争对手的开发条件、服务状况、价格水平等因素，依据自身的竞争实力，参考成本和供求状况来确定商品价格，这种定价方法就是通常所说的竞争导向定价法。其规律是价格与商品成本及需求不发生直接关系。商品成本或市场需求变化了，但竞争者的价格未变，就应维持原价；反之，虽然成本或需求都没有变动，但竞争者的价格变动了，则应相应地调整其商品价格。当然，为实现企业的定价目标和总体经营战略目标，谋求企业的生存与发展，企业可以在其他营销手段的配合下，将价格定得高于或低于竞争者的价格，并不一定要求和竞争对手的产品价格完全保持一致。

竞争导向定价法是把竞争对手的同类楼盘（单元）价格作为定价的主要依据，根据自己楼盘（单元）的特点选择有利于实现开发商目标的价格的定价方法，主要包括随行就市定价法和主动竞争定价法。

1. 随行就市定价法

在垄断竞争和完全竞争的市场结构条件下，任何一家企业都无法凭借自己的实力而在市场上取得绝对的优势，为了避免竞争，特别是价格竞争带来的损失，大多数企业都采用随行就市定价法，即将本企业某产品价格保持在市场平均价格水平上，利用这样的价格来获得平均报酬。此外，采用随行就市定价法，企业就不必去全面了解消费者对不同价差的反应，从而为营销、定价节约了很多时间。

采用随行就市定价法，最重要的就是确定目前的"行市"。"行市"的形成有两种途径：第一种途径是在完全竞争的环境里，各个企业都无权决定价格，通过对市场的无数次试探，相互之间的一种默契而将价格保持在一定的水准上；第二种途径是在垄断竞争的市场条件下，少数几个大企业首先定价，其他企业参考定价或追随定价。

2. 主动竞争定价法

与随行就市定价法相反，主动竞争定价法不是追随竞争对手的价格，而是根据本企业房地产产品的实际情况与竞争对手的差异状况来确定价格。这种方法一般为实力雄厚或物业具有特色的房地产企业所采用。

从根本上来说，随行就市定价法是一种防御性的定价方法，它在避免价格竞争的同时，也抛弃了价格这一竞争的"利器"；主动竞争定价法则反其道而行之，企业通过营销努力，使同种同质的产品在消费者心目中树立起不同的产品形象，进而根据自身特点，选取低于或高于竞争者的价格作为本企业产品的价格。

主动竞争定价法的运用，首先将市场上竞争对手的价格与企业估算价格进行比较，分为较高、一般、较低三个价格层次；其次，将本企业房地产产品的区位、质量、配套、户型、设计、建筑面积等与竞争对手相比较，分析造成价格差异的原因；最后，根据以上分析结果确定本企业房地产产品的特色、优势及市场定位，在此基础上，按价格目标制定价格。

【案例分析 7-1】

某市房地产市场信息网显示，2015 年 9 月 14 日和 9 月 15 日，全市分别卖出商品房 600 套、627 套，连创今年正常交易日最高纪录。涨价声中，上周末东湖国际空中别墅开盘，推出 40 多套 238 平方米的大房子，楼盘涨幅高达 2000～3000 元，但当天签约 35 套，销售超过 1 亿元。

【思考题】 案例中的楼盘采用了什么样的定价方法？

(三)需求导向定价法

现代市场营销观念要求企业的一切生产经营必须以消费需求为中心，并在产品、价格、分销和促销等方面予以充分体现，只考虑产品成本，而不考虑竞争状况及顾客需求的定价，不符合现代营销观念。根据市场需求状况和消费者对产品的感觉差异来确定价格的方法叫作顾客导向定价法，又称市场导向定价法、需求导向定价法。其特点是灵活有效地运用价格差异，对平均成本相同的同一产品，价格随市场需求的变动而变化，不与成本因素发生直接关系。需求导向定价法主要包括理解价值定价法、需求差异定价法和逆向定价法。

1. 理解价值定价法

所谓理解价值，也称感受价值或认知价值，是指消费者对某种商品价值的主观评判。理解价值定价法是指企业以消费者对商品价值的理解度为定价依据，运用各种营销策略和手段，影响消费者对商品价值的认知，形成对企业有利的价值观念，再根据商品在消费者心目中的价值来制定价格。

房地产企业在运用理解价值定价时，首先要估计和测量营销组合中的非价格变量在消费者心目中建立起来的认识价值，然后按消费者的可接受程度来确定楼盘的售价。由于理解价值定价法可以与现代产品定位思路很好地结合起来，成为市场经济条件下的一种全新的定价方法，因此被越来越多的企业所接受。其主要步骤是：

(1)确定顾客的认识价值；

(2)根据确定的认识价值，决定房地产产品的初始价格；

(3)预测产品的销售量；

(4)预测目标成本；

(5)决策。

理解价值定价法的关键和难点，是获得消费者对有关商品价值理解的准确资料。企业如果低估消费者的理解价值，其价格就可能低于应有水平，使企业收入减少。因此，企业必须通过广泛的市场调研，了解消费者的需求偏好，根据产品的性能、用途、质量、品牌、服务等要素，判定消费者对商品的理解价值，制定商品的初始价格。然后，在初始价格条件下，预测可能的销量，分析目标成本和销售收入，在比较成本与收入、销量与价格的基础上，确定该定价方案的可行性，并制定最终价格。

2. 需求差异定价法

所谓需求差异定价法，是指产品价格的确定以需求为依据，首先强调适应消费者需求的不同特性，而将成本补偿放在次要的地位。这种定价方法是对同一商品在同一市场上制定两个或两个以上的价格，或使不同商品价格之间的差额大于其成本之间的差额。其好处是可以使企业定价最大限度地符合市场需求，促进商品销售，有利于企业获得最佳的经济效益。

根据需求特性的不同，需求差异定价法通常有以下几种形式：

(1)以买家为基础的差别定价。它指对同一产品针对不同的顾客，制定不同的价格。比如，对老客户和新客户、女性和男性、残疾人和健康人等，分别采用不同的价格。在广州就常有开发商打出“30 年以上党龄的党员优惠×××元”、“晚婚女性优惠×××元”、“博士学历优惠×××元”等旗号，这实际上就是以买家为基础的差别定价法。当然，这也是一种促销手段。

(2)以地点为基础的差别定价。它随着地点的不同而制定不同的价格，比较典型的例子是影剧院、体育场、飞机场等，其座位不同，票价也不一样。在房地产行业，这一定价方法十分明显，比如单元房会因楼层、朝向、方位、景观等的不同而价格各异。这样做的目的是调节客户对不同地点的需求和偏好，平衡市场供求。

(3)以时间为基础的差别定价。同一种产品，成本相同，而价格随季节、月份甚至日期和钟点的不同而变化。例如，某开发商推出新盘，在开盘的第一天就常常采用诸如“前30名买家每套优惠2万元”、“在某月某日十点钟前签订合同者，每套优惠5000元”之类的方法，就是这一定价法的典型例子。

(4)以产品为基础的差别定价。不同外观、花色、型号、规格、用途的产品，也许成本有所不同，但它们在价格上的差异并不完全反映成本之间的差异，而主要区别在于需求的不同。例如，两居室是一种价格，三居室又是一种价格，复式和错层价格又各不相同；对于同一户型而仅仅方位不同的单元房，由于消费者偏好的不同，也可以制定不同的价格。

(5)以交易条件为基础的差别定价。交易条件主要指交易量大小、交易方式、购买频率、支付手段等。交易条件不同，企业可能对产品制定不同的价格。比如，集团购房，开发商就会给予较大幅度的优惠，也就是交易批量大的价格低，零星购买的价格高；在付款方式上，开发商给一次性付款的买家一定优惠；期房比现房优惠等。

由于需求差异定价法针对不同需求而采用不同的价格，实现顾客的不同满足感，能够为企业谋取更多的利润，因此，在实践中得到广泛的运用。但是，也应该看到，实行需求差异定价必须具备一定的条件，否则，不仅达不到差别定价的目的，甚至会产生副作用。这些条件包括：

①从购买者方面来说，购买者对产品的需求有明显的差异，需求弹性不同，市场能够细分，不会因差别定价而导致顾客的反感。

②从企业方面来说，实行不同价格的总收入要高于同一价格的收入。因为差别定价不是目的，而是一种获取更高利润的手段，所以企业必须进行供求、成本和盈利分析。房地产定价，更应该千差万别，这样才能实现预期利润目标。

③从产品方面来说，各个市场之间是分隔的，低价市场的产品无法向高价市场转移。这种现象是由产品本身的特点造成的。

3. 逆向定价法

这种定价方法主要不是考虑产品成本，而是重点考虑需求状况。依据消费者能够接受的最终销售价格，逆向推算出上市价格。逆向定价法的特点是价格能反映市场需求情况，有利于使产品迅速向市场渗透，并可根据市场供求情况及时调整，定价比较灵活。

(四)顾客感受定价法

这种方法的理论基础实际上是效用理论。对购房者而言，他实际上并不清楚也不十分关心市场上房地产商品的成本、造价等问题。他在选购房地产时，影响其做出决定的因素主要有两方面：一是其他同类房地产商品的价格如何；二是以一定的价位购买该项房地产是否值得。当购房者对某开发公司的品牌有信心时，纵然定价较高，购房者基于享受优质物业管理的考虑或是为了体现自己的实力、身份等，仍会欣然前往；而当购房者对推出房地产商品的开发公司没有信心时，一旦定价太低，购房者反而会怀疑其品质而不予信任。在同一个城市里，物质条件（如交通、绿化、生活服务设施等硬条件）相当的一些小区，有的定价较高却仍然卖得火爆，有的定价虽然较低，销售却冷冷清清，一个重要的原因就是顾客的感受。顾客的感受与推出该项房地产商品的开发商的社会信誉有关，也与该项房地产从策划阶段到营销过程中的宣传定位有很大的关系。

依据顾客感受而定价是大胆的作风，难以确定定量的理论依据并进行定量计算，所以，尽管房地产和其他商品一样，品牌信誉确实能影响甚至主导消费者的消费意愿，但房地产的定价亦不能太离谱，若超过顾客所能忍受的价位，销售反而不利了。

【课堂讨论 7-2】 分小组讨论学校（大学、中学、小学）周围楼盘是如何定价的，采取什么样的定价方法比较好。

（五）可比楼盘量化定价法

可比楼盘量化定价法简称比较定价法，是将本楼盘与周边楼盘及可比性较强的楼盘进行比较，根据比较因素及其权重进行量化的定价方法。比较过程是定价人员站在消费者的角度进行评比打分，是结合竞争导向定价法与需求导向定价法的具体定价方法，被广泛运用。进行量化统计的楼盘应为可比性较强的，地段、价格、功能、用途、档次都相近的现楼、准现楼或楼花，每一楼盘比较因素的具体考虑内容及评分划分只有落实到具体楼盘所在区域才能清楚地描述。

这里共列出 18 个比较因素，见表 7-1。根据这 18 个因素，一般把可比楼盘定为 100 分，比较楼盘各因素与之对比，确定五个等级："很差"、"较差"、"相同"、"较好"、"很好"。若"很差"或"较差"，则评分低于 100，差得越远，评分越低；若"较好"或"很好"，则评分高于 100，状况越好，则评分越高。打分时最好由两个以上的人同时进行，评分加总后取平均分，以做出客观科学的评价。

表 7-1 比较因素表

比较因素	考虑因素	A 楼盘与本楼盘相比分值	B 楼盘与本楼盘相比分值
位置	距离区域中心的远近：商业为临街或背街，写字楼为临街或背街，住宅距离所在区域城市中心的远近		
配套	城镇基础设施：供水、排水、供气、供电；社会服务设施：文化教育、医疗卫生、文娱体育、邮电、公园绿地		

续表 7-1

比较因素	考虑因素	A楼盘与本楼盘相比分值	B楼盘与本楼盘相比分值
交通	大、中、小巴士路线数量，距公交车站远近，站点数量，大、中、小巴士舒适程度		
城市规划	规划期限（远、中、近期），规划完善程度，所在区域重要性程度，规划现状		
环保	空气、噪声、废物、废水		
价格	百元以上为评分等级划分基础：商铺、写字楼、豪宅、普通住宅等级依次减少，价格是否有优势		
物业管理	保安、清洁卫生、绿化率及养护状况、物业管理费（元/月），是否人车分流，物业管理商资质		
建筑质量	是否漏水，门窗封闭情况，内墙、地板、排水管道情况		
楼盘规模	总建筑面积（在建及未建）、总占地面积、户数		
朝向	按方向，按山景，按海景，按视野		
外观	是否醒目，是否新颖，是否高档，感官舒适程度		
室内装修	高档，实用，功能是否完善，质量是否可靠		
开发商实力及信誉	资产及资质，开发楼盘多少，楼盘质量，品牌		
付款方式	一次性付款，分期付款，按揭付款，其他		
户型设计	客厅和卧室的结构关系，厨房和厕所的结构关系，是否有暗房，实用率大小		
销售情况	销售进度，销售率，尾盘现状		
广告	版面大小，广告频率，广告创意		
停车位	停车位数量，住户方便程度		

1. 比较因素权重的确定

权重是比较因素对楼盘等级高低影响程度的体现。由于影响楼盘的因素很多，不可能都被选择作为比较因素，只有在进行了重要性排序和差异性选择后确定的因素，才能作为楼盘的比较因素。不同地区、不同楼盘在确定各比较因素的重要性上均不同。因而，在制定比较因素表时，还要贯彻主导因素与综合分析相结合的原则，赋予每个具体的比较因素不同的权重，但权重之和为100％。权重越大，重要性及影响力就越大，反之亦然。不同地区、不同楼盘在确定各比较因素权重上均不同，可视具体情况而定。

如某地区楼盘用上述的18个因素，按重要性及影响力的高低，确定每一因素的权重，具体见表7-2。

表7-2 可比楼盘综合因素量化统计表

比较因素	权重 W(％)	序号	A楼盘与本楼盘比得分 F_1	B楼盘与本楼盘比得分 F_2	说明
位置	10	1			
配套	8	2			
交通	8	3			
城市规划	4	4			
环保	4	5			
价格	9	6			
物业管理	8	7			
建筑质量	10	8			
楼盘规模	4	9			
朝向	5	10			
外观	2	11			
室内装修	6	12			
开发商实力及信誉	4	13			
付款方式	2	14			
户型设计	8	15			
销售情况	4	16			
广告	2	17			
停车位	2	18			

2. 楼盘比较后综合分值

$$P = \sum W_i \times F_i = W_1 \times F_1 + W_2 \times F_2 + W_3 \times F_3 + \cdots + W_n \times F_n$$

式中 P——总分(诸因素在区域内众楼盘优势上的综合反映)；

n——楼盘比较因素的总数；

W_i——权重(某比较因素对楼盘优劣的影响度)；

F_i——分值(某楼盘与本楼盘多人同时比较后的加和平均分)。

3. 确定价格

对每个可比实例的房地产价格依上式修正后，都可以求出一个待定价房地产的价格，最后再用求简单平均数或加权平均数或中位数等方法，计算确定待定价房地产的价格。

【例 7-5】 某宗房地产经过筛选，选取三个交易实例，根据三个实例修正得出房地产的价格分别为 100 万元、110 万元和 130 万元，则最后确定价格的方法主要有：

(1)简单算术平均法

$$P=(100+110+130)/3 = 113.3(\text{万元})$$

(2)加权算术平均法

赋予上述三个价格不同的权数，分别为 0.3、0.5、0.2(通常交易实例与待定价房地产越接近，权数就越大，反之越小)。

$$P=100\times0.3+110\times0.5+130\times0.2=111(\text{万元})$$

(3)中位数法

在上述三个结果 100 万元、110 万元、130 万元中取中间的这个数，即 110 万元。

四、房地产价格的调整

在市场竞争环境中，房地产产品同所有商品一样，需随着供求关系的变化而发生价格转移，发展商应该时刻关注市场的变化，该调整价格的时候，应及时调整，不能无视市场的变化，心存幻想，按兵不动，这样只能错过机会，永远跟不上市场的步伐。价格是消费者选择楼盘的重要依据，所以发展商应准确把握市场脉搏，选择合适的价格。例如，某大厦刚刚推出时，由于前期市场形势较好，因此定价高，但成交量很少。发展商迫于无奈降价，但又心存幻想，不愿轻易下调，因此没有一步到位，市场反响仍不好，于是反复下调。这样就使投资者产生了价格不稳、保值作用小的印象，发展商的形象严重受挫。而另一楼盘推出时虽然定价过高，市场反响一般，但房地产开发商及时调整价位，一次性付款给予八八折优惠，立即产生了轰动效应，第一批 80 套形成了抢购热潮，三天售完。

(一)调价前提

开发商都希望维持一个较高的价格水平，但房地产市场风云变幻，加上房地产产品的差异性很大，实际上找不到两个完全相同的楼盘或单元，因此，开发商对一个小区或一个楼盘的平均价格确定以后，为了尽快把楼盘销售出去，就需要进行价格调整。调价有以下几个前提：

1. 面临强大的竞争压力

竞争是楼盘调价的主要原因，新竞争者的出现，竞争者价格的变动、促销手法的变化，都可能引起消费者需求的改变。此时，进行调价是一种十分必要的营销手段。

2. 楼盘成本费用发生改变

随着楼盘建设和销售的推进，预期成本的降低或提高使价格的底线产生了变动，从而必然引发价格调整。

3. 产品需求出现变动

如果房地产企业所提供的产品供过于求，空置面积上升，产品需求减少，则需要降低价格；相反，产品供不应求，不能满足所有客户的需求，此时就可以提高价格，创造更大的效益。

4. 销售中的心理战术

针对消费者"买涨不买跌"的心理，为表明房地产产品具有很大的升值空间，楼盘可以相应采取提价措施。

5. 营销策略的改变

随着销售的深入，以及市场行情的变化，营销策略也随之不断调整，作为营销策略的一部分，价格也相应有调整的必要。

（二）调价时机

一般说来，楼盘的销售期通常为4～8个月，而销售期为2个月左右时即有调价的必要，同时调价的时机还要结合销售率来确定，当销售率达到三成时即可调价。比如当销售期仅三四周即达到三成的销售率时，就有调价的必要；若三成的销售率经过了很长的时间才实现，此时调价危险性较高。应分析消费者的接受程度，如果销售缓慢的原因在于价格，则维持价格是较优选择，除非希望制造热销的假象，否则会引发消费者的逆反心理。

（三）调价类型

在房地产营销过程中，基于市场情况的变化以及企业自身目标的调整，需要对房地产价格进行调整，其类型无非是降低价格或提高价格。

1. 降低价格

当卖方面临销售停滞不前、同业竞争极为激烈时，经常需要做降价的考虑。降价终将引起同业间的摩擦与价格战，但却是不得已而为之的。降低价格的另一个原因是生产能力过剩，产量过多，资金占用严重，而增强销售力量、改进产品或其他营销手段都无法达到销售目标，从而造成资金周转不灵，企业无法进一步扩大业务。于是一些房地产企业放弃"追随领导者的定价"的做法，而采用"攻击性定价"的方法，以便提高销售量。有时企业为了获取市场占有率，会主动降价，随着市场占有率的提高，生产成本又会因销售量的增长而下降。

2. 提高价格

提价会引起消费者及中间商的不满，但有时在外部环境剧烈变化时，房地产企业为了生存也不得不提价，例如，由于通货膨胀，成本高涨，但生产率无法提高，许多企业不得不以提高价格的方式来确保利润。提价虽然会招来顾客的抱怨，引起公司销售人员的困扰，但如果运用得当，成功的提价会给公司增加利润。

（四）调价方法

1. 直接价格调整

直接价格调整就是房屋价格的直接上调或下调。它给客户的信息是最直观明了的，一般来说，价格上调，说明物有所值，买气旺盛。对于这样的正面消息，房地产企业最希望客户尽快了解，所以往往进行大张旗鼓的宣传，并由此暗示今后价格上升的趋势，以吸引更多的买家尽快入场。与此相反，价格下调则说明产品有这样或那样的缺陷，不为买家所看好，或者是经济低迷，整个市场不景气。应该说，除非万不得已，房地产企业通常是不会直接宣布其楼盘价格下调的，而是通过其他方式间接让客户感受价格下调的优惠，以维护其正面形象。直接的价格调整有以下两种方式：

（1）调整基价。基价的调整就是对一栋楼宇的计算价格进行上调或下降，因为基价是制定所有单元价格的计算基础，所以基价的调整便意味着所有单元的价格都一起参与调整。这样的调整使每套（单元）的调整方向和调整幅度都是一致的，是产品对市场总体趋势的统一应对。

（2）差价系数的调整。房地产实务中，通常是在基价的基础上通过制定不同的差价系数来确定不同套（单元）的价格，各套（单元）的价格则是根据房屋基价加权所制定的差价系数来计算的。但每套（单元）因为产品的差异性而为市场所接纳的程度并不会和原来的估计相一致。在实际销售中，有的原来预估不错的单元可能实际上并不好卖，有的单元原来估计不好卖实际上却好卖。

差价系数的调整就是根据实际销售的具体情况，对原来所设定的差价体系进行修正，将好卖单元的差价系数再调高一点，将不好卖单元的差价系数再调低一点，以均匀各种类型单元的销售比例，适应市场对不同产品需求的强弱反应。

差价系数的调整包括楼宇位置系数、单元楼层系数和单元朝向系数的调整。

①楼宇位置系数。指在一个小区中，该楼宇的位置、坐向、临街状况，与其他楼宇的间距，与小区花园、公共建筑等配套服务设施的距离，该楼宇的外观，每个梯间的户数等的综合影响系数。一般来说，南北坐向，不临街、较大的楼间距，配套设施齐全，外观气派，每个梯间户数少，进出楼宇方便等楼盘的价格较高；反之，则价格较低。

②单元楼层系数。指房间所处的层数、楼宇间距、坐向、采光时间、视野、景观、电梯配置情况、居民生活习惯等的综合影响系数。如果是多层住宅，一般是一楼和顶楼较便宜，中间的楼层较贵；如果是高层公寓，一般是越高越贵。

③单元朝向系数。指该同一楼层中各户的朝向、通风、采光、视野、景观、平面布局和生活习惯等的综合影响系数。一般来讲，正南朝向、视野开阔、景观秀丽的单元价格较贵，最大系数差可达到15%～20%。

差价系数的调整是经常应用的主要调价手段之一。有时候，一个楼盘的价格差价系数可以在一个月内调整近十次，以适应销售情况的不断变化，这自然需要一个完善的决策机制与之相配套。

2. 调整付款方式

付款方式本来就是房价在时间上的一种折让，它对价格的调整是较为隐蔽的。分析付款方式的构成要件可以发现，付款方式的付款时段的确定和划分、每个付款时段的款项比例的分配、各种期限的贷款利息的高低是影响付款方式的三大要件，而付款方式对价格的调整也就是通过这三大要件的调整来实现的。

(1)付款时间的调整。是指总的付款期限的缩短或拉长，各个阶段付款时间设定向前移或向后靠。

(2)付款比例的调整。是指各个阶段的付款比例是前期高、后期低，还是付款比例的各个阶段均衡分布，或者是各个阶段付款比例前期低、后期高。

(3)付款利息的调整。如"免息供楼"、"首期零付款"等策略实际上是利息调整的例子。

3. 优惠折扣调整

优惠折扣是指在限定的时间范围内，配合整体促销活动计划，通过赠送、折让等方式对客户的购买行为进行直接刺激的一种方法。优惠折扣通常会活跃销售气氛，进行销售调剂，但更多的时候是抛开价格体系的直接让利行为。其在形式上缤纷多彩，也给企业标新立异提供了可能。

必须指出的是：优惠折扣要做得好，首先要让客户确实感受到是在让利，而不是一种花哨的促销手段。其次，优惠折扣让利应该切合客户的实际需要，是他们所希望的方式，只有这样才便于促进销售。如买了房屋要装修，提供免费装修或送家具是最为合适的。最后，不要与其他竞争楼盘的优惠折扣相类似也是一条基本准则。

【案例分析 7-2】

从2014年11月开始，疯狂了几年的中国房地产业，会在2016年1月"踩一脚刹车"么？记者经过对多个城市和开发商的调查之后发现，2016年的1月对楼市来说，很可能将遭遇"倒春寒"。尤其值得关注的是，1月头两天，部分城市的开发商已经开始面临定价难题——而按照过往经验来看，这种定价的犹豫徘徊往往是房价调整前的重要信号。

1. 新房定价难

据统计，上海1月开盘的新盘多达40个，但真正敢于公布房价的楼盘不到1/10，甚至有一些开发商连开盘日期都不敢定。

2.销量环比持续下跌

佑威楼市通的数据显示，上海2015年11月份的成交量仅为10月份的一半，而12月份的成交量又不到11月份的一半，创造了历史最差纪录。1月份的市场前景也一样不被看好，搜房网的统计显示，接近八成的网民表示还要继续观望。对很多全国性的大地产商来说，1月份的销售业绩不仅将关系到他们一季报的业绩，对完成公司全年的指标也有着深远的影响。

3.部分开发商想涨价“诱多”

《每日经济新闻》在对上海即将销售的楼盘进行调查时发现，所有价格待定楼盘的销售人员都会给购房者这样的心理预期：新推出的房源要比上一批次的价格高。但从另一方面说，这恰好是楼市调整前最后一波上涨乏力的信号。开发商正通过涨价“诱多”，引诱购房者入市买房。退一步说，即使涨价不被购房者接受，那么通过一系列价格折扣手段，也能将价格调整到适应市场的水平。

【思考题】

1.案例中反映了房地产价格调整的哪些内容？

2.针对这种情况，如果你是其中的一个开发商，会采取哪些措施？

第三节　房地产价格策略的选择与调整

一、房地产主要价格策略

房地产价格策略，是指房地产开发企业为了在目标市场上实现自己的定价目标，所制定的定价指导思想和定价原则。定价策略应根据房地产产品本身的情况、市场情况、成本情况、消费构成及消费心理等多方面因素来制定，不同房地产在不同时间、不同地点可采用不同的定价策略。

(一)新产品定价策略

新产品定价是房地产开发企业价格策略的一个关键环节，它关系到开发建设的房地产产品能否顺利进入市场，并为以后占领市场打下基础。房地产开发企业开发出新产品并投放市场时，可以选择撇脂定价策略、渗透定价策略和满意定价策略等。

1. 撇脂定价策略

撇脂定价策略，也称速取策略或高额定价策略，指企业在房地产产品刚上市时，把价格定得尽可能高，以期及时获得较高的收益，在产品生命周期的初期便收回开发新产品的成本及费用，并逐步获得较高的利润。其细分市场首先定位于需求弹性最小的高收入人群(挑剔物业品质，对价格不敏感)，以求得最大利润。采用此策略的企业产品一上市便高价厚利，其做法很像从牛奶的表面撇取奶油，故而得名。

撇脂定价策略以阶段性高额利润为目标，能迅速回收资金，但仅适用于实力和信誉颇佳的大公司和有“新、奇、特”概念的房地产产品。当销售进入迟滞阶段，则需要调低价格，以吸引另一消费层次的人群。例如，李嘉诚开发香港最大的私人屋村时，经周密调查后选用的就是先高后低的价格策略。连续三次大幅度降价，反而使多个细分市场反应踊跃，李嘉诚旗下的长实集团也获益颇丰。对不同的人群采用不同的价格策略，正是经济学所说的“价格歧视”，也是需求导向中差异需求定价法的具体运用。

(1)撇脂定价策略实施的依据：①企业开发的楼盘档次较高，价格弹性较小，高价造成的需求或销售量减少幅度很小；②该类楼盘的消费对象档次较高，对价格的关注较少；③企业对利润的期望值较高；④同类型的楼盘竞争相对较少；⑤在一定时期内，这一类型的楼盘供应缺乏，企业希望通过高价策略获得较多的利润；⑥企业希望通过高价树立品牌形象；⑦楼盘的特色、功能、服务及区位是独一无二的。

(2)优点：①房地产开发企业能迅速实现预期的盈利目标，掌握市场竞争及新型房地产商品开发的主动性；②价格本身留有余地，如果预先估计有错误，高价影响销售量时，可以降低售价，而如果原来先制定低价，以后再提价就比较困难；③开发建设初期价格高一些，使市场需求不至于增加过快，企业的生产能力也能够从容应付。

(3)缺点：在高价抑制下，销路不易扩大；同时，高价厚利信号极易引发竞争，从而缩短房地产开发企业获取高额利润的时期。

2. 渗透定价策略

渗透定价策略是一种低价投放策略，即在一种新型房地产商品进入市场时，将价格定得很低，以低价获利，从而提高市场占有率。

这种定价策略通过有竞争力的价格吸引市场关注，刺激购买欲望，以销量促进早期资金回流，一旦树立物美价廉的印象后，再逐渐提升价位，是低开高走策略。有些楼盘在开盘之初为了吸引顾客，规定在开盘初期的某一段时间内，给购买者一定的价格折扣优惠，为楼盘凝聚人气。当楼盘具有一定的知名度和美誉度时，开发企业就可以停止相应的优惠政策，适当地提高售价。例如，绿洲城市花园以4888元/平方米的低价进入上海市场，由于其品质(事前调查表明，该产品的市场认知价值在5480元/平方米左右)与定价存在较大反差，加之“每天仅售30套，绝不多卖”的量控措施，引得购房者每天提早来售房现场排队，热销势头被炒得淋漓尽致。绿洲城市花园售价一路攀升，销售第二年均价已达到6000元/平方米，这不能不归功于渗透策略的运用。从消费行为学的角度看，该策略是对买方趋利心理的纵向挖掘。

(1)渗透定价策略的实施依据：①扩大市场容量，转换有效需求，让无法支付高价的新消费者成为实际购买者；②企业的产品多为较低档次的商品房，其价格弹性较大，低价会促进销售，从而提高利润总额；③企业的开发成本较低，期望利润值也低；④市场上同类楼盘相对过剩，市场竞争激烈。

(2)优点：①作为先发制人的竞争策略，有助于企业夺取市场占有率，对于需求弹性大的房地产商品，消费者对其价格比较敏感，购买行为往往受求廉心理支配，因而低价容易拓展销路；②低价薄利能有效地排斥竞争者进入市场，从而使企业较长期地占领市场；③随着房地产商品销路的扩大，开发规模也会相应扩大，成本会因规模增长而降低，从而增加盈利。

(3)缺点：①价格太低，投资回收期较长；②初次价格定得过低，当竞争者进入市场后，不宜再降价与之竞争，若成本上升，需调整价格时，也会引起消费者不满，从而影响销路；③新型房地产产品低价出售，会引起消费者对产品质量的怀疑，影响新产品的公众形象。

3. 满意定价策略

满意定价策略是一种介于撇脂定价策略和渗透定价策略之间的定价策略，以获取社会平均利润为目标。所定的价格比撇脂价格低，比渗透价格高，是一种中间价格。制定不高不低的价格，既能保证房地产企业获取一定的利润，又能为房地产消费者所接受，使企业和消费者双方对价格都满意。

此种定价策略的优点如下：①产品能较快地为市场所接受，且不会引起竞争对手的对抗；②可以适当延长产品的生命周期；③有利于企业树立信誉，稳步调价，并使顾客满意。此种定价策略的缺点是：定价保守，不适应市场的需求多变和激烈竞争。

对于企业来说，撇脂定价策略、渗透定价策略及满意定价策略分别适应不同的市场条件，何者为优，不能一概而论，需要综合考虑市场需求、竞争、供给、市场潜力、价格弹性、产品特性、企业发展战略等因素才能确定。

（二）心理定价策略

心理定价策略是为适应和满足消费者的购买心理所采用的价格决定策略，依据消费者心理上对产品的感觉价值决定产品价格，开发商应考虑价格的心理因素，而不应只考虑成本因素。只要消费者觉得值得就可以把价格定得很高。具体包括参考定价策略、畸零定价策略、声望定价策略。

1. 参考定价策略

参考定价策略是指开发商在制定价格时，可以运用消费者的参考价格。参考价格是存在于消费者的记忆中同类产品过去的定价。

2. 畸零定价策略

畸零定价策略是指故意将产品的价格定为低于整数，让消费者心理上觉得便宜，从而促进销售。例如，定价为 99 元而不是 100 元。根据心理学家对消费者购买心理的研究调查，一个项目每平方米房价为 4888 元要比每平方米 5000 元对消费者有更多的吸引力，相差虽仅 112 元，但消费者有“四千”与“五千”之差的感觉。

3. 声望定价策略

声望定价策略是指房地产开发商可以利用企业已经建立起的良好的品牌形象和知名度来制定价格。使用此种策略应注意在功能设计、人性化、智能化、环保性能等方面不断进行创新，创造出与其他企业产品不同的差别优势，防止其他企业乘机发动价格战，抢占高端客户市场。

现代心理定价还有其他一些新的表现，如吉祥数字、吉祥门牌号定价策略，像每平方米1998元这类定价。

随着房地产市场的进一步规范化，开发商们将不得不面对"微利时代"的来临，价格策略运用将显得更为重要，无论是低开高走的销售策略，还是和消费者大打心理战，都得根据自己的综合实力以及当时的市场状况来判定。

（三）价格折扣与折让策略

价格折扣与折让策略是一种减价策略，它是在原价基础上减收一定比例的货款。灵活运用价格折扣与折让策略，是房地产开发企业鼓励购买、争取顾客、扩大销售的一种有效方法。常用的价格折扣与折让策略主要有现金折扣策略、数量折扣策略、季节折扣策略、职能折扣策略。

1. 现金折扣策略

现金折扣策略指买方在一定的时间期限内付清购房款项所给予的价格折扣。典型的折扣条件是"5/10，30"，表示付款期限30天，若客户能在10天内付清，则给予5％的折扣。现金折扣的目的在于鼓励顾客提早付款，以降低公司的收账成本。

2. 数量折扣策略

数量折扣策略是指顾客大量购买时，则予以价格上的优惠。这是房地产开发企业薄利多销原则的体现，可以缩短销售周期，降低投资利息和经营成本，及早收回投资。由于房屋价格高，金额巨大，而且每人所需有限，企业不可能以鼓励大量购买然后给予折扣的形式来销售，因此，这里的"数量"需要慎重确定。更多数量甚至整幢大楼的购买虽然不多见（有时会出现团购情况），但一旦如此，买方通常可以通过谈判获得更高的折扣。

3. 季节折扣策略

季节折扣，是指对在非消费旺季购买房地产商品的消费者提供的价格优惠。例如，在春节前后或酷暑、隆冬季节，对购房者给予一定的价格优惠。

4. 职能折扣策略

职能折扣又称贸易折扣，是房地产开发企业根据中间商所负担的不同功能而给予的不同折扣。例如，从事房地产销售的中间商，有的只负责收集信息、联系客户，有的不仅联系客户、出售房产，而且还负责办理有关产权登记等工作。因此，房地产开发商可根据不同的中间商采取不同的折扣，这样能调动中间商的积极性，以促进本企业商品房的销售。但对于同一类型的中间商，应给予同样的折扣。

（四）差别定价策略

实行差别定价策略的前提是影响每个单元销售的因素都存在差异，如朝向、楼层、视野、景观、户型等。对别墅来说，不存在朝向、楼层的差异；对板型楼来说，也不存在朝向的差异，因此，在对其定价时不用考虑这些因素。实行差别定价的关键是要综合考查影响房屋销售的因素，找出最受客户欢迎的单元或户型，即在同等价格下客户会优先购买这些单元，因而可将这些单元售价定得高一些，而不影响其销售旺势。这样，在房屋成本固定的前提下，实行差别定价法就能利用现有的产品获得最大的收入。相对的，可将另外一些单元或户型的售价适当降低，利用价差来争取另外的客户。

房地产价格策略有很多种，要根据企业产品、面临的环境和竞争对手的不同选择合适的策略，才能实现企业的目标。

【案例分析 7-3】

北京国际友谊花园的定价策略

北京国际友谊花园在该项目 1 号楼的初始定价中，楼层之间的差价为 1%，同一楼层朝向和户型因素差价为 10 美元到 20 美元或相应增加；在推出 1 号楼旺销后，经过分析，将 2 号楼的差别定价改为：扩大朝向和户型差价、减少楼层差价，将楼层差价调整为 0.5%，同层差价为 50 美元到 100 美元或相应增加，同样取得好的销售业绩。

【思考题】 北京国际友谊花园采用的是哪种定价策略？

二、价格变动和应变策略

价格的变动一般来自两种情况：一种情况是有了基价后，为配合现实环境与销售情况，企业会经常修正原来的价格基准，以反映出市场需求的变化，如通过现金折扣（购买者如能及时付现或提早付现，公司则给予现金折扣）、数量折扣（顾客大量购买时价格上的优惠）、特惠价（用各种优惠的价格、多种付款方式等方法吸引消费者）等价格手段来及时调整价格；还有一种情况是随着供求关系的变化和市场竞争激烈程度的变化，房地产产品的价格也就有上升或下降的波动，企业也要根据整个市场或者主要竞争对手价格的变化进行价格调整。

（一）房地产价格变动

在市场经济环境中，随着供求关系的变化和市场竞争激烈程度的变化，价格也就有上升或下降的波动。房地产企业在制定好定价策略后，将要面临如何选择时机提价或降价的问题。降低价格或提高价格的时机及原因在前面的调价类型中已做介绍，不再赘述。

常见的提价方法有：

（1）延缓报价。公司决定到产品制成或交货时才制定最终价格。由于房地产的开发周期较长，因此这种方法运用较为普遍。

（2）使用价格自动调整条款。公司要求顾客按当前价格付款，并且支付交货前由于通货膨胀引起增长的全部或部分费用。在施工期较长的工程中，合同中都有价格自动调整条款。

(3)减少折扣。公司减少商品房销售时常用的现金折扣和数量折扣，指示其销售人员不可为兜揽生意而不按目录价格报价。

(二)购买者对价格变动的反应

房地产开发公司调整价格之后，要注意搜集和分析各方面的反应，特别是购买者的反应。由于消费者对价格变动的理解不同，有时会出现意料不及的反应，需要认真研究。降价本应吸引更多购买者，增加销售量，但有时对某些购买者却适得其反，这是由于他们对降价的错误理解造成的。

一般说来，购买者对于价值高低不同的产品价格的反应有所不同。购买者对于那些价值高、经常购买的产品的价格变动比较敏感，而对于那些价值低、不常购买的小商品，即使单位价格较高，购买者也不大注意。此外，购买者虽然关心产品价格变动，但通常更为关心取得、使用和维护产品的总费用。因此，如果卖主能使客户相信某种产品总费用较低，那么也就可以把该产品的价格定得比竞争者高，取得更多利润。

(三)竞争者对价格变动的反应

房地产企业在考虑改变价格时，不仅要考虑到购买者的反应，而且还必须考虑竞争对手对房地产企业的产品价格的反应。房地产企业如何去估计竞争者的可能反应呢？它应从两个方面来估计、预测竞争者对本房地产企业的产品价格变动的可能反应：

(1)假设竞争对手采取老一套的办法来对付房地产企业的价格变动，在这种情况下，竞争对手的反应是能够预测的。

(2)假设竞争对手把每次价格变动都看作是挑战，并根据当时自己的利益做出相应的反应，此时房地产企业就必须断定当时竞争对手的利益是什么。

房地产企业必须调查研究竞争对手目前的财务状况及其销售和生产能力情况、客户忠诚情况以及房地产企业目标等。如果竞争者的房地产企业目标是提高市场占有率，其可能随着本房地产企业的产品价格变动而调整价格。如果竞争者的房地产企业目标是取得最大利润，就会采取其他对策，如增加广告预算、加强广告宣传或者提高产品质量等。

总之，房地产企业在调整价格时，必须善于利用房地产企业内部和外部的信息来源，观测出竞争对手的心思，以便采取适当的对策。

(四)调价策略

1. 低开高走调价策略

低开高走调价策略就是随工程形象进度或根据销售进度情况，每到一个调价节点，按预先确定的幅度调高一次售价的策略，也就是价格有计划定期提高的定价策略。低开高走是开发商常用的价格调整策略，多用于期房销售。因为期房销售价与进度关系密切，这种价格的动态特征与市场价格的合理变换相一致。

（1）优点

①快速成交，促进良性循环。价廉物美是每一个消费者的愿望，以低于行情的价格开盘，肯定能吸引相当一部分客户的注意。客户在对产品进行了解，确认事实后，便很容易成交，而且能鼓舞员工士气，以良好的精神状态开展日后的工作，但这并不意味着企业创利的开始。此外，大量客户上门，即使没有成交，也会营造出现场热烈的气氛，创造楼盘良好的形象。

②提价能造成房地产增值的印象，给前期购房者以信心，并通过其口碑传播，能进一步形成人气，刺激有购房动机者的购买欲，促使其产生立即购房的想法。

③价格控制较容易。由于低价开盘，价格的主动权掌握在开发商手里，当市场反应热烈时，可以逐步提高销售价格，形成热销的良好局面；当市场反应平淡时，则可以维持低价优势，在保持一定成交量的情况下，静观市场的反应或放缓提价步伐。

④加速资金周转。有成交便有资金流入，公司的运转才能形成良性循环，特别是在市场不景气时。

（2）缺点

①首期利润不高。低于市场行情的售价往往首期利润不高，有的甚至没有利润。开发商因此将主要利润的获取寄希望于后续调价。

②楼盘形象难以提升。高价位不一定代表高品质，但高品质是需要高价位来支撑的。低价开盘，作为局部的促销活动问题不大，但若作为公司的一项长久的策略，则必然会影响楼盘的档次定位和实际运作。

2. 高开低走调价策略

高开低走这种调价策略是开发商在新开发的楼盘上市初期，以高价开盘销售，迅速从市场上获取丰厚的营销利润，然后降价销售，力求尽快将投资全部收回。

（1）优点

高开低走调价策略在项目初期便于获取最大利润。开盘价格水平定位较高，便于展示楼盘的品质和口碑，与领导者形象相呼应，创造企业无形资产。

（2）缺点

日后价格直接调控余地少。若价格偏离当地主流市场，则资金周转相对缓慢。由于价格较贵，难以聚集人气，难以形成“抢购风”，楼盘营销有一定的风险。

（3）适用范围

这种策略一般适用于以下两种情况：①一些高档商品房，市场竞争趋于平缓，开发商在以高价开盘取得成功，基本完成了预期的营销目标后，希望通过降价将剩余部分迅速出售，以回笼现金。②楼盘或小区销售处于宏观经济周期的衰退阶段，或者由于竞争过于激烈，高价开盘未能达到预期效果，开发商不得不调低售价，以推动市场吸纳物业，尽早收回投资。

（五）调价技巧

在调价过程中，为了适应房地产的特殊性，必须采用一些恰当的方式、方法来放大调价产生的积极效果，尽量减少消极影响，这就是调价技巧的应用，主要包括调价顺序、调价方式、调价方法、调价幅度等。

1. 调价顺序

如果打算调高价格，在已售套数较多的情况下可先调高已售户型的价格，借此拉大与未售户型的价差，以促销未售的户型；若已售的套数较少，可全面调高价格，造成全面涨价的印象，或提高某些条件特别好的户型的价格，以促进剩余户型的销售。如果打算降价，应尽量先调整剩余户型的价格，避免引发已购房顾客的“买亏”心理。

2. 调价方式

调价时降价可以采取明升暗降的原则，应尽量不变动表面价格，以调低底价为主，加大议价的空间，不能因为调价目标定得过高，影响消费者的购房意愿。这样，一方面可以避免已购房客户看到价格调低而引发的抵抗心理，另一方面也避免客户受“买涨不买跌”心理影响。降价从本质上来讲分为三种：一种是为抢占市场份额而降价；一种是为吸引买家注意，刺激消费而降价；一种是为加快资金回笼，提高资金周转速度而降价。目的不同，手法也就各异。

对于提价，其市场风险比降价更大，最主要的是一旦自己提价，而周边的竞争楼盘没有变动，在产品差异不大的情况下，竞争者将享受到价格优势，将客户吸引过去。此时，除非是自己的销售手法、推广手段有较大改进，否则提价的后果比较严重。因此，在提价时最重要的依据是工程进度和销售状况。

3. 调价方法

调价的方法有很多，除上面讲的一些基本的调价方法，比如差价系数的调整、付款方式的调整、付款时间的调整以及优惠折扣的调整外，还有以下几种方法：

（1）客户报价法调整。开发商向客户提供制定楼价的参考资料（包括附近楼盘的楼价、该楼盘以前的定价和目前市场上行情），然后由客户定价登记，开发商三天后答复是否按客户的定价出售。开发商出售的标准是价高者得，客户在多次看楼后，对该项目已经有了一定的认识，定出的价格都比较接近开发商的承受价，但会比开发商的承受价低，一般只要客户的定价与开发商的承受价相差不大，都会成交。可以看出，这实际上是一种变相的降价。

（2）团购降价法调整。团购降价法调整的目的是吸引更多的人购房，实质上又是暗中降了价。

（3）随楼赠送法调整。随楼赠送法调整即买家在买楼时，除了享受当时的一定折扣之外，还可以得到开发商另外赠送的一定价值的礼物。比如若干年的物业管理费，某名牌家具甚至汽车等，让客户花同样的钱享受到更大的优惠。

4. 调价幅度

调价的功能，一是调整原先定价未能充分反映的价差或价格水平；二是借助价格的调整来强化产品之间的差异，以引导消费者进行比较。所以在调价时必须掌握相对价差的原则，配合调价的目的，使调整后的价格无论是在本身楼盘内的不同户型之间，还是在竞争者的楼盘的价格水平之间，都能反映出市场接受力强的相对价差。

三、房地产销售付款方式与售价表

房地产销售付款方式的安排对于企业的营销工作和经营效益都有重大影响，恰当的房地产销售付款方式的安排，有利于销售，也有利于开发商减少财务风险。房地产开发经营企业在做出房地产销售付款方式安排时，主要有两项工作要做：一是安排价款支付方式；二是制定房地产售价表。

（一）安排价款支付方式

一般说来，房地产企业安排的价款支付方式主要有一次性付款、分期付款和楼宇按揭。

1. 一次性付款

一次性付款是指要求买方在签订合同时或之后的一定时期内一次性付清房价款。对于房地产企业来说，这是最理想的方式，故常会给买方一定的折扣优惠（如10%左右的优惠），或赠送相应的配套设备等。

2. 分期付款

分期付款是指要求买方在一定时期内（如在开发建设期内）分次付清房价款。一般都会规定各次付款的金额（或占总房价款的比例）和具体日期及滞期付款的处理办法等。与开发进度相结合的分期付款有两种具体方式：一种是根据预设的开发建设期人为分割为几个付款期，另一种是按实际进度情况安排付款期。后者更易为消费者接受，但会给一些房地产企业带来不便。

3. 楼宇按揭

所谓楼宇按揭是房地产开发商、按揭贷款银行和房地产购买者共同参与的融资形式。具体过程为：房地产购买者与房地产开发商签订《房地产买卖合同》（《商品房预售合同》）后，向按揭银行提出按揭贷款申请，购房者愿意以所购房地产作为贷款的抵押物，房地产开发商同意作为贷款的担保人，按揭银行经考察后与购房者签订《楼宇按揭贷款合同》。购房者取得贷款后，同意依贷款合同约定，按期按时偿还按揭银行贷款本金及支付约定利息。假如购房者到期不能偿还贷款，按揭银行有权取得该房地产的合法所有权，有权将房地产出卖以清偿购房者的欠款。

在楼宇按揭中，房地产商既是售房人，也是按揭人的担保人，还是按揭权人的部分代理人（向需按揭购房者宣传介绍按揭贷款购房价值比、按揭年期及与按揭年期相应的按揭利率和月供办法等按揭条件状况）。除此以外，还有些房地产商接受按揭权人的委托，履行代为签订按揭合同的手续，代办按揭合同公证、申领房地产权证书等手续。按揭贷款额与房价之比习惯上以按揭多少“成”来表示。可以向按揭银行贷款房价的七成,而其余三成由按揭人动用积蓄或用其他方法筹款。

(二)房地产售价表

一个房地产开发项目应有一份房地产售价表,用以表现每一个房地产单位的价格。售价表上的价格可以是单价,如每平方米建筑面积 5500 元人民币,也可以是单位的售价,如 18 楼 A 单位售价为 100 万元人民币,如以外币标价,应附注折算成人民币的汇率的具体确定办法。售价表上的价格可以成为成交价,也可只供实际磋商成交价时参考。

本章小结

在房地产营销组合中,价格调整是最为便捷、有效的一个手段,仔细分析房地产价格策略的理论和操作方法,是进行营销决策的必要前提;房地产价格是消费者对于房地产商品价值判断的货币表现。消费者对于房地产商品的价值判断,主要是根据房地产商品所具有的实用价值、贵重价值和稀少价值进行的;影响房地产价格的因素除了经济因素外,还有社会因素、行政和政治因素、房地产内在因素和周边环境因素及其他影响因素等。房地产定价方法是企业在特定的定价目标指导下,依据对成本、需求及竞争等状况的研究,运用价格决策理论,对产品价格进行计算的具体方法,主要有成本导向、竞争导向、需求导向、顾客感受、可比楼盘量化等几种定价方法;但是房地产价格不是一成不变的,房地产企业应该随着供求、竞争或者其他环境的变化而进行调整,可以提高也可以降低,关键是研究消费者对于调整后价格的反应,确保企业的总体目标利润不受影响。

关键概念

房地产价格　Real estate price　　定价目标　Pricing objective
成本导向定价法　Cost-oriented pricing
竞争导向定价法　Competition-oriented pricing
需求导向定价法　Demand-oriented pricing
顾客感受定价法　Customer perception pricing
可比楼盘量化定价法　Comparable real estate quantitative pricing

复习思考题

1. 影响房地产定价的主要因素有哪些?

2. 房地产价格有哪些基本定价方法？
3. 房地产定价的主要策略有哪几种？

实践与训练

3～5 个同学一组，调查当地房地产楼盘的定价方法，比较各个楼盘定价的差异。

课堂讨论

房地产定价与一般产品定价的区别有哪些？需要注意哪些问题？

案例分析

凤凰城楼盘定价方法

1. 户型与套数统计，如表 7-3 所示。

表 7-3 户型与套数统计表

户型(室×厅×卫)	建筑面积(平方米)	总套数(套)	所占比例(%)
2×2×1	92.00	9	3.2
3×2×1	116.40	32	11.3
3×2×1	129.30	181	64.2
4×2×2	146.07	40	14.2
2×2×1 顶层复式	155.40	1	0.3
3×2×1 顶层复式	195.00	2	0.7
3×2×2 顶层复式	216.80	14	5.0
4×2×2 顶层复式	241.50	3	1.1
总计		282	100

一期总户数为 282 户，根据本项目的产品特性，以及对市场、客户的调查分析，预计公开发售的销售目标为 150 套，约占总套数的 53.19%。

2. 价格定位策略

(1)总体思路：低价入市、逐步提升、快速销售、滚动发展。针对项目前期销售状况和项目周边市场现状进行分析，结合项目价格定位和该市房地产营销市场的特点，建议本项目的入市定价采取低开高走的策略，使得本项目在日后的销售过程中具有较大的市场弹性空间、较强的市场竞争力，实现先购者的物业升值，快速抢占市场份额，提升开发商的市场口碑。

(2)定价原则。首次销售一炮打响，赢取市场的主动，满足入市时市场上消费者追求高性价比的需求，体现本项目不断提升的产品及品牌形象。

(3)价格定位。本项目采取市场比较定价法计算出项目均价。根据项目所在地区的市场竞争状况，本项目在其所在区域内与其类似的项目——A、B、C、D 4 个竞争较大的楼盘进行比较。具体为：

①列出可比楼盘综合因素量化统计表(如表 7-4 所示)

表 7-4　可比楼盘综合因素量化统计表

比较因素	权重 W(%)	序号	待定价楼盘	A	B	C	D	说　明
位置	10	1	100	101	100	100	103	D 楼盘离市中心最近
配套	8	2	100	103	97	99	101	
交通	8	3	100	99	99	97	101	
城市规划	4	4	100	103	98	100	100	
环保	4	5	100	98	97	103	101	B 楼盘临近工厂
价格	9	6	100	97	99	99	103	
物业管理	8	7	100	103	101	98	98	A 楼盘物业为国内品牌物业公司
建筑质量	10	8	100	101	98	100	101	
楼盘规模	4	9	100	101	101	98	103	
朝向	5	10	100	103	98	100	101	
外观	2	11	100	98	101	103	101	
室内装修	6	12	100	101	101	98	97	D 楼盘不包括装修
开发商实力及信誉	4	13	100	98	101	103	98	
付款方式	2	14	100	100	100	100	100	
户型设计	8	15	100	99	97	103	101	C 楼盘实用效率高
销售情况	4	16	100	103	98	101	99	A 楼盘销售状况良好
广告	2	17	100	101	98	101	103	
停车位	2	18	100	98	100	100	101	

②根据因素比较表计算价格(如表 7-5 所示)

表 7-5　价格计算表

可比实例项目	A	B	C	D
交易均价(元/平方米)	5700	5800	5800	6100
各比较楼盘总分	102.58	98.97	101.89	100.76
因素比较系数	100/102.58	100/98.97	100/101.89	100/100.76
比准价格(元/平方米)	5557	5860	5690	6054
修正后价格(元/平方米)	5790			

(4)计算说明。把本楼盘各比较因素定为基数100,根据具体情况对可比楼盘的各比较因素做出评定,各比较因素得分与其权重相乘后求和,确定出各比较楼盘总分,再得出初步比准价格。最后用求简单平均数的方法求出修正后价格。

由表7-5分析比较可得:项目销售时的市场比较价格为5790元/平方米,对此进行上下3%的误差修正,得出价格幅度为5617～5964元/平方米。

(5)定位分析。根据本项目的品牌形象及高端产品形象定位,结合市场营销策略,对市场定价进行修正。修正考虑因素:

①5790元/平方米上下幅度的市场价格策略难以吸引高端买家的关注;

②项目为国内某著名品牌在该市的第一个项目,具有较强的市场竞争力;

③上调5%～10%的价格幅度能提高项目的整体形象。

因此,根据市场策略建议定价为:5790×110%=6369(元/平方米)。

(6)高定位策略补充说明。以较高价位入市,可从价格中体现及提升项目入市形象,拉开与中档市场的竞争距离。

从内部认购到公开发售这段时期,可通过对消费者的调查分析及市场的变化状态,做出灵活具体的修正。利用较大幅度的价格调整,使消费者产生物有所值的感觉,并且可提高实际的成本价格,较容易达到预期的理想目标,达到"进可攻、退可守"的效果。

(7)价格走势和付款方式策略。项目的入市价:本项目入市是依据市场接受程度和适度引导消费能力而定的,因此,建议在原定价的基础上降低5个百分点,即均价在6051元/平方米左右入市,以刺激本项目市场消费,将销售推向高潮。

项目的价格走势:本项目的价格走势分为三个时期,即认购期、开盘期和热销期。每个时期将持续20天左右。认购期的价格比开盘期的价格低2个百分点,在开盘初期升1个百分点,热销期升1个百分点,才能与本项目的预期价格持平,在消费者心目中形成物业升值的趋势。

付款方式:一次性付款9.8折;银行按揭,首付30%,其余70%三十年按揭,无优惠。

【思考题】

1. 凤凰城楼盘的定价策略有哪些?
2. 为什么采取这样的定价策略?

第八章　房地产营销渠道策略

学习目标

1. 了解房地产营销渠道的概念和类型；
2. 理解房地产中间商的类型和功能；
3. 掌握分析房地产营销渠道选择的方法。

引例

代理公司的合作促进市场发展

一直分散经营、各自为政的上海房地产代理界最近出现了合作经营的大动作。在上海中天行房地产顾问有限公司的牵头下，该市近50家知名中介、代理公司将合作分销代理外滩唯一可自由分割的纯办公物业——金延大厦。这一举措对规范上海市房地产中介代理市场，促进中介、代理公司的合作交流将起积极的作用。据悉，上海市近年来房产中介代理获得了飞速的发展，全市已拥有1500多家中介代理公司，在房地产二、三级市场流通越来越广。但是，上海房地产界的中介代理公司一直处于各自为政的混乱局面，1500多家公司将市场分割得很小，行业竞争日趋激烈也造成了代理物业与客户接触面狭窄的矛盾。在这种情况下，由中天行总代理的金延大厦采用分销代理的办法，联合全市近50家知名中介代理公司共同经营，开创了上海市代理公司网络化，实现中介代理公司强强合作的先河。

（资料来源：《代理公司的合作促进市场发展》，原文地址：http://wenwen.soso.com/z/q112705674.htm。）

【思考题】

案例中采用的是哪种销售渠道？谈一谈你对代理公司强强合作的看法。

第一节　房地产营销渠道概述

若问起什么是营销渠道，不一定每个人都能马上答出来，但是，对于营销渠道的功能，人们却可以亲身体验——想喝可口可乐，不必到美国去买，走几步路，街头小店就有；想买一台海尔冰箱，也不一定非要千里迢迢跑到青岛去，商场或专卖店就可以让你如愿。如此事例，俯拾即是。仔细想一下便能总结出营销渠道的功能：营销渠道打破了生产者与最终用户之间的种种屏障，将远在千里之外的生产者与散布各地的众多的消费者联结在一起。更重要的是，营销渠道作为价值系统的组成部分，正成为现代企业建立与获得战略竞争优势的重要来源。

营销渠道又称商品流通渠道、分销渠道，简称渠道。美国市场营销学权威菲利普·科特勒(Philip Kotler)(1986)在《营销管理》一书中对营销渠道的定义为："营销渠道是指某种货物或劳务从生产者向消费者移动时，取得这种货物或劳务所有权或帮助转移其所有权的所有企业或个人。"简单地说，营销渠道就是商品和服务从生产者向消费者转移过程的具体通道或路径，它主要包括经销中间商、代理中间商以及处于渠道起点和终点的生产者与消费者。

因此，营销渠道可视为一个相互协调的网络，营销渠道成员之间相互依赖、彼此合作，承担分销渠道使命赋予的各种营销功能，共同完成对产品形式、所有权、时间与地点的整合而为使用者或消费者创造价值。

一、房地产营销渠道的含义及类型

(一)房地产营销渠道的含义

同所有的商品一样，在房地产供需市场上，生产者与消费者是分离的，二者之间犹如存在一条难以逾越的鸿沟。正是面对这条巨大的鸿沟，开发商必须进行"惊险"的一跳，才能实现商品房的价值，而作为联系开发商与购房者关系的营销渠道，则好比是"产销鸿沟"上的一座桥梁，使房屋商品的所有权和使用权畅通地转移到购房者手上。

房地产营销渠道是指实现房地产产品由生产领域转向消费领域的途径，可以更具体为把房地产产品的所有权从开发商转移到购房者手里的所有经营环节或经营机构，如代理商、经销商、房地产中介等中间商和房地产开发企业自己的销售机构等。笼统地说，房地产营销渠道就是房地产商品的流通途径，包含下列三层含义：

(1)房地产营销渠道的起点是房地产商品的所有者(既可以是新建商品房的开发商，也可以是存量房即二手房的所有者)，终点是消费者(既可以是购房者，也可以是使用者)，它所包含的是完整的房地产商品流通过程，而不是流通过程中的某一阶段。

(2)房地产营销渠道的参与者，是房地产商品流通过程中各种类型的中间商，即房地产中介代理机构。

(3)在房地产营销渠道中，房地产所有者向消费者转移房地产商品时，既可转移房地产的所有权，又可转移房地产的使用权。

(二)房地产营销渠道的功能

现阶段房地产产品营销渠道的主要功能体现在研究、推广、接触、配合、协商、财务融通、所有权转移、承担风险等多种功能上。

1. 研究功能

研究即搜集必要的情报供策划与交易之用，在房地产市场上指营销渠道系统成员担负着研究房地产市场宏观运行状态、房地产政策变化、房地产市场微观运行状态及营销环境变化、消费者需求、房地产产品价格等，并进行必要的前期调研、前期策划等工作。在当今的房地产市场上，前期工作已经显得越来越重要，自己产品的定位是否准确，市场研究是至关重要的。

2. 推广功能

推广主要指对房屋产品信息的发布，这项功能主要由房地产广告商来承担，在信息时代，信息的有效发布已经越来越重要。拥有很好的房子却不能让大众知道，也就不能获得良好的销售业绩。

3. 接触功能

接触指寻找潜在购买者逐渐接触代理商、经销商、房地产经纪人。开发商的营销机构最主要、最直接的功能是寻找购买者，通过消费沟通、讨价还价过程来说服顾客购买自己的产品，接受或者争取订单也是决定消费者能否购买自己房屋的关键过程。

4. 配合功能

房地产开发商提供的产品要配合顾客的要求，包括制造、集散及包装等活动，对房地产产品的包装并不仅是开发商的单方面行为，还需要营销渠道系统的一致行动。因为现在的购房者并不是仅仅为了能购买到遮挡风雨的房屋，它有时是一种心理的满足、身份的象征，所以需要对房地产产品从广告形象、房屋形象、小区形象、服务人员形象等方面进行全面包装。

5. 协商功能

协商是在价格及其他条件上做最后协定，来推动商品所有权的转移。房地产产品价格受多方面因素的影响，成本仅是其中的一方面，还受到市场供需状况的制约。因此，在交易中出现市场价格的波动是正常的，而且最终的交易价格也不是单方面的“理想价格”，所以需要在交易中协商，代理商、经销商等营销机构就承担着与购房者协商价格的任务。

6. 财务融通功能

财务融通指资金的取得与周转，以作为产品开发、配销等环节的费用。房地产行业属于资金密集型行业，融资环节对于房地产开发的顺利进行关系重大。

7. 所有权转移功能

在房地产市场上，没有实体配送的流程，却有产品所有权的转移，营销渠道就需要有专门机构负责此工作，以促进所有权向消费者的顺利转移，包括各种证件的办理等。

8. 承担风险功能

在房地产产品销售过程中，因为市场、产品等因素而产生一些销售的风险，房地产产品营销渠道系统分担了房地产产品所带来的风险。

（三）房地产营销渠道的类型

1. 直接渠道和间接渠道

按照营销中是否通过中间环节，可分为直接渠道和间接渠道。

（1）直接渠道。通过直接渠道营销是房地产发展商自己承担全部流通职能，直接将房地产商品销售给顾客。在我国现行的房地产营销渠道中，直接营销渠道仍是主导的营销渠道。

直接营销渠道的优点有：①房地产发展商控制了开发经营的全过程，可以避免某些素质不高的代理商介入造成的营销短期行为，如将好销楼盘单元销售出去，造成相对难销的楼盘单元积压。②产销直接见面，便于房地产发展商直接了解顾客的需求、购买特点及变化趋势，由此可以较快地调整楼盘的各种功能。

当然，直接营销渠道也有弱点：①一般来说，房地产发展商在集中开发等方面具有优势，若房地产发展商直接营销，难以汇集在营销方面确有专长的人才，难以形成营销专业优势，这会在一定程度上影响营销业绩的提升。②房地产发展商直接销售，会分散企业人力、物力、财力，分散企业决策层精力，搞不好会使企业顾此失彼，生产和销售两头都受影响。

（2）间接渠道。房地产发展商把自己开发的房地产商品委托给中间商如房地产代理商销售，称为房地产间接营销渠道。间接营销渠道越来越被发展商所重视并积极尝试。

间接营销渠道的优点有：①有利于发挥营销专业特长。房地产中间商如代理商往往集中了市场调研、广告文案设计、现场销售接待等各方面的营销人才，便于从专业上保证发展商开发的房地产商品销售成功。②有利于发展商集中精力，缓解人力、物力、财力的不足，重点进行开发、工程方面的工作。

间接营销渠道的弱点有：①我国目前的房地产中间商良莠不齐，专业素养和职业道德水准差异很大。如果一些房地产发展商被一些专业素养和职业道德低下的中间商的花言巧语所迷惑，放手让他们代理销售，会对房地产商品的营销带来很大的危害。②如果代理商的销售业绩和发展商自己销售预计的业绩基本持平，在这种情况下发展商支付的销售费用会得不偿失。发展商支付佣金等给代理商，是希望代理商能取得较高的销售业绩，这样即使利润分流也理所当然。

2. 长渠道和短渠道

按照产品从生产者到消费者转移的中间环节的长度，分为长渠道和短渠道。

（1）长渠道。长渠道是指房地产生产者经过两道或两道以上的中间环节，把产品销售给消费者。如图 8-1 所示。

长渠道的优点是渠道长、分布密、触角多，能有效地覆盖市场，从而扩大产品销售；能充分利用中间商的职能，市场风险较小。缺点是由于环节多，销售费用增加；不利于生产者及时获得市场情报，迅速占领市场。

图 8-1 长渠道示意图

(2)短渠道。短渠道是指房地产在从生产者向购房者转移的过程中,不经过中间环节或只经过一个中间环节的渠道。如图 8-2 所示。

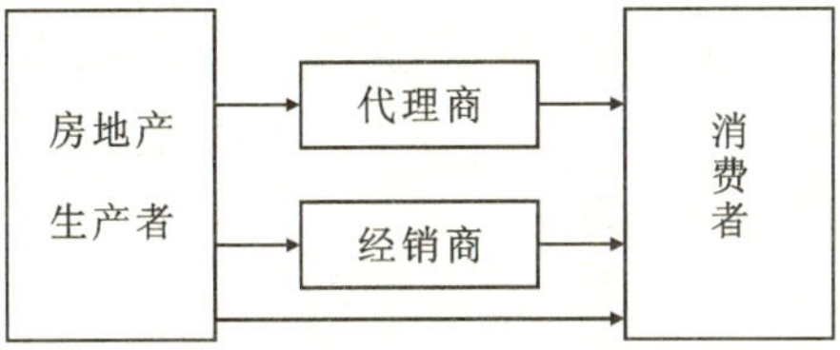

图 8-2 短渠道示意图

短渠道的优点是有利于加速商品流通,缩短产品的生产周期,增加产品竞争力;有利于减少商品损耗,从总体上节省流通费用;有利于开展售后服务;有利于生产者和中间商建立直接、密切的合作关系,维护生产者的信誉。弱点在于短渠道尽管减少了流通环节,可是却增加了直销费用,这些直销费用必然要加到商品价格中,此时不仅没有降低产品价格,反而使价格上涨,不利于生产企业大批量组织生产。

短渠道只适用于两种企业,即实力超强的企业和实力微弱的企业。

对一般企业而言,盲目地运用短渠道只会事倍功半。对于实力超强的企业来说,由于自身实力雄厚,有足够多的资金来招聘大量的促销员,并且有能力来应付呆坏账以及“跑账”带来的影响和市场风险,强化整体营销方案的到达率和执行率。而对于实力微弱的企业,因为人少、目标小,开始的销售目的也比较简单,使用短渠道策略可以发挥步步为营、逐步扩展根据地的优势。

3. 宽渠道和窄渠道

营销渠道的宽度取决于渠道的每一个层次中使用同种类型中间商数目的多少,据此可以分为宽渠道和窄渠道。

房地产生产者在销售渠道的同一层次或环节使用的中间商越多,销售渠道就越宽;反之,渠道就越窄。根据销售渠道宽窄的不同,房地产企业可以做出三种选择:

(1)密集分销。又叫广泛分销,指房地产生产者尽可能通过较多的中间商来销售自己的产品。密集分销的优点是市场覆盖面广。但是,房地产生产者付出的销售成本高,中间商的积极性较低。

(2)独家分销。独家分销就是房地产生产者在一定的市场区域内仅选用一家经验丰富、信誉卓越的中间商销售本企业的产品。独家分销的优点是:有利于房地产生产者控制产品价格;有利于提高中间商的积极性和销售效率;有利于产销双方互相支持与合作。缺点是:房地产生产者过分依赖中间商,如果中间商选择不当或与中间商关系恶化,可能会完全失去市场;只用一个中间商,可能因销售力量不足而失去很多潜在顾客。

(3)选择分销。选择分销是房地产企业从愿意合作的中间商中选择一些条件较好的中间商来销售其产品。选择分销的优缺点介于密集分销和独家分销之间。

4. 单渠道和多渠道

按照房地产生产者采用的渠道类型的多少，可分为单渠道和多渠道。单渠道是指房地产生产者只采用一种类型的销售渠道销售其产品；多渠道指房地产生产者选用不同类型的销售渠道销售其产品。房地产生产者对销售渠道进行分类，目的在于选择有利于企业产品销售的分销渠道。

5. 第三种营销渠道

由于房地产直接营销渠道和间接营销渠道优点和缺点共存，实际操作中房地产开发商和中间商的配合也存在着种种问题，所以业内人士正在探索第三种渠道，如联合一体销售。联合一体营销渠道的建立旨在集中发展商和代理商的优势，避免单纯直接营销和间接营销的不足，其成功操作的关键在于发展商和中间商真诚相待，利益共享，并且依赖于中间商高超的专业素养和优良的职业道德。

二、房地产营销方式

房地产营销方式包括房地产直接租售和房地产委托代理。

(一)房地产直接租售

房地产直接租售是指房地产开发经营企业自行组织营销活动，将其开发经营的房地产直接租售到用户手中的租售方式。

1. 选择直接租售的原因

(1)房地产商品地理位置不可移动、体积庞大。这一特点决定了房地产销售必须结合房地产开发地点进行洽谈，不能像一般商品那样，经过多个中间环节，直接进入潜在消费者所在的各个区域。

(2)销售时机多。从获取土地使用权那天起，就要考虑销售的问题，投入达到法定的比例以后，就可以着手进行房屋预售，一直到楼房建成竣工，房地产建设过程同时可以作为销售时间，销售时间持续之长，是任何其他商品无法比拟的。

(3)在房地产业发展的早期，物业代理尚不发达。

(4)委托物业代理要支付相当于售价1%～3%的佣金。

2. 直接租售的要求

在一定情况下，房地产企业可以直接组织销售。

首先是大型房地产开发公司，它们往往有自己专门的经营班子和机构以及世界或地区性的销售网络，它们提供的自我服务有时比委托物业代理租售更为有效。

其次是物业市场高涨，房地产市场供应短缺，所开发经营的项目特别受使用者和投资置业人士欢迎，开发商预计销售难度不大，在项目竣工后能很快租售出去。

最后，当开发商所开发的项目已有较明确甚至是固定的销售对象时，也无须再委托物业代理。例如，开发项目在开发前就预租(售)给某一业主，甚至是由业主先预付部分或全部的建设费用时，开发商就没有必要通过代理进行租售了。

(二)房地产委托代理

房地产市场营销中的委托代理是指房地产开发经营企业将其拥有的房地产委托给房地产中介代理机构，而由其进行租售活动的一种营销方式。

房地产中介直接为房地产投资、协作、买卖、交换、抵押、典当等市场交易行为提供各种中间性有偿服务。其业务范围有房地产信息咨询、价格评估、经纪代理、物业管理及房地产信托、律师服务、公证、仲裁等许多方面，是房地产咨询、房地产价格评估、房地产经纪等活动的总称。

房地产经纪代理是指通过代理房地产租售，促进房地产流通，并从中收取佣金的行为。

1. 房地产委托代理租售的原因

房地产商品作为一种高价值的不动产，生产、经营、租售都需要专门的知识，同时，对交易过程、要求、程序、产权转移等都有相应的法律规定。这就要求经营者能够从专门知识的角度与客户进行洽商，并应严格遵守有关法律规定，经营者对技术和法规方面必须精通。因此，随着房地产产业的发展和中介服务机构的发达，房地产委托代理成为房地产租售的一种重要方式。

(1)房地产经纪人具备一定的专业知识。房地产经纪人就是指在房屋、土地的买卖、租赁、转让等交易活动中充当媒介作用，接受委托、撮合，促成房地产交易，收取佣金的自然人和法人代表。凡是从事房地产销售工作的都属于房地产经纪人。2014年8月12日，国务院印发《关于取消和调整一批行政审批项目等事项的决定》，取消11项职业资格许可和认定事项，其中包括房地产经纪人。

若想做一名合格的房地产经纪人，不仅要通晓房地产专业知识，而且还要熟练掌握法律知识、金融知识及谈判技巧，才能在房地产开发商和消费者、买家和卖家中间搭起桥梁，才能在中介行业中使自己立于不败之地。

(2)租售成本低。从社会资源合理配置的角度分析，一个经纪单位可以给多家开发商代理租售，人力资源和有关办公设备能得到充分、合理的使用，节约了许多开支。另外，代理机构还能充分利用大众传播媒介，一次刊登多条信息，而且由专业人员进行策划可使广告效果更好。房地产经纪机构本身就是信息收集的专业机构，信息渠道多，信息量大。

(3)租售房速度快。委托代理租售中，开发商与经纪人之间形成一种合同关系，甲乙双方可以就租售价格、佣金和租售速度等问题达成协议。任何一方不履行所签合同，就会受到惩罚，因此租售房速度是有法律保障的。而且代理机构的信息多，经纪人又有一定的促销技巧，使得租售房速度有了技术保障，租售房速度快也就理所当然，这样可加快投资回收速度。

2. 房地产委托代理租售的方式

经纪人接受委托代理租售的方式有三种：一是纯代理租售；二是半联合经营；三是买断项目。

(1)纯代理租售

纯代理租售这种代理方式，经纪人只索取佣金，而不介入开发项目的经营，代理机构的风险小，收益相对也较少。这种代理方式目前有三种不同的代理关系。

①开放型代理租售。采用开放型代理租售，开发商可以通过不同渠道发布信息，所有的经纪人都可以与之签订合同，为其代销房屋，一旦销售成功，按事先约定的计酬方法付酬。未能代理成功的经纪人，不能享受佣金。开放型代理租售合同的期限可以是有限的(合同期满自动解除，如果房屋尚未售完还可续期)，也可以是无固定期的(何时房屋售完，何时为止)。这种委托代理租售所售项目的广告大多仍由开发商来做。

②专有代理租售。一般而言，专有代理租售是开发商只与一家经纪机构签订代理合同。如果与两家或两家以上经纪机构签订了合同，一旦销售成功，签合同的各机构均应受益。因这种代理项目的销售广告大多由各代理的经纪机构共同来做，只要有房售出，各售房代理经纪机构都应获得佣金。这种合同一般都有时间限制，超过时间合同自动解除。

③专卖权代理租售。专卖权代理租售是由一家房地产经纪机构将代理权买断，开发商不能再与其他经纪机构签署代销合同，有关房地产商品销售中的问题一律由该房地产经纪机构解决，开发商按约定付给代理人佣金的方式。采用这种代理方式，即使是开发商自己售出房屋也应付给代理人佣金。由于代理人事先付款买断销售权，因此，如不能按期将房屋售出，也要承担一部分经济损失，这种方式对代理机构而言风险较大。

(2)半联合经营

一般联合经营是指开发项目立项之前，几个合作伙伴按份额共同投资联合开发经营，并按份额比例享有利润和分担风险。而经纪机构的半联合经营是指在项目运作过程中出现资金困难的情况下，经纪机构注入部分资金，并取得销售权，将来经纪机构不仅要获得代销佣金，还要按注入资金的比例分享项目利润的代理方式。

(3)买断项目

买断项目是开发商完成了房地产开发的前期工作后，在开发建设完成之前，由经纪机构出资买断，以后的运作完全由经纪机构负责的代理方式。采取这种方式，经纪机构所获得的不是佣金而是利润，而同时其所承担的风险也较大，并且需要有较强的资金实力。从本质上讲，这种方式已超出了经纪机构的业务范围，但目前这种运行方式确实存在。

第二节　房地产中间商

一、房地产中间商的类型

(一)房地产经销商

房地产经销商也称商人中间商，是指在房地产商品买卖过程中，拥有商品所有权的中间商。因为他们拥有商品所有权，所以在买卖过程中要承担经营风险。我国的房地产经销商往往兼有批发和零售两种作用，由他们批租土地，向建筑企业投资建设房地产或大批量购置房地产，再批量地委托房地产代理商销售或出售给团体客户，同时，也向个人消费者销售商品房。

(二)房地产代理商

房地产代理商又称房地产中介，是指接受房地产生产者或经销商委托，从事房地产销售业务，但不拥有商品所有权的中间商。代理商为房地产生产者或经销商寻找客户，介绍房地产，提供咨询，促成房地产交易。成交后，代理商向交易双方或一方(多为卖方)收取一定数额或比例的佣金。房地产代理商是房地产间接营销渠道的主要通路形式。房地产代理商往往要和发展商共同承担营销风险，包括对广告费的垫支。房地产代理商以获取楼盘销售单元佣金(扣除经营成本)为利润。

房地产代理商又分为房地产企业代理商和个人代理商两种。前者是由多人组成的、具有法人资格的代理机构；后者是指从事中介代理的个人，又称经纪人。

1. 房地产企业代理商

房地产企业代理商是受房地产生产者或经销者委托，签订销货协议，在一定区域内代销房地产产品的中间商。商品销售后，按销售额的一定比例提取佣金作为报酬。房地产企业代理商和房地产企业的关系是委托代销的关系，它负责推销商品，履行销售业务手续。因此，房地产企业代理商实际上类似房地产企业的推销人员。

2. 房地产经纪人

房地产经纪人指具备经纪人条件，经工商行政管理部门核准登记，并领取营销执照从事房地产经纪活动的组织和个人。这里所说的房地产经纪人主要指上述房地产经纪人含义中的个人，他们为商品房的买方寻求卖方，为卖方寻找买方，进行介绍，以买方卖方的成交收取佣金。

在西方经济发达的国家中，如美、英、荷兰、加拿大等，以及我国的香港地区，房地产经纪人颇为活跃，并有专业分工，如有的负责开发新居民区的建设，有的是现有住宅买卖交易，有的是异地住宅交换。在我国大陆地区，房地产市场发展还不够成熟，房地产经纪人的市场活动还受到一定的制约，大批量的房地产交易很少有经纪人插手，经纪人代理销售的房地产主要是零散、老旧的房屋和小面积的基地。将来随着房地产市场的逐步规范和不断发展，经纪人一定会有较大发展。

(三)房地产策划公司

房地产策划公司的业务是为楼盘销售提供市场调研、营销（广告）策划、销售人员培养、顾问服务等。一些房地产策划公司可以承担包括建筑策划的房地产营销全程策划。房地产策划公司可以是代理商（公司）的一种，也可以以策划公司的名义注册。

二、房地产中间商的功能

房地产市场营销中间商是连接房地产生产者与消费者的一座桥梁，其基本功能是简化商品流通过程、提高商品流通效率。

(一)推销功能

房地产中间商的主要经营目标就是推销房地产，把房地产产品的所有权或使用权尽快传送到消费者手中，实现房地产商品的价值和使用价值。中间商在承揽房地产营销任务后，通常会实施各种促销手段，从而保证房地产开发企业尽快完成资金回收，并有助于树立企业及产品的知名度和声誉度。

(二)咨询功能

房地产产业是一个相当复杂的产业，从开发投资角度看，包括区位选择、用途确定、规划设计、报建审批以及建设监理等；从销售推广角度看，包括国家政策、经济水平、金融环境、建材供应、市场供求、社会心理以及文化因素等；从产权交易角度看，包括价值评估、合同签订、产权登记、变更登记、工商税务以及金融保险等各个专业领域。因此，任何一个房地产开发企业或消费者都很难把它全部搞清楚，而中间商对于这些领域都有较为丰富的专业知识和经验积累，可以为房地产生产者和消费者提供相关的咨询服务。

(三)融资功能

房地产开发投资和交易金额巨大，动辄上亿，需要金融机构的支持，而对于购房者来说，也面临着买房融资的问题。中间商可以利用自身的资质、商业信誉和特殊渠道，从中做大量的协调、融通工作，帮助房地产开发企业向银行争取建设贷款，或帮助广大购房者争取住房抵押贷款。

(四)分担风险功能

房地产投资巨大，一个二级房地产企业的正常开发能力每年至少为2万平方米，年平均投资额上亿甚至数亿。如此巨额资金，离不开金融机构的支持，同时资金回收期长，容易受到各种市场因素的影响而风险较大。中间商可以利用自身的资质和商业信誉，参与项目担保，从而可以与房地产开发企业共同承担市场风险，携手渡过难关。

(五)促销功能

房地产中间商承揽房地产项目营销任务后，就要实施各种促销手段，如散发宣传品、制作电视广播节目、在报纸杂志上刊登广告、参加展销会、接待来访等。这些措施在促进房地产销售、加速资金回笼的同时，也有助于房地产企业提高知名度，树立良好的社会形象。

（六）售后服务功能

房地产是一种特殊商品，在市场交易完成后，还有大量的服务工作要做，比如房地产项目的保险、维修、公共设施的配套以及前期物业等，这些售后服务需要中间商配合房地产开发企业统筹安排。该服务属于房地产产品的附加产品层次，做得好有助于提高产品以及企业在市场上的信誉及形象，是市场促销的重要手段。另外，搞好售后服务，也有利于收集消费者反馈及市场反应，有利于产品的改进，提高产品的市场竞争力。

（七）市场调查和预测功能

房地产开发经营必须建立在市场调查和预测的基础之上。由于中间商处于市场的第一线，对于市场需求状况、消费者心理以及市场供求的变化和发展趋势掌握最为直接和准确，因此，通过中间商来进行市场调查和预测，可靠程度相当高。

【课堂讨论 8-1】 如果没有房地产中间商，房地产市场会发生哪些变化？对消费者有什么影响？

第三节　房地产营销渠道选择及其影响因素

一、选择房地产营销渠道的原则

（一）效益原则

在确定房地产销售渠道策略时，首先应考虑效益。也就是说，要能做到以最小的投入获得最大的产出。采用不同的销售渠道策略，就会增加不同数额的流通费用。一般情况下，房地产企业直接销售费用最低，经销费用居中，委托代理费用最高。但这不等于都要采用直接销售策略，因为除考虑流通费用外，还要综合考虑成本、营业额、销售速度等各种因素。也就是说，哪种销售渠道策略能为房地产企业带来最大效益，就采用哪种策略。

当然，在讲求经济效益的同时，还应兼顾社会效益，充分考虑企业在社会公众心目中的声誉，树立起企业的良好形象。

（二）协同原则

协同原则就是要做到真诚合作，也就是哪一类中间商能与本企业密切合作，能够在兼顾两方利益的前提下灵活销售本企业的产品，就应该选择哪一类中间商。房地产业的生产企业与中间商的矛盾焦点往往表现在竣工验收时间、定价变化幅度、信息通报、不可预测风险的（如意外损失、补税、罚款等）担负比例、销售利润分成等涉及双方责、权、利的问题。这些问题不仅应在合同上写明，而且在行为上也应严格遵守。对那些屡屡无故不遵守协议的、不守信誉的中间商不应与之合作。

（三）可控性原则

房地产企业在与中间商的合作营销中，应保持业务上的主动，充分体现主体地位。因为作为一个独立的市场主体，中间商最关心的也是企业的利润最大化，因而中间商可能会优先销售竞争者的产品，或者对销售的房地产没有足够的了解，促销不力。

房地产企业要对整个营销行为起到有效的控制作用。可控性原则表现在两个方面：一方面，哪一种销售渠道能够充分实施有效控制作用，就选择哪一条渠道。在均衡各种销售渠道的利弊得失时，可控性是一个重要的价值判断标准。另一方面，选定中间商代理销售后，为防止失控现象发生，要留有一定余地。在签订经销合同时，力求尽量全面完整，不留漏洞。在寻找到中间商后，房地产企业仍然应保留一部分自销渠道，万一中间商撕毁协议，擅自提价、压价、欺骗用户等，房地产企业仍能有力量扭转，制止其不当行为，挽回损失。

（四）风险原则

房地产经销具有高回报性、高风险性。在选择销售渠道时一般应遵守风险适中原则，既不宜过大，也不宜过小。房地产商品的特殊性表现在投机性、盈利性与风险性同时并存，选择获利最大的销售渠道，那就是产品全部直接销售，获利系数虽然最大，但风险系数也最大；选择风险性最小的销售渠道，虽然风险推给了经销商，但利润也大部分给了经销商。所以，想要在利润与风险之间做出适当的选择，就应该在综合考虑产、供、销及社会、政治、经济、法律因素的基础上做出科学的预测，依市场预测做出销售渠道的选择。通常情况下，若信息和预测不足，宁可选择风险性较小的销售渠道。

（五）素质原则

在选择中间商时，应挑选素质较好的中间商作为自己的合作伙伴，包括中间商的实力、信誉、经验、管理等素质条件。

二、影响营销渠道选择的因素

房地产所有者在选择使用何种营销渠道之前，必须对影响营销渠道选择的各种因素进行分析，然后才能正确决策。影响房地产所有者选择营销渠道的因素主要有以下六方面：

（一）房地产商品本身因素

不同的房地产商品选择的房地产营销渠道也不同，房地产商品本身的许多因素，如价格、开发量、利润等，都会影响房地产营销渠道的选择。

1. 房地产价格

一般情况下，房地产价格越高，就越可能采用房地产间接营销渠道，即通过房地产中间商向消费者转移房地产商品；而房地产价格越低，就越可能采用房地产直接营销渠道，即房地产所有者直接租售给消费者。这是因为房地产价格越高，其价格弹性就越小，而价格越低，则价格弹性就越大。原本 100 万元的高级别墅若卖 102 万元（即增加 2%的代理费 2 万元），并不会太影响消费者的需求，而 10 万元的普通住宅若增加 2%的代理费就将在很大程度上影响消费者的需求。

2. 房地产开发量

房地产开发量大小也会影响房地产营销渠道的选择。开发量大的往往要通过房地产中间商，以扩大房地产的租售面积，如那些开发量超过 10 万平方米的楼盘大多都委托房地产中间商代理，有的还同时委托多家中间商帮助租售，而开发量仅为一两万平方米的楼盘则大多采用开发商直销的方式。

3. 房地产利润

安居房、微利房等一般利润率低，多采用开发商直销的方式；而豪华住宅、高级商用楼利润率相对较高，有条件也有能力支付中介代理费用，一般委托房地产中间商代理租售。

（二）房地产市场要素

影响房地产营销渠道选择的另一个重要因素是市场情况，具体讲主要有：

1. 潜在消费者状况

如果潜在消费者多且分布广，市场范围大，就要利用房地产中间商，广为推销。若市场范围小，消费者少且集中，则一般由开发商直接租售。

2. 需求量的影响

需求量大的房地产，一般应减少中间环节，由开发商直接销售，如普通居民住宅；对于需求量较小的房地产，开发商为了打开销路，往往需要房地产中间商等中间环节，如高级别墅等。

3. 营销的阶段性

房地产商品从预售到工程完工需要 1～2 年的时间。根据营销的任务量来考虑，通常在预售阶段可采用间接营销渠道，而在竣工后到尾盘销售时，则采取直接营销。

另外，市场因素尚有市场性质、市场基本设施、市场条件等因素，但这些因素对房地产营销渠道的选择相对来说影响较小。

（三）房地产企业自身因素

房地产企业自身的因素对营销渠道的选择也有很大的影响。

1. 企业规模和实力

一般来说，企业的规模较大，资金雄厚、实力强，并有长远发展的要求，有能力建立一套自己的销售系统和网络，由于企业的品牌效应，消费者往往会慕名而来购买和租赁房屋，这类企业可以建立自己的营销网络，也可以选择中间商营销；反之，一些名气小、资金薄弱的中小企业，则对房地产中间商的依赖要大得多。

2. 企业的管理能力和水平

管理能力和水平较强的房地产企业多采用直接营销渠道，而管理能力和水平较差的企业一般将房地产的营销工作交由中间商完成。

3. 企业对渠道控制的要求

如果企业采取间接渠道模式，则要与中间商协调配合；如果企业有较强的控制渠道欲望，一般就选择直接营销渠道或较短的营销渠道。

4. 企业的经营策略和目标

以为消费者提供最满意服务、最优质楼盘为经营目标的企业，一般选择直接营销渠道。

（四）竞争因素

1. 竞争者使用的营销渠道

房地产开发商一般避免与竞争者同时使用相同的营销渠道，即房地产开发商一般不会与竞争者使用同一个房地产中间商。

2. 市场竞争的状况

市场竞争状况越激烈，房地产开发商就会选择更宽更深的营销渠道，即同时采用直销、中间商代理等多种营销渠道，并在渠道中选择尽可能多的房地产中间商，以打开市场。

（五）中间商因素

房地产开发商一方面要考虑中间商的知名度、实力、销售网络是否能以最低的营销成本完成最大的租售量；另一方面，还要考虑所选择的中间商是否愿意代理租售本企业的房地产，因为中间商在同意代理租售前也要考虑风险、利润、市场等各方面的因素。只有两方面的条件都得到满足，才有可能利用中间商的营销渠道。

（六）环境因素

1. 政治环境因素

政治环境因素包括国家对房地产业的支持度，制定的政策法规对房地产业的保护、限制等。如目前我国对房地产交易征收高比率税负，这样就限制了房地产中间商中经销商（拥有房地产所有权）的出现和发展，而大多只能作为代理商（不拥有房地产所有权）代理租售。另外，对一些安居房的销售，国家也规定了特定的销售渠道和制度，使得这类房地产营销渠道的选择比较少。

2. 经济环境因素

经济环境是指一个国家或地区的经济制度和经济水平，后者包括人口分布、经济周期、通货膨胀、科学技术发展水平等。经济环境对房地产营销渠道的选择有很大影响。例如，经济萧条时，开发商就要考虑使用费用低廉的方式将房地产商品租售给消费者，企业必须尽量缩短营销渠道的长度；随着科学技术的发展和计算机网络的普及，消费者可以从网络里方便地查找其所需的房地产，房地产中间商的作用也会降低，企业也将选用较短的营销渠道。

3. 社会文化环境因素

社会文化环境包括一个国家或地区的思想意识形态、道德规范、社会风气、社会习俗、生活方式、民族特性等许多因素，以及与之相联系的消费者的购买习惯、时尚爱好和其他与市场营销有关的一切社会行为。如西方国家的房地产消费者习惯于通过房地产中间商租购房地产，而在我国的大部分地区，消费者还是习惯于直接面对房地产的所有者。因此，西方的房地产企业大多选择间接营销渠道，而我国的房地产企业则多采用直接营销渠道。

【课堂讨论 8-2】 选取一个楼盘，分析一下该楼盘应该采取什么营销渠道，主要取决于哪些因素。

第四节　房地产营销渠道管理

一、渠道成员的选择

除了直接营销渠道外，其他的房地产营销渠道都离不开渠道中成员的参与，主要是房地产中间商的参与。优秀的房地产中间商使房地产租售迅速走出低谷的例子层出不穷，所以，选择合适的中间商是房地产营销渠道选择策略中相当重要的一个环节。房地产中间商的选择一般要考虑以下两方面因素：

（一）房地产中间商的条件

中间商选择得是否得当，直接关系着房地产的市场营销效果。选择中间商首先要广泛搜集有关中间商的品牌实力、市场范围、服务水平等方面的信息，确定审核和比较的标准。一般情况下，选择房地产中间商必须考虑以下条件：

1. 中间商的实力和品牌

房地产中间商的实力和品牌不仅仅体现在它的规模大、资金雄厚，更体现在它具有专业的销售技术和一支高素质的销售队伍，对市场和消费者有深入的调查和了解，房地产中间商以前成功的代理业绩也往往能够体现它的品牌价值。

2. 中间商的市场范围

市场范围也是选择中间商的关键条件。所谓市场范围既包括地理概念上市场的大小，也包括市场中消费者数量的多少，一般每个具体的房地产商品的目标市场不会太大，比较专一。如上海的高档外销别墅的目标市场基本上是欧美大公司的驻沪工作人员、港澳台的投资者。一个特定的目标市场并不是每一个中间商的市场范围可以包括的，像一些港台的代理公司的市场范围主要包括海外公司和海外的投资者，而众多内资房地产中间商，对这方面的市场就不是很熟悉，所以，房地产开发企业都希望能够选择可以打入自己已确定的目标市场的房地产中间商。

3. 中间商的综合服务能力

由于房地产商品的特殊性，房地产开发商十分重视房地产中间商能否提供各种服务，如各种信息咨询服务、财务金融服务（帮助办理分期付款或按揭等）、法律服务（合同的修改、签订等），还重视在销售过程中能否提供关于建筑工程等方面的技术指导。合适的中间商所能提供的综合服务项目与服务能力应与房地产租售所需要的服务要求相一致。

4. 中间商的促销策略和技术

房地产商品的促销往往需要综合运用广告促销、人员推销、营业推广和公共关系等促销策略。促销策略的组合和促销水平的高低很大程度上影响房地产的租售水平，因此，选择中间商前必须对其市场营销策略和技术的可能实现程度做全面评价。

5. 预期合作程度

由于房地产中间商大多为代理商，不存在垫付资金的情况，促销压力相对较小，若中间商与开发商合作得好，会积极主动地推销房地产商品，若合作程度一般，则可能并不积极拓展市场，因此，与中间商的预期合作程度也是开发商选择中间商要考虑的条件之一。

（二）中间商的数量

中间商的数量也是中间商选择策略中要考虑的重要因素。确定中间商数量时，有三种可供选择的策略：

1. 密集分销策略

这种方式可以使房地产达到最大的展露度，使消费者能够最方便地买到房地产。但这种方式可能会使用一些效率不高的中间商，使房地产的分销成本上升；也会导致部分代理商缺乏开拓市场的动力，难以使每一代理商做到精心促销。一般的房地产开发企业较少采用这种方式。

2. 选择性分销策略

选择性分销策略是指房地产所有者在营销渠道的每一层次只挑选少数几个中间商来销售其产品。这种方式通过对中间商的精选，去掉了那些效率不高的中间商，可使企业的分销成本降低。对于精选的中间商，企业也易与之保持良好关系，使之能更好地完成营销职能。

3. 独家分销策略

房地产开发企业选择独家分销就不能授权其他中间商租售其房地产，通常开发企业也会要求中间商不再代理与之竞争的房地产。这种分销方式对企业来说风险较大，如果中间商选择不当，有可能失去相当一部分的市场。

确定了选择中间商的条件和选择的数量，房地产企业仍会面临一个招募中间商的问题。有的企业可以毫不费劲地找到许多合格中间商，有的却怎么也找不到或找不够中间商。这种情况的产生主要取决于房地产企业和房地产商品本身对房地产中间商的吸引力。对于那些找不到或找不够合格中间商的房地产企业来说，须考虑降低中间商的条件，为中间商提供更多的利润，或者重新设计营销渠道，采取直接营销的方式租售房地产。

二、渠道成员的激励

中间商和房地产开发企业的关系不是上令下行的关系，维系两者之间相互合作关系的纽带是对共同利益的追求，因此，作为房地产开发企业来讲，使整个营销系统能够有效运作，合作双方的良好关系能够维持长久的一个关键点就是要增强维系双方关系的利益纽带，因此，对中间商的激励相当重要。特别要注意的是，房地产开发企业建设营销渠道不是一蹴而就的，也不是一劳永逸的，渠道系统的网络可能会因为市场环境的变化而出现扭曲和断裂。激励中间商日益成为渠道管理的重点。为了使中间商更加积极地为企业工作，对中间商采取适当的措施予以激励是非常重要的。采取的措施可以是积极激励性的，也可以是消极惩罚性的。对中间商的激励机制应当包括以下两个方面：

（一）直接激励

直接激励是指房地产开发企业通过给予中间商物质、金钱的奖励来激发中间商的积极性，从而实现企业的营销目标。具体的形式主要是给予折扣优惠和营销业绩奖励两种，此外，企业还可以给予对方的工作人员生活用品、参加旅游等奖励。这样可以促进双方的感情，为日后长期稳定合作打下基础。

（二）间接激励

间接激励是指房地产开发企业通过给中间商提供营销工作帮助来提高产品的销售，也间接起到激发中间商合作的积极性的作用。

由于间接激励是一种立足长远的、以增强团队合作精神为手段的激励方式，通过间接激励所建立的渠道关系要比通过以物质刺激为手段的直接激励更为牢靠，所以房地产开发企业应当重视间接激励的作用，尽量运用以间接为主、直接为辅的激励机制。表 8-1 所示是建立良好的渠道关系的基本准则，通过这些准则可以清楚地体会到间接激励对于渠道关系维护的重要性。

三、渠道成员的评价

渠道成员的评价是指对企业选择的中间商按规定的要求或者标准进行评价，作为对中间商进行激励和管理的依据。企业在选择中间商时，一般都对中间商有一定的要求，如在一定时期内完成的租售量、为消费者提供的服务等，这些构成了企业评价中间商的标准，企业根据对中间商的要求，定期检查他们对各项要求的执行情况。若任务完成得好，则对中间商给予激励；若完成得不好，则进行诊断，找出不好的原因，以决定剔除这些中间商或帮助这些中间商改进工作。评价的内容主要有：

表 8-1　建立渠道关系的基本准则

基本准则	具体要求
合作双方都应从彼此的关系中受益	建立以双赢为目标的渠道关系
尊重对方	关注对方的企业文化，而不只是简单的资产规模，并关注对方的行为
不做夸大其词的承诺	合作双方应该坦诚相待
在建立关系以前，设立具体目标	建立相应的目标准则，以避免日后发生矛盾
建立长远的合作关系	了解双方的需求和对方的优势
每一方都应该花一定时间来了解对方	每一方都应任命、指定联系人，负责双方的沟通和协调工作
双方应设立关系的维护人	发生冲突时，双方应该相互信任地讨论问题
畅通沟通的渠道	事前沟通，避免单方面的决定，强迫一方接受另一方的决定将造成不信任感
保持持久的关系	某些关键人员的离开可能破坏双方的关系，应该尽量保持平稳的过渡

(1)销售量或销售额的完成情况；

(2)为本企业提供的利润额或者费用支出情况；

(3)为本企业推销产品的积极性；

(4)对本企业产品的宣传推广情况；

(5)对客户的服务水平，满足客户需要的程度；

(6)与其他中间商的关系及配合情况；

(7)占本企业产品销售量比重的大小。

四、营销渠道的改进与控制

(一)营销渠道的改进

房地产企业在设计了一个良好的营销渠道后，不可任其自由运行而不采取任何措施。事实上，房地产企业应根据市场营销环境的变化，对整个营销渠道系统或部分营销渠道系统随时加以修正和改进。

1. 增减销售渠道中的中间商

对于效率低下、推销不力、对渠道整体运作有不良影响的中间商应予以剔除，如有必要，可另选合适的中间商加入渠道。

2. 增减某一销售渠道

随着市场的变化，房地产企业有时会发现自己的销售渠道太多，从营销效率的角度考虑，则可适当地缩减一些销售渠道；相反，则应增加一些销售渠道。或者随着时间的推移，某些渠道效益下降则应剔除，某些渠道效益良好则应增加。

3. 改变整个房地产销售渠道

这是指取消原有的销售渠道，建立全新的销售渠道。使用全新销售渠道的原因有：一是随着市场环境的变化，过去运行效率高的销售渠道不能适应环境的变化；二是效率高的、新的销售渠道的出现，使企业原有的销售渠道竞争力下降；三是房地产生产者的战略目标和营销组合实行了重大调整。

对整个营销渠道进行改变，难度较大，风险也大。因此，房地产生产者必须进行认真细致的调查研究，慎重决策。

（二）营销渠道的控制

营销渠道的控制是指房地产销售渠道中某个“领袖”成员以各种标准制约该渠道中其他成员行为的活动过程。作为“领袖”成员的房地产生产企业一般应是具备下述两个条件之一者：其一，大型房地产企业。实力雄厚，声誉高，产品开发处于领先地位，能为中间商提供较优厚的利润和强大支持。其二，虽属中小企业，但具有优良的或独特的适销对路产品，渠道优势十分明显。

为控制销售渠道，渠道的“领袖”成员需做好如下三项工作：

1. 制定渠道控制标准

控制标准应为评估中间商各种工作绩效的具体标准，如销售目标任务、市场份额指标、广告宣传效果、信息反馈水平等。制定的指标要切实可行，不宜过高，但又要使中间商经过一定努力才能够达到标准。

2. 控制标准的修订与检查

所定的标准一般情况下应保持相对稳定，但遇到市场发生较大变化时，则应适时修订。标准确定后，应做好充分的宣传工作，使中间商心悦诚服地接受。生产企业应按期及时以既定标准评估中间商的绩效。对达标者，应给予规定的奖励；对绩效较差者，应帮助其进行经营诊断，分析失误原因，确系中间商主观原因造成的，应予以适当的惩罚，但切不可轻易中止合同，更换中间商。

3. 强化对经纪人的控制措施

一些人借用职权搞非法中介，利用场外黑市交易，大发不义之财。为此，房地产生产企业有义务协助政府有关行政部门，加强对经纪人的管理，增加经纪人活动的透明度，将其纳入合法的轨道上。房地产企业为了社会和企业自身利益，应该积极创造条件提高经纪人的素质，以及采用各种激励措施，促使经纪人奉公守法，诚实信用。

【案例分析 8-1】

某高级别墅区的营销渠道

一个大型高级别墅区的开发商以往是通过设置售楼处来租售其别墅，当其租售速度明显降低后，该开发商才发现其竞争者已采取了许多创新措施。如许多高级别墅通过代理商租售；越来越多的竞争者和代理商采取对高级商务办公楼挨门挨户访问推销的方式；许多竞争者在海外聘请了独家代理商。无疑，上述渠道变化势必迫使开发商时时考察各种可能的渠道策略，并做必要的修正与改进。

【思考题】

1. 这家别墅区的开发商采用的是什么样的营销渠道？效果如何？
2. 如果你是这家企业的销售副总，你该如何采取下一步行动？

第五节　房地产网络营销策略

一、房地产网络营销的含义和特点

（一）房地产网络营销的含义

房地产网络营销是利用计算机网络技术、现代通信技术以及数字交互式媒介平台进行房地产网络营销活动。

（二）房地产网络营销的特点

概括地说，房地产网络营销主要有四个特点：

1. 双向的交流与选择

房地产网络营销与传统营销相比，最大的特点在于其本质上是一种互动营销，其信息流向是双向而非单向的。即楼盘的开发商利用互联网，通过对采购平台、广告平台、销售平台、信息平台、交流平台以及管理平台的架设，分别与供应商、目标消费群、业主等群体产生相互的信息交流。互联网几乎无限的信息容量可以容纳不同开发商针对不同消费者的差异化房地产信息，能够较好地适应房地产消费者的选择性。就单个开发商而言，其推出的房地产商品在网络上可以及时获得消费者的反馈，并针对消费者的口味加以改进。

2. 实现了三维空间的沟通

借助于现代化的网络信息平台，克服了时空对房地产营销相关各方的制约，拉近了营销各方的距离，使超越时空的房地产营销成为可能。

3. 增强了市场信息的双向透明度

利用房地产企业网站和专业网站，开发商将企业信息、产品信息、附加服务信息、价格信息、中介信息发布在网上，为房地产消费者及时获得相关信息提供了保障，同时，房地产消费者也可以把自己的支付能力、产品偏好、购买价格定位等信息挂在网上与开发商进行交流，便于开发商掌握真实的消费者需求。

4. 以数据库作为营销工具

开发商把自己与潜在顾客发生的每一次联系所获得的信息包括潜在购买数量、价格、区位、时间、特定需求及家庭成员等记录在案，建立顾客数据库，根据数据库进行市场调查与预测，选择合适的营销策略。

二、房地产网络营销优势和劣势分析

（一）优势

基于网络的自身特点以及与房地产产业的相互结合，同传统的房地产营销相比，房地产网络营销具有明显的优势。

1. 真正做到以消费者为中心

就传统营销方式而言，真正做到以消费者为中心还有很大难度。而房地产网络营销则始终以消费者为营销的出发点与归宿，重点强调互动式信息交流，消费者可以通过网络主动查询感兴趣的房地产的价格、地理位置、品牌，咨询有关信息，通过 BBS 提问并及时得到解答，房地产企业与消费者保持密集的双向沟通和交流，大大提高了营销过程中消费者的地位，给予消费者前所未有的参与和选择自由，极大地强化了消费者的核心地位。

2. 减少了市场信息的不对称，扩大了消费者的选择空间

房地产是一种复杂商品，消费者购买时需要了解诸如价格、质量、结构、设计、合同、产权等大量信息，由于互联网具有传播范围广、速度快、无时空限制、无版面约束、双向交流、反馈迅速等特点，对上述信息能够做到全面、快速、准确地传递，减少了信息在供求双方之间的不对称；同时利用互联网络，消费者足不出户就可了解所需商品有关位置、户型、结构、布局、环境、物业管理等微观信息，还可以进一步查询建设设计、城市规划、能源利用、景观布局等中观信息，使房地产产品差异化特征更加直观，更有利于不同偏好的消费者选择。

3. 目标消费群集中，可以实现高效营销

报纸、广播、电视等传统媒体的受众虽多，但人群分布过于广泛，年龄、收入等差距较大，导致房地产营销的实际命中率很低。而房地产网络营销主要针对上网人群，据统计，截至 2014 年 12 月，中国的互联网用户人数为 6.89 亿人，互联网普及率高达 47.9％，他们的主力年龄是 25～45 岁。而在未来几年内，这一人群也将是房地产的主力消费群。因此，与传统营销相比，房地产网络营销有更为确定的目标消费群。

4. 降低成本，提高效率，效果易于测量

目前房地产广告主要依靠报纸，网络广告与其相比，成本只有报纸广告的二十分之一左右，而且，随着房地产项目的不断开发，报纸上房地产广告正日渐增多，报纸广

告表现形式单一，人们对每个广告的关注程度日益下降。网络媒体则通过运用三维展示、电子地图、语音解说等多媒体技术向购房者展示项目的所有信息，信息量大而翔实，不受时空限制，让购房者的选购有更大的自主性。房地产网络营销采用网上采购、网上设计、网上销售方式，有效地降低了包括采购费、场地租赁费、媒体广告费、推销人工费等在内的营销成本。由于网络信息传播与制作的快捷性特点，从材料的提交到发布，只需要很短的时间就能把信息发布出去，提高了营销效率。传统营销效果很难测量，而在网络营销当中，只要在相关程序中插入流量统计和探测流量来源的代码，多少人看过此广告、多少人点击详细查看等数据都易于测出。

（二）劣势

1. 虚拟和现实存在矛盾，消费者对网络营销缺乏足够信任

房地产是一件价值巨大的产品，每个购买者都是相当谨慎的。网络虽然可以全方位展示房地产的外形及结构，向消费者提供购买依据，但它无法向消费者提供亲身体验。房地产作为一种高价值、差异性极大的特殊商品，现场感受对消费者来说是非常重要的，况且我国的消费者与房地产商的互信度一直较差，所以，目前消费者是无法充分信任网上信息的，网上交易更是困难。

2. 硬件设施的制约，网络内容简单

我国网络营销尚处于初步发展阶段，其在基础设施、技术软件、网络安全保护措施和高水平的网络营销人员等方面均存在问题，网络立法欠缺、结算系统不完善等也制约了网络营销现阶段在我国的发展。虽然现在房地产网站不少，但大多数房地产企业实力较弱，服务内容单调，在数量和质量上都没有超过传统媒体，仅是将网站当成传统平面媒体运用，缺乏与来访者的互动交流，忽略了网络媒体的特性和优势，使项目失去了与潜在客户沟通的机会。这样的信息量是远远不足以促动网站访问者做出购买决策的，房地产企业至少应做到提供三维动态的样板房、小区的位置及环境。除了房地产本身的信息外，为访问者提供一些有关国家政策、法律咨询、购房程序、技巧等知识也是很有必要的。

3. 房地产企业对网络营销的认识和投入不足

有些房地产企业开展网上营销的目的不明确，缺少计划性。实际上，房地产项目在开展网上营销活动时，应明确企业建立网站的目标，做出完整计划，包括目的、市场调研、所需的资源、资金分配、预期效果等。由于网络营销是建立在日新月异的网络技术之上的，网络技术发展要求企业要经常更新和维护网站，这会使企业在网络上的投资逐步增加。只有不断更新，才能使企业网站保持较高水准，否则会使网站缺乏吸引力。目前不少企业满足于建立一个网站，不愿意追加投资，当然不能取得良好的营销效果。

三、房地产网络营销的主要手段

1. 房地产企业网站

房地产企业网站主页一般应包括企业介绍、企业组织结构、企业新闻、主要产品与品牌、营销与服务、企业管理与文化、财务与经营状况披露、行业动态与政策法规、房地产知识在线、BBS在线、站内搜索、联系方式等内容。房地产企业网站建设的着重点在于提升企业的品牌形象。设计独特、内容翔实、实时更新的网站更能吸引消费者的目光，更容易在消费者群体中树立品牌形象。

2. 网络广告

房地产网络广告主要包括旗帜广告、弹出窗口广告、浮动广告、Flash广告四种类型。网络广告具有受时空限制少、信息容量大、即时更新、自由查询等特点，同时它还具有很强的交互性与感官刺激性，正好匹配房地产广告信息量大、时效性强、广告受众经济层次高的特征。目前，房地产网络广告正以其制作成本低、超越时空限制、可随时更新、动态跟踪统计效果等优势而日渐成为房地产广告的中坚。

3. 电子邮件(E-mail)

电子邮件的主件与附件可作为房地产商品宣传的载体。由于互联网上电子邮件的普遍使用，使得电子邮件已经超越了原有的网上通信交流工具的范畴，成为网络营销的重要促销手段。电子邮件营销的优势主要体现在四个方面：第一，电子邮件适于最新的交互式个性营销典型模式，即一对一营销；第二，电子邮件营销成本较电话、传真、邮寄等促销方式要低得多，营销成本降低意味着竞争力的提高；第三，电子邮件营销具有直观、简洁的特点，容易为受众所接受；第四，通过电子邮件，企业与客户可以建立信任与友谊，使他们之间的关系由买卖关系变为朋友关系，符合关系营销法则。电子邮件营销日益成为房地产网络营销的主要手段。

4. 网上中介

房地产中介是最早应用电子商务的行业之一，而房地产中介行业电子商务化的最终表现形式是目前流行于欧美国家的多重上市系统(Multiple Listing Service, MLS)。欲购买房地产的消费者只需在中介商所设电脑终端上输入目标房地产的特征参数，就可查阅所有符合条件的房地产类型，并且还可以通过网上电子地图查看目标房地产的准确位置，通过网上播放的实地互动画面“考察”目标房地产的外观、环境、内部构造及结构细节；若房源不够充足，还可委托中介商把其要求上传至房地产专业网站，在更庞大的数据库中查找。MLS使房地产中介商的服务更加专业化，更能有效地满足消费者需求的选择性。

【课堂讨论 8-3】 浏览一下万科武汉的网站(http://wh.vanke.com/index.shtml)，看看能给购房者提供哪些服务。该网站对万科营销有哪些作用？

四、房地产网络营销的成功之道：整合互补

房地产网络营销是一种新的营销模式，它并没有完全取代传统营销。传统营销与网络营销实质上是房地产整体营销策略的两个有机组成部分，整合网络营销与传统营销，进行优势互补，是网络营销的成功之道。

首先，通过传统营销方式和网络的结合，促进房地产企业网站的推广和品牌的建立。网站作为消费者与企业最终产品之间的中介者，必须把自己推销出去，引导消费者进入网站，这样才能使他们接触最终产品信息。推销房地产网站通常有两大类方法：一类方法就是通过传统的广告、宣传品，以及企业形象系统、企业标志等方式去宣传网站；另外一类方法就是通过网络技术的方式，通过链接、网络广告等一些方式，去宣传企业的网站。在宣传网站的同时，还必须把网站同企业的品牌形象紧密结合在一起，只有这样，消费者才会垂青于载有该品牌信息的网络。

其次，利用网络提供信息。网络营销的对象实质上是大量信息，包括房地产企业产品的价格、位置、销售情况及有关房地产的知识与新闻。网络虽然不能代替现场看房，但能为消费者提供丰富的信息，对房地产营销具有很重要的理论和实践意义。

本章小结

在市场营销学里有一个重要的理念叫“渠道为王”，也就是说，在激烈的市场竞争中，往往“得渠道者，得天下”，可见渠道对于一个企业生存发展的重要性。

房地产市场营销渠道策略具有研究、推广、接触、配合、协商、财务融通、所有权转移和承担风险功能。房地产市场营销渠道主要有直接渠道和间接渠道、长渠道和短渠道等几种，随着市场营销的发展，近年来又出现了“第三种营销”。中间商大体可分为代理商、经销商和房地产策划公司，它们是连接房地产生产者与消费者的一座桥梁，其基本功能就是简化商品流通过程、提高商品流通效率。

房地产开发企业要选择合适的营销渠道，既要遵循一定的原则，也要结合房地产市场、企业自身以及产品等因素，然后就如何发挥渠道营销的优势，消除渠道不同层次之间必然存在的不和谐因素，对房地产营销渠道进行控制和管理，主要包括渠道成员的选择、评价、激励与改进。

房地产网络营销是新生事物，相对于传统的营销模式，它具有非常强烈的时代感，也具有很多优势，比如以消费者为中心、互动性强、传递的信息量大而且更新速度快、营销成本低等。但房地产企业也不能只采用这一种营销策略，而应该与其他传统的营销策略相结合，充分发挥综合优势，共同实现企业的营销目标。

关键概念

销售渠道 Distribution channel　房地产代理商 Real estate agent
中间商 Broker　房地产经销商 Real estate dealer
网络营销 E-marketing

复习思考题

1. 营销渠道的含义是什么？
2. 房地产市场营销渠道策略的含义和构成内容是什么？
3. 房地产市场营销中间商的功能有哪些？
4. 房地产市场营销的经销商和代理商有何区别？
5. 房地产市场营销渠道可以分为几类？它们具有怎样的优点和缺点？
6. 在选择营销渠道时，需要考虑哪些因素？遵循哪些原则？

实践与训练

调查你所在的城市的房地产市场，选取一个典型楼盘，为该楼盘选择合适的分销渠道并说明选择理由。

案例分析

互联网对房地产营销中介的改变

在相继涉足上海和北京市场之后，互联网房地产中介的代表机构之一爱屋吉屋20日宣布进军深圳中介市场。近期，随着爱屋吉屋、Q房网、房多多等一批基于互联网的新锐中介机构崛起，传统中介巨头也开始出现加速兼并、降佣金、力推线上发展等一系列变革。互联网技术的进步，对于传统行业最大的颠覆在于打破原来信息不对称的局面，搭建平台，促使网络交易的成功，降低各种成本费用。传统产业必须认识到技术的进步对原有生产力的冲击，调整现有生产经营方式，以适应社会变革。

1. 爱屋吉屋通过互联网平台降低成本，倒逼传统中介行业变革

爱屋吉屋的模式是自建经纪人团队，可直接介入实体租赁交易；同样，较之于传统中介的触网，爱屋吉屋则由于无门店，所以中介费用要价较低。未设门店，经纪人在写字楼里办公，用户则可以通过网络和手机 APP 在线上视频看房。“有事先上

网”,网上预约看房、浏览信息的新模式受到很多年轻人的青睐。同时,其给经纪人双倍底薪,率先提出租客佣金减半乃至全免,率先将经纪人服务质量和收入挂钩。这无疑倒逼传统中介调整费率并提高经纪人佣金,威胁到传统中介盈利空间和人才的保留。

传统中介公司需要通过门店这一载体收集房源、撮合成交。而爱屋吉屋则开发手机 APP,大幅降低运营成本,且提高了服务半径,提升了运营效率,相比传统中介的以利用房源信息不透明赚取差价为核心的门店模式,有很大的优越性。通过这一经营模式的创新,爱屋吉屋迅速开拓市场,2014 年 11 月,爱屋吉屋占据上海租房市场逾 28%份额,成为上海租房市场之首。2015 年 3 月 1 日,爱屋吉屋又在北京、上海两地宣布以 1%的低佣金进入二手房买卖业务,如今也开始进入深圳中介市场。

2. 链家动作频频,引领传统中介行业变革

链家近期可谓动作频频,继收购成都伊诚、合并上海(楼盘)德佑之后,链家地产于 3 月 13 日宣布与北京(楼盘)易家地产达成战略合作;3 月 18 日又宣布与深圳(楼盘)第二大房产经纪公司中联地产开展全面战略合作。除了实体规模方面的扩张,链家着力打造线上平台链家网,同时改变经营战略,向互联网金融进军。链家提出对数据的进一步挖掘以巩固、优化现有的房地产业务,链家网的未来更是一家互联网金融公司:它将进军 P2P 借贷、资金监管等业务。也就是说,链家以房地产为中心,正打造基于移动互联网的生活服务平台——装修、搬家、生活支付、社区服务、智能家居等消费金融空间。

链家的改革步伐确实很大,就目前情况来看,互联网金融是未来的发展远景,是值得尝试的部分,但是房地产中介业务仍然是当前乃至未来较长的一段时间链家的主营业务。为了拓展主营业务,链家确实蛮拼的。链家提出将组织机构逐步扁平化,大幅提高一线经纪人的佣金收入,最高可达 70%以上,而当前行业平均水平在 30%左右。链家这样做,将大大增强对经纪人的吸引力,有望招揽人才,为国内外市场扩张打下基础,这也是其他中介较为恐慌的一点。链家提出的新的发展战略,设想很好,提高经纪人的佣金收入,搭建平台促使二手房信息的透明化,同时更好地为经纪人服务,提高经纪人收入水平,提高行业整体发展素质,降低中间费用等,符合未来中介行业的发展趋势。同时链家通过互联网金融以及社区 O2O 等增加盈利点,积极尝试,也有望实现突破。

3. 独立经纪人将是未来中介行业发展趋势

目前房地产中介行业存在诸多问题,例如一线员工佣金分成少,人才流失严重;缺乏职业自豪感,行业人员流失率水平高;行业靠天吃饭,盈利状况变动大等。为了促进行业更好的发展,需要重新衡量与定位房地产经济业务,较一般的商品交易而言,房地产交易资金量大,交易双方更加谨慎、重视,属于复杂且难度较高、需要具备专业知识的行业。因此,对经纪人的贡献应该重新考量,提高一线员工收入,提高员

工素质等，有利于行业的健康发展。独立经纪人能够给从业者更多的回报与自由支配时间，同时也符合个人的信用累积与发展。因此，未来独立经纪人将是中介行业的发展趋势。

（资料来源：根据“中国投资咨询网 2015-04-29”资料编写。）

【思考题】

1. 结合所学知识，谈谈案例中的爱屋吉屋具有哪些优势，又有哪些劣势。
2. 结合所学知识，谈谈案例中的链家，具有哪些优势，又有哪些劣势。
3. 根据案例中提供的资料，谈谈你对独立经纪人的评价。

第九章　房地产促销策略

学习目标

1. 了解房地产促销形式和房地产促销组合；
2. 理解房地产促销组合的特点；
3. 掌握如何根据不同的房地产产品选择不同的促销组合。

引例

新年伊始，来万科城五折扫年货

买好的年货是为了年过得更精彩，而买房子是为了每年都过得精彩。万科城于12月重磅推出岁末巨惠“来万科城人人都有年终奖”活动，三期成品85～100平方米榜样户型指定房源存5000减50000，万科城限时限量派发5万年终奖活动仅剩2天，此时不买更待何时！

1. 办年货，买新房，过年咯

年关临近，年味也越来越浓，万科城售楼处更是年味十足。为满足客户年底吃海鲜的需求，上周末，万科城把年货中的海鲜搬到了售楼处。周六一大早，在“摊主”们摆放货物的时候，就有三五个一期已入住业主赶来询问购买。市场价五折的海鲜干货供不应求，好多客户当场购买并品尝。另外，周末的售楼处还飘满了糖葫芦的香味，现做的糖葫芦甜而不腻，口感十足，引得小朋友和家长停不下嘴。为期一个月的“来万科城人人都有年终奖”活动持续开展并仅剩2天，原本犹豫的客户面对如此巨惠终于当机立断下定。万科城为周末认购的每组客户都准备了一份价值500元的海鲜大礼包，客户买了新房又得了年货，不亦乐乎！

2. 最后的年终奖给最需要的家庭

万科城三期85～100平方米经典户型，给首置客户更好的家。公摊小、使用面积大、大尺度飘窗、超大面宽……户型亮点无需赘述，众多业主的青睐已经说明了这一切！

年轻人辛苦打拼，很多时候是为了不让自己的婚礼在别人的屋檐下举行，需要属于他们的新房来盛放爱情。2014年1月，万科城针对三期85～100平方米户型特推5万年终奖，为向往万科城优居生活的人们送上最给力的新年礼物，为年轻人买房助力。

（资料来源：根据“东方热线房产网2014-1-2”资料编写。）

【思考题】

想想看，万科城的过年扫货活动为什么会收到如此强烈的市场反应？

第一节 房地产促销

房地产促销，是指房地产开发商为了推动房地产租售而面向消费者或用户传递房地产产品信息的一系列宣传、说服活动，通过这些活动帮助消费者认识房地产产品的特点与功能，激发其消费欲望，促进其购买，以达到扩大销售的目的。

一、房地产促销目标

促销的主要任务是买卖双方之间的信息沟通，而不只是促销商品，通过信息沟通可以把房地产生产经营者、中间商和消费者有效结合起来。因此，促销一般有以下四个主要目标：

（一）传播信息，沟通供需

房地产企业在其产品进入市场前或进入市场后，为了让更多的消费者知道该产品，就要采用各种促销方法，及时向顾客传播该商品的信息，介绍其物业的位置、户型、质量、价格、服务等，以吸引顾客购买，进而密切生产者、经销者和消费者的联系，强化营销渠道中各环节之间的协作，加速商品流通，沟通供需。

（二）突出产品特点，增强竞争能力

房地产企业之间的竞争，越来越依靠房地产企业自身的差别优势，与众不同、独树一帜是多数房地产企业的成功秘诀。房地产企业通过促销，突出宣传本企业产品和竞争产品之间的差异，以及它给消费者带来的特殊利益，有助于消费者深入了解本企业的产品，对本企业的产品产生偏爱，激发其潜在的购买欲，从而做出购买决策，达到增强产品竞争力、扩大销售的目的。

（三）刺激需求，引导消费

通过促销活动向消费者介绍产品的性能以及所能提供的完善服务，有利于刺激消费者需求。因为消费者的需求和购买行为具有可诱导性，往往会受到外界环境和促销宣传的影响。房地产企业通过有效的促销活动，不仅能诱发消费者的需求，有时候甚至能创造需求。当市场处于需求不足的状态时，促销可以带来更多的消费者，扩大需求；当需求处于潜在状态时，促销可以诱使潜在需求变成现实有效需求；当需求下降时，促销可以使需求得到一定程度的恢复。

（四）塑造企业形象，提高企业声誉，产生品牌效应

声誉和形象是房地产企业的无形资产，反映了消费者对企业的整体评价和看法，对企业的产品销售有重大的作用。声誉好的房地产企业，产品销售通畅；声誉差的企业，产品销路不佳。在促销活动中，适当突出售后服务及维护消费者权益的各种保证，不仅可以刺激需求，扩大销售，而且有助于提高房地产企业的知名度，塑造良好的企业形象，并最终形成品牌，产生品牌效应。房地产品牌植根于消费者的心中，是在

接消费者与发展商或楼盘产品之间传递和沟通的桥梁或纽带。

二、房地产促销方式及其特点

房地产营销促销方式主要可以分为广告促销、营业推广、人员推销、公共关系、狭义的促销等。

(一)广告促销

1. 广告的含义

广告指法人、公民和其他经济组织，为推销商品、服务或观念，通过各种媒介和形式向公众发布有关信息。大众传播媒介刊播的经济信息和各种服务信息，报道商品、服务的经营者、提供者，凡收取费用或报酬的，均视为广告。广告是房地产营销竞争的有力武器。

2. 房地产广告的特点和主要形式

房地产广告的突出特点是广告期短、频率高、费用大。

房地产广告的诉求重点有地段优势、产品优势、价格优势、交通便捷优势、学区优势、社区生活质量、开发公司的社会声誉等。

房地产广告的形式有以下几种类型：

(1)印刷广告。利用印刷品进行房地产广告宣传相当普遍，这也是房地产产品进行营销的主要手段之一。报纸、杂志、有关专业书籍以及开发商或其代理商自行印刷的宣传材料等，都是房地产广告的有效载体。

(2)视听广告。电视、电影、霓虹灯、广告牌以及电台、广播等传媒方式都是宣传房地产产品的有效视听广告。

(3)现场广告。如在施工现场竖立的现场广告牌以及工地四周围墙上的宣传广告等，用以介绍开发项目情况。

(4)信函广告。包括商品房目录和说明书等。

根据楼盘的不同类型、租售范围以及广告费用，开发商应当选择适当的广告类型和广告策略，从而达到最大的宣传效果。

3. 房地产广告的作用

(1)巧传真实。在房地产项目的销售过程中，广告的作用就是“巧传真实”，即以深具吸引力、说服力及记忆点的广告语，以最震撼人心的方式把产品中与消费者最相关的部分，即所谓“真实”的东西巧妙地传达给消费者，这个“震撼人心”表现在三个点上，即相关性、原创性和震撼力。

(2)能够带来附加价值。广告之所以在房地产项目销售过程中有如此重要的地位，是因为广告能增加项目品牌的价值。一个生动而精彩的演示或隐喻能够给项目或产品带来附加价值。具体地说有三点：①区分。在竞争性的市场空间中，人们并不期待相同的产品都是一个标准，一个生动的创意能使一个产品脱颖而出，并在消费者的心目中把它提升到竞争者之上。②易记。一个生动的广告创意能保证对一个产品的想象超越广告登载的时间而驻扎在受众的心智中。③持久。产品常处于竞争性价格战、促销等情形中，而一个生动的创意有助于对产品的持久保护。在浩瀚的信息流中仅能引起受众的注意显然是不够的。对于房地产广告来说，它更看中由注意力带来的后发效应，即从销售势能到动能的转化。

4. 房地产广告策略

(1)关注消费者的需求。房地产广告应针对每个不同领域、不同价值、不同档次的房地产项目进行创作，另外，还应该注意两点：一是反映人性；二是发现、建立全新的连接，让人为之神移。

(2)讲究卖点。房产项目营销讲究卖点。只有良好的产品才能为卖点储备提供源源不断的动力。这是一个注意力先行或者叫眼球经济的年代，在这个大背景下，广告只有从被动的"被看"变为主动的"吸引人看"，才不至于被无情地淹没。

(3)广告创意。地形图加效果图再加口号的时代已经过去，但是这不能说明房地产广告的创意已经上到了某一个新台阶，房地产广告必须有好的创意才能更好地发挥促销效果。

(4)原创。房地产广告必须注重原创性。醒目而富有力量的大标题，简洁而务实的文案，具备识别性和连贯性的色彩运用是每个广告的必要因素。同时，房地产广告还应该注重跳跃性，也就是说，如果你的表现方式已经被效仿，那么应该及时地改变表现形式，迅速出新，力争时刻走在上游。

(5)广告媒体的选择。选择什么样的媒体、多大的投放版面和所处位置等也是需要慎重考虑的问题，这直接关系到目标客户的信息接收效果。以报纸为例，一般来说，只有半版以上，才会显得有大气之感，在版面的运用上，也应该推陈出新，比如采用跨页半版、竖半版等异形版项目，总之必须给人们带来冲击，即使是常规的半版或者整版，也应该通过巧妙的画面布局，吸引读者的视线。

不同的广告形式究竟能在目标客户中产生多少不同的影响，还比较难下定论，但可以肯定的是，只有与众不同的广告形式才能加强公司的品牌形象，也只有如此，才能使广告项目迅速蹿红。

广告大师曾说过，广告无法挽救劣质产品。真正使消费者产生认购的主要原因在于项目自身的品质，而不是广告。广告的作用只是使消费者产生应有的注意、兴趣和欲望，而行动的落实则要回归于产品实体。

(二)营业推广

1. 营业推广的含义

营业推广是为了在一个较大的目标市场上刺激需求扩大销售，而采取的鼓励购买的各种措施，多用于一定时期、一定任务的短期的特别推销。营业推广刺激需求的效果十分明显且费用较少。

开发商可以通过开展大规模的住房知识普及活动，向广大消费者介绍房屋建筑选择标准、住宅装修知识、住房贷款方法和程序以及商品房购置手续和政府相关税费等，在增加消费者房地产知识的同时，也可以增加消费者对开发商的认同感。另外，开发商还可以举行开盘或认购仪式、项目研讨会、新闻发布会，寻找明星代言人，举办文化与休闲活动、业主联谊会等，这些活动可以极大地提高房地产企业的知名度，从而使企业的销售业绩不断上升。目前在重庆等地每年都要举办的房地产交易会也是开发商展示自身实力的舞台，据统计，每次房交会上，各房地产开发商都会有一个不凡的成交量。

2. 选择营业推广工具

(1)针对消费者的营业推广。可以鼓励老顾客继续使用，促进新顾客使用，动员顾客购买新产品或更新设备，引导顾客改变购买习惯，或培养顾客对本企业的偏爱行为等。其方式可以采用：

①价格折扣。这是房地产营业推广中运用得最多的方法。对消费者来说，价格折扣可以直接使得买房支出下降，刺激了他们的购买欲望。

②变相折扣。变相折扣是指不直接降价，而是通过免去物业管理费、免付开发商贷款利息或代付贷款利息等变相地给予价格折扣的营业推广方法。

③现场展示样板房。房地产项目竣工后，房地产开发商将建筑物的某一层或者某一套单元房进行装修，配齐家具、电器和必要的装饰品，供有兴趣购买或租赁的顾客参观，让其体验入住后的感受。对于某些大型房地产开发项目，如大型住宅区，甚至有必要在项目施工过程中，在施工现场附近临时建一套样品房供消费者参观。

【资料链接】

样板房是商品房的一个包装，也是购房者装修效果的参照实例，是一个楼盘的脸面，其好坏直接影响房子的销售。样板房是楼市发展的一个产物，也是住宅文化的一种表现。作为楼盘销售过程中的一个重要因素，样板房已越来越受到房地产开发商的重视和广大购房客户的喜爱。

开发商设置样板房是以展示促销为目的，为保证样板房的整体视觉效果，往往不考虑装修成本，样板房的装修费用可以达到房屋自身价值的20%～50%，在材料使用上也力求尽善尽美，不惜重金。样板房不同于一个花瓶，不只是作为简单的展示，而是楼盘风格与文化的一种再现，透过样板房，能让购房者感受到一种良好的居家氛围，一种使人倍感舒适的生活方式。因此，好的设计师会把真实与想象空间合二为一，具体来讲就是运用可以感觉到的光线与影像去表达设计理念。为了强化设计构思也常常使用新材料、新技术，但主要着力点在于不断追寻新的创意，不断地挖掘楼盘本身的文化内涵。

好的样板房不单能起到展示楼盘良好形象的作用，更能促进销售，产生直接的经济效益。

④展销会。展销会一般是由政府部门的职能部门或行业协会组织，也可由房地产开发商自行举办。在展销会上，企业将一些能显示企业优势和特征的产品集中陈列，同时往往配合一些优惠措施，能在短期内吸引大量购买者。通过展销会，不仅能够扩大商品房的销量，还能提高房地产企业的知名度，提高品牌认知度。

⑤赠送促销。在购房者购买了一定面积的商品房后，可获得一定的赠送。如赠送轿车或车位、赠送家具、赠送一定面积的楼房、赠送家电或者免费租用一定期限的写字楼等。但有时这种方法显得比较牵强，如“买大房赠小房”，其实质就是折价，故弄玄虚反而不利于宣传，引起消费者的误解。另外，一般的赠送商品的价值与房地产本身价值差距过大，打动消费者并不太容易。

(2)针对中间商的营业推广

①价格回扣。价格回扣是房地产开发商以价格回扣的形式刺激中间商，以扩大商品房销售。也就是房地产开发商在某一时期内给予购买特定数量商品房的中间商以一定的回扣。

②促销材料。房地产开发商向中间商提供充足的海报、传单、证明等促销材料，以提高中间商的销售效率。

③销售竞赛。根据各个中间商销售房地产的实绩，分别给优胜者以不同的奖励，如现金奖、实物奖、免费旅游和度假奖等。

④交易会或博览会、业务会议。可以向现实消费者和潜在购买者展示房地产项目，宣传房地产产品的特点，扩大该项目的知名度，解答消费者的疑问，进行直接的信息沟通，扩大商品房的销售量。

(3)针对销售人员的营业推广。鼓励他们热情推销产品或处理某些老产品，或促使他们积极开拓新市场。采取的方式主要有有奖销售、比例分成等。

【案例分析 9-1】

将房展办进商场

时下，在信息大爆炸、广告漫天飞、楼盘团团转的楼市推广市场中，许多项目的推广努力往往付诸东流，对于楼盘的销售促进作用不大。

随便翻开一张本地的报纸，房地产广告或信息总是浩浩瀚瀚地充斥其中，面对竞争激烈的眼球争夺战，房产商开始琢磨起新鲜的促销样式，比如，最近北京兴涛文化社区正热热闹闹地在北京几家主要商场举办大型的巡展活动，这种把房展办进商场的做法不但吸引了众多市民的眼光，更为有关传媒增添了报道的材料……一边是开发商的热闹炒作，一边是市民和媒体的热情参与，兴涛文化社区在眼球争夺战中取得了巨大的效益。

北京兴涛文化社区所举办的商场巡展活动包括歌舞、时装、脱口秀表演及有奖竞猜、现场沙盘展示讲解、派发楼书、填写回访表、社区学校招生活动等项目。这种集欣赏、娱乐、参与于一体的巡展项目组合，对于活跃现场气氛、传播楼盘印象并增加销售机会是十分有益的。

把房展办进商场，如果从促进售楼交易的角度出发，适合于短期的促销推广，如果从沟通楼盘及企业与市场关系的角度出发，较为适合于中长期的展示推广。在适应的楼盘方面，普通住宅、公寓别墅、办公楼、商场商铺等都适合运用，关键在于楼盘定位与商场定位的吻合程度。

【思考题】 对于将房展办进商场的促销方式，你做何评价？

（三）人员推销

1. 人员推销的含义

所谓房地产人员推销，是指房地产企业的推销人员通过与客户进行接触和洽谈，宣传介绍房地产商品，达到促进房地产租售活动的目的。房地产企业可以建立自己的销售队伍，也可以采用中介来进行促销。

推销人员直接面对广大消费者，是连接房地产企业和消费者之间的桥梁和纽带，他们主要的工作就是寻找顾客、沟通信息、收集市场资料以及提供咨询服务等。

2. 人员推销的特点及主要形式

(1)人员推销的特点。人员推销的作用就是使顾客认识和了解企业及其产品，引起他们的兴趣，从而促使其采取购买行为。特别是在争取顾客偏爱、建立购买信心方面，人员推销效果比较显著。与其他促销方式相比，人员推销有以下特点：

①推销的直接性和反馈的及时性相结合，因而具有双向性的特点。人员推销一般是两个或两个以上的人面对面交谈，在融洽活跃的交谈中，推销人员可以很清楚地观察到对方的态度和特点，掌握对方的情绪变化，随机应变地调整自己的劝说行为，并能及时得到买主的反应，有利于信息反馈，了解同行业的开发建设和营销动向。

②人员推销具有信息沟通的特点。推销是一项集销售、宣传、服务、调研和公共关系为一体的综合性经营活动。人员推销采取的是双向沟通方式，交谈中伴随着情感的交流，就可能建立友谊，并形成融洽的氛围，形成买卖双方良好的关系。

③人员推销有利于树立企业形象。在很多情况下，推销人员是房地产企业唯一与顾客打交道的人。具有丰富的营销知识、精明能干、服务周到的优秀推销人员还能在顾客心中树立良好的企业形象。

④人员推销也有着传播面窄、费用较高的问题。人员推销往往是一对一地进行，和广告促销、公共关系、营业推广相比，人员推销的传播面窄，同时花费的时间多，培训费用高，因此，投入比较大。

(2)人员推销的主要形式

①上门推销。上门推销是最常见的人员推销形式。它是由推销人员携带产品说明书和宣传册等走访顾客，推销产品。这种推销形式可以针对顾客的需要提供有效的服务，但是房地产价值量大，上门推销的成本太高，因而主要是采取街头发放宣传

单的形式进行。

②现场推销。现场推销是指房地产企业在适当地点设置售楼部，由置业顾问接待进入门市的顾客，推销产品。现场推销与上门推销正好相反，它是等客上门式的推销方式。售楼部的各种楼盘介绍齐全，有沙盘、详细平面图资料等，能满足顾客多方面的咨询要求，为顾客提供较多的针对性服务，故顾客比较乐于接受这种方式。

③会议推销。会议推销是指利用各种会议向与会人员宣传和介绍产品，开展推销活动，譬如，在交易会、展览会等会议上推销产品。这种推销形式接触面广、推销集中，可以同时向多个推销对象推销产品，成交额较大，推销效果较好。房地产行业主要的会议是房交会或者大型推介会。

④电话推销。电话推销是置业顾问通过接受电话咨询，向顾客做楼盘介绍，推销房地产产品。

3. 人员推销的步骤

(1)寻找潜在顾客。推销工作的第一步就是寻找潜在顾客。准确地接近潜在顾客对于成功推销是非常关键的。通过现有满意顾客的介绍，建立信息网或在报纸、工商指南上查阅名录、电话号码发掘潜在顾客。

(2)做好计划安排。销售人员访问潜在顾客前应尽可能了解顾客。销售人员应制订访问计划，目标可以是确定潜在顾客、搜集信息或马上达成交易，也可以亲自拜访、电话联络或信函沟通。拜访应小心考虑最佳访问时间。

(3)接近。接近是销售人员与顾客建立友好关系的开始。此时推销人员应知道如何会见和招呼买主，给对方一个好印象，验证计划中的信息，以便为后面的谈话做好准备。

(4)介绍。介绍是推销中的核心部分。销售人员介绍产品的各种特性时，主要应集中讲述产品给顾客带来的利益，消除顾客的疑虑，强化顾客的购买欲望，直至达成交易。

(5)处理反对意见。顾客在整个推销过程中或在要求订购产品时一般都会有反对意见。在处理这些反对意见时，销售人员必须具有积极的态度，设法找出原因，要求消费者阐述反对理由，使之成为搜集信息的机会，并随时准备说服反对意见的言辞和论据。

(6)成交。在解决了潜在顾客的反对意见后，销售人员应试着达成交易。销售人员应该知道如何识别购买者发出的特定成交信号，包括身体的动作、言辞或意见，如顾客不断点头、询问价格或付款条件，这时销售人员就可以使用各种技巧抓住时机促成交易。

(7)事后跟踪。销售人员希望确保顾客满意，与顾客继续保持业务往来，事后跟踪是必不可少的一环。生意一旦成交，销售人员应认真处理各项细节，如交房时间、安装、指导和服务等都应准确无误，目的是发现可能产生的各种问题，向买主表明销售人员的诚意和关心，消除顾客售后的各种担心。

【案例分析 9-2】

推销工作十大要诀

顾客口头上想要的东西，不见得是心里真正想要的。曾做过错误采购决定的人，为了面子问题，也许不愿承认自己的错误。而且，他们可能口是心非地赞美心中认为不良的产品。预防的方法是让他们说出来，然后问他们希望如何改变这项产品。给他们这个台阶下，他们就会说出真实的想法。

(1)如果有顾客转而向竞争者购买但结果不良时，应该小心劝他回心转意。由于他不愿被迫当面承认自己的错误，所以若方法失当，可能使他再以另一个竞争者为购买对象。因此，在重新接洽这个生意时，要让他仍旧保留机灵的形象。

(2)有时顾客对产品会有怨言，而实际上那是由于他自己没有按照说明书使用而发生的错误，此时别强迫他承认错误。顾客自觉困窘，不愿对这个问题负责。要有同情心，帮助他寻找答案。

(3)少用贸易术语、型号或简称做产品展示。买主在要求解释时，会觉得尴尬而不自在。重要的是让顾客理解，而不是卖家自求方便和节省时间。

(4)推销员犯错的次数多寡并不重要，重要的是他成功的次数，而这个数目和他们失败后继续尝试的数目有直接的关联。

(5)营业额暴跌，经常是由于推销员不自觉地改变了自己的售货方式。他们逐渐偏离根源，在销售过程中失去重点。老推销员尤其常因对产品的充分了解，而忘了顾客并不熟悉产品的优点。

(6)控制谈话的人，是问最后一个问题的人。因此，有人问话时，要使用最有利的回答，然后提出问题，增进了解。例如，有希望成交的房屋买主问："房子坐落在什么地方?"推销员回答："在某高中附近，你对那一带熟吗?"

(7)访谈失败。如果准买主在听完产品介绍之后，决定不买了，也别灰心，可请他另介绍些顾客。他可能会迟疑一会儿，但是往往会给一些较可能购买的客户的名字。

(8)在每次产品展示完之后，要以信函或电话跟进。客户对一项交易真正热心起来，或是从反感中回心转意，通常都需要几天的时间。

(9)在议价开始，或需要另外的支援前，先别谈到公司提供给客户的免费服务，将服务计入成本中，但是要让他们觉得是占便宜。

(10)销售对象是整个委员会时，要将注意力集中在真正需要这项产品或服务的人，也就是真正的使用者身上。

【思考题】 实行人员推销时还有什么是应该注意的?

(四)公共关系

1. 公共关系的含义

公共关系(Public Relations)，是指企业通过公共关系活动，使社会广大公众理解企业的经营方针和宗旨，加强企业与公众之间的联系，在社会上树立企业的信誉，为推进企业的市场销售服务。目的是着眼于企业长远发展，维持企业的盈利性和社会性之间的平衡。

2. 房地产公共关系的活动形式

房地产公共关系活动包括：争取对房地产开发商有利的宣传报道，协助房地产开发商与有关各界公众建立和保持良好的关系，建立和保持良好的企业形象以及消除和处理对房地产开发企业不利的谣言、传闻和事件。

①媒体策划。发现和创造对房地产企业或是房地产项目有利的新闻是企业公关人员的一项主要任务。一条有影响力的正面新闻对树立企业形象、增加房地产的租售量有着不可估量的作用。可以人为制造新闻热点，引得媒体争相报道，享受无偿广告，这其中也包括危机公关。针对当前屡屡发生的入住纠纷问题，如处理得当，或许可在众多消费者与媒体的关注下，以坦诚的态度重树项目良好形象，化不利为有利。

房地产企业应努力争取新闻界对自己的支持，充分利用新闻媒介及时对楼盘做宣传报道，这要比出钱做广告效果好得多。因此，房地产企业要注意处理好与新闻界的关系，如经常向新闻界提供新闻稿，重大事件举办记者招待会，向新闻界分发企业和楼盘刊物、宣传小册子等，以求最迅速地将企业内部的信息扩散到新闻界，再利用新闻媒介形成有利于企业和楼盘的社会舆论。

②调研活动。房地产企业常通过民意调查等多种方式来收集企业内部与外部环境的变化信息，了解消费者对企业，对房地产的价格、质量、功能、房型等诸方面的意见和建议，并及时将改进后的情况告知消费者，以跟踪消费者的需求趋势，尽力满足消费者的要求。如上海某房产公司所举办的“全面提高居住质量”大型征询意见活动，将活动反馈的消费者需求信息反映到其开发的小区的设计人员，不仅重新设计了房型，补充了物业管理职能，还将原设计建造的两幢高层改为近万平方米的绿地，以满足消费者的需求。

③举办各种招待会、座谈会、联谊会、茶话会、接待和专访等社交活动。近年来，很多楼盘都开展了丰富多彩的交际性公关活动，成立了客户联谊会、业主文化沙龙等。这类公关活动具有直接性、灵活性和人情味浓等特点，能使人际沟通进入“情感”的层次，因而在公关活动策划中得到了广泛的应用。

④提供各种优惠服务。如楼盘开展售后服务、咨询服务、维修技术培训等，以行动证实企业对公众的诚意，这类公关活动被称为“实惠公关”，容易获得客户的理解和好感。

⑤参与各种社会公益活动。各种社会公益活动为房地产企业开展公关促销创造了良好的机会，房地产企业也往往利用这类机会，以引起各种传媒的注意，并及时进行宣传。如向希望工程募捐，向福利机构、教育单位、体育活动、艺术活动提供赞助

等，这有利于赢得公众对房地产企业的好感，进而有助于潜在消费者对房地产的认可。

3. 房地产公共关系的实施步骤

鉴于公共关系的特点，它实际上是一种推销企业的行为，因此，运用公共关系促销需要通过新闻、事件、公益事业、视听资料等机会和场所加强公司形象宣传，当然，运用公共关系促销，需要一定的操作步骤来实施。

(1)要分析公司目前的形象，公司是不是被社会认识和了解？目前的形象如何？有没有对公司不利的情况？产生的原因是什么？

(2)在上面分析的基础上，制定出具体的宣传目的，目前最重要的是解决什么问题？使社会认识公司，还需要纠正哪些错误的观念，创造良好的形象？

(3)考虑公共关系的场合或媒介，通过哪种途径才能更有效地达到预期的目的？

(4)费用预算。这是实施公共关系时必须考虑的一个问题。

(五)狭义的促销

广义地讲，广告、公共关系、人员推销等都是促销的一种形式，但以下所讲的促销是指狭义的促销，即消费者会直接或间接地从中得到一些优惠的促销活动。

1. 折扣

各个房地产项目通常都会有一些折扣点掌握在不同级别员工的手中。

①付款方式。通常是一次性付款比按揭的折扣点高，这个折扣的设置有两个原因，其一是为了尽快回笼资金，其二是给自己的优惠一个说辞。比如，合生地产通常会给一次性付款的客户九五折的优惠，按揭九六折的优惠。开发商通常都会把两种付款方式设置相差一个折扣点，不过也有开发商把两种付款方式设置相差4～6个折扣点之多。

②老业主介绍。这种优惠方式在大型房地产开发公司中采用得比较多。道理很简单，即培养客户忠诚度，另外维系老客户的成本要大大低于寻找新客户的成本。开发商通常会把此项优惠设置为一个优惠点，也有的阶段没有优惠，只是给予一定赠送。

③节日折扣。在销售旺季的“五一”、“十一”、房交会期间，或者在销售淡季的情况下，通常会设有节日优惠，一般2～4个折扣点不等。采取此种优惠方式比较多的公司有合生、富力、万科等。

2. 与房产相关的搭赠

房地产开发商通常把一些法规中无法算入面积的部分作为搭赠送给消费者，其实那些面积也已经摊入大均价中，或者把一些与房产相关的东西搭赠作为促销。

(1)送露台。露台当然是不可以计入销售面积的，所以开发商通常把赠送或大或小面积的露台作为某个产品或某个户型的卖点，当然这只能局限在别墅和洋房的范围内，高层是无法实现的。

(2)送阁楼。层高低于2.2米的建筑部分是不能计入销售面积的，所以很多设计为尖形屋顶的顶楼都会赠送阁楼。这样可以把原本不是很好销售的顶楼的缺点弱化，甚至把缺点转化为优势。

(3)送小院。与送阁楼的道理相同，转化一楼的不良位置条件，送小院会博得很多老年人的青睐。另外，大面积的庭院是别墅最大的卖点。

(4)送空中花园。满足都市人返璞归真的心理。

(5)送地下室。层高高于2.2米的，可以拥有产权。但是地下室不算容积率。送地下室通常是别墅和洋房首选的销售策略，当然有的是有产权，有的是有使用权。

(6)送装修。适合怕麻烦的年轻白领和年轻夫妇，对这类人群很有吸引力。

(7)送家电。“成品别墅，提包入住。”开发商通常会送电视、空调等。其实也是避免直接降价，是变相降价的一种方式。

(8)送车位。随着现在有车一族的增多，送车位成了一种颇具吸引力的促销方式。

(9)送树木。通常销售别墅时会采取这种促销策略，因它切合了环保主题。

3. 赠送

(1)旅游。

(2)教育基金。在暑假前后以这种形式促销的居多，主要针对已经有学龄儿童的家庭。

(3)高尔夫会籍。

(4)分时度假权益。全国性的开发商在全国各地都有项目，尤其是在旅游景点拥有酒店式公寓的项目，开发商可以采取送一些分时度假权益的策略。

(5)物业费。其为常用的促销方法，消费者会有得到实际利益的感觉，不管是开发商自己的物业公司还是外请的物业管理公司，开发商一样都是要付真金白银的。

(6)小礼品。现在开发商会送各式各样的小礼品，如鲜花、书籍、温泉票、高尔夫练习券等。并且通常会在广告中宣传“莅临销售中心会有精美礼品赠送”，或者“购房有意外惊喜”，再或者“购房可以享受大礼包”等。

4. 抽奖。

5. 返现金。

6. 特价或一口价

一般是尾盘策略，以缓解销售压力。

7. 限量/珍藏/典藏/压轴/最后单位

听到这样的词汇，开发商的话外音是：传达稀缺的信息，传达余下的是保留下来的好产品的信息，引起消费者的关注。

8. 交通

这是远郊项目通常都会采取的策略，有免费看房车、免费通勤巴士（在华南地区常用，但也耗费开发商大量的资金）、赠送高速路缴费卡等，对于吸引购房者很有作用。

9. 联合促销

(1)项目联合。通常是一个开发商的几个项目在某个销售旺季联合促销，如富力“五盘同庆”，合生“十盘连开”，天津万科“七盘同开”等。

(2)开发商与其他商家联合。各个全国性的开发商都会有“××会”，会拥有一些联合商家，这样其业主就可以享受餐饮、购物优惠。

10. 摇号

这是开发商制造紧张的销售氛围最有效的手段，让消费者产生该楼盘非常紧俏的感觉，而倾向于马上出手。

11. 团购

团购通常都是由某媒体出面组织，或者开发商与某个单位联合。

在房地产促销中，还要加上一个广告包装，提出一个炒作概念，例如“自然人生尊享计划”、“提包入住计划”、“圆梦计划”等。

第二节　房地产促销方式组合

促销组合(Promotion Mix)，是一种组织促销活动的策略，房地产企业综合运用广告、人员推销、公关关系、营业推广等基本促销方式组合成一个策略系统，使企业的全部促销活动互相配合、协调一致，最大限度地发挥整体效果，从而顺利实现企业目标。

促销组合体现了现代市场营销理论的核心思想——整体营销。促销组合是一种系统化的整体策略，五种基本促销方式则构成了这一整体策略的五个子系统。每个子系统都包括了一些可变因素，即具体的促销手段或工具，某一因素的改变意味着组合关系的变化，也就意味着一个新的促销策略。

一、房地产促销组合的特点

(一)房地产促销组合是一个有机的整体组合

一个房地产企业的促销活动，不可能只使用一种促销方式，而是将不同的促销方式作为一个整体使用，使其共同发挥作用。在这里，1+1 往往不等于 2。当各促销方式配合默契，组合良好，则 1+1>2；若各促销方式使用时相互制约，互相影响，则 1+1<2。

(二)构成促销组合的各种促销方式既具有可替代性又具有独立性

促销的实质是企业与消费者间有效信息的沟通，促销的目的就是促进销售，而任何一种促销方式都可以承担信息沟通职责，也都可以起到促进销售的作用，因此各种方式具有可替代性。但是，由于各种方式各自具有不同的特点，因而，不同促销方式所产生的效果有所差异，各种方式又都具有独立性。

（三）促销组合的不同促销方式具有相互推动作用

不同促销方式的相互推动作用是指一种促销方式作用的发挥受到其他促销方式的影响，没有其他促销方式的配合和推动，就不能充分发挥其作用，合理的组合将使促销作用达到最大。

（四）促销组合是一种动态组合

促销组合策略必须建立在一定的内外部环境条件基础上，并且必须与企业营销组合的其他因素相互协调。有的时候，一个效果好的促销组合在环境条件变化后会成为一种效果很差的促销组合。因此，必须根据环境的变化调整企业的促销组合。

（五）促销组合是一种多层次组合

每一种促销方式中，都有许多可供选用的促销工具，每种促销工具又可分为许多类型，进行促销组合就是适当地选择各种促销工具。因此，企业的促销组合策略是一种多层次的策略。

促销组合的以上特点说明，适当的促销组合能达到每种促销方式简单相加所不能达到的促销效果，同时促销组合需不断根据环境条件的变化而进行相应调整。

【案例分析 9-3】

万科公园里，把家安在公园里

万科公园里二期5号楼83平方米、87平方米、104平方米、116平方米和127平方米装修三房预计1月中旬开盘，目前交1万元办理认筹卡开盘可享5%优惠，前100名认筹客户可享3000元购房抵用券。项目83平方米和116平方米房源预计8500元/平方米，剩余户型预计8000元/平方米。

万科公园里二期1号楼剩10余套83平方米和87平方米装修三房（116平方米户型仅剩1套顶楼房源）在售。现购房享6.2%优惠，按时签约再享1%优惠，全款额外享1%优惠。另项目还推出首付分期活动，先付首付的20%，剩余首付一年内或两年内（分12次/24次）付清即可，无利息。

万科公园里二期83平方米三房优惠后价格约8400元/平方米，总价约69万；87平方米三房优惠后价格约7800元/平方米，总价约68万；116平方米三房优惠后价格约7800元/平方米，总价约90万。

据悉，万科公园里配套24班的公立小学（预计为官渡区关上小学），预计2016年9月开学。项目二期预计2017年12月30日交房，现87平方米和116平方米户型样板间已开放，意向购房者可前往参观了解。

另万科公园里2016年1月每个周末将在售楼部举办“辞旧迎新，喜迎新春”活动，现场有写春联、猜灯谜等活动，签到可获得新年贺卡、窗花等礼品。

（资料来源：根据“搜狐焦点2016-01-05”资料整理。）

【思考题】 万科公园里采取了哪些促销手段？你觉得市场反应会怎样？

二、房地产促销组合策略

（一）拉式策略与推式策略

拉式策略是以广告促销为拳头产品，通过创意新、投入高、规模大的广告轰炸，直接诱发消费者的购买欲望，由消费者向零售商、零售商向批发商、批发商向生产商求购，由下而上、层层拉动购买。

推式策略是指企业运用人员推销和营业推广等方式将商品推向市场，从制造商推向批发商，再从批发商推向零售商，直至推向最终的消费者或用户。推式策略一般适用于单位价值较高的商品，性能复杂、需要做示范的商品，根据用户需求特点设计的商品，流通环节较少、流通渠道较短的商品，市场比较集中的商品。

房地产的两种促销组合策略，即拉式策略和推式策略，企业可根据实际情况选择使用。

1. 拉式策略指开发商针对目标顾客而进行的宣传和促销活动，主要包括公共关系促销、广告宣传、营业推广等促销手段。

2. 推式策略指开发商运用销售人员将产品直接推销给目标顾客。它要求推销人员有良好的沟通能力、丰富的专业知识和销售经验，同时，对销售人员的人格魅力要求也较高。

图 9-1 为推式策略和拉式策略示意图。拉式策略是以最终消费者为主要的促销对象，首先设法引起潜在购买者对产品的需求和兴趣，然后消费者向中间商询购这种商品，中间商看到有利可图，会向制造商进货；推式策略，就是以中间商为主要促销对象，把产品推进分销渠道，推向顾客和市场。显然，如果企业采取拉式策略，则广告作用更大；如果企业采取推式策略，则人员推销作用大。

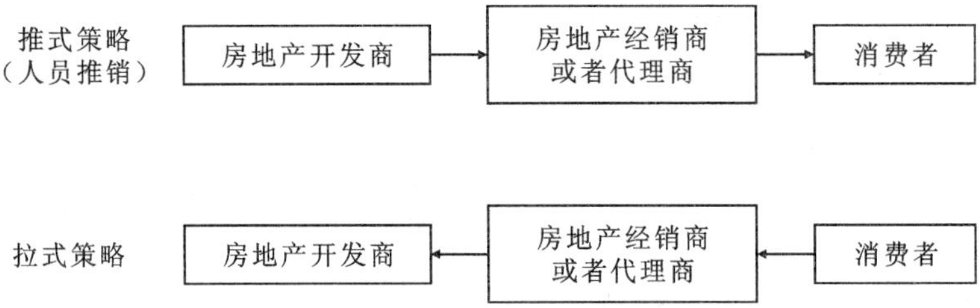

图 9-1 推式策略和拉式策略示意图

（二）待购阶段的策略

顾客的待购阶段一般可分为六个阶段，即知晓、了解、喜欢、偏好、确信和购买。对于处于不同阶段的产品，企业应采取不同的促销组合策略。在建立顾客知晓阶段，广告、营业推广和公共关系的作用较大；在了解和喜欢阶段，广告的效果最好，人员推销其次；在偏好和确信阶段，人员推销作用较大，广告作用略小于人员推销；在购买阶段，主要是人员推销发挥作用，营业推广也起一定作用。

(三)产品各个生命周期阶段的策略

菲利普·科特勒把产品所处生命周期阶段、促销目标重点与促销组合的关系用表 9-1 来描述。

表 9-1 产品生命周期的阶段目标和促销组合

产品市场生命周期	促销目标重点	促销组合
导入期	建立产品的知晓度	各种介绍性广告、人员促销
成长期	提高产品的知名度	改变广告形式(如形象广告)
成熟期	增加产品的美誉度	全方位的促销
衰退期	维持信任、偏爱	营业推广为主

总的来讲，促销的作用在产品生命周期的导入期和成熟期最大。对处于不同生命周期阶段的产品而言，促销的重点和目的各不相同，所采用的促销方式也有所区别。当产品处于导入期时，需要扩大知名度，让顾客认识和了解产品，吸引顾客的注意力，故广告和公共关系的效果最佳，营业推广在引起顾客购买兴趣方面起到了一定作用。在成长期，如果企业想提高市场占有率，广告和公共关系工作仍需加强，只是侧重点有所不同。企业想取得更多利润，则应加强人员推销工作，来降低成本。在成熟期，应增加各种营业推广活动，削弱广告，这时的广告只是提示性广告。在衰退期，企业应把促销规模降到最低限度，某些营业推广措施仍可保持，用少量广告保持顾客记忆即可。

三、影响房地产促销组合策略选择的因素

房地产企业应考虑多种因素，综合分析，采取符合本房地产项目的促销组合。

(一)产品类型

一般来说，从事消费品营销的企业，最主要的促销方式是广告，其次是营业推广，然后是人员推销，最后是公共关系；而房地产促销里最重要的促销方式是人员推销，依次为营业推广、广告和公共关系。但是针对不同的房地产产品，选择的促销策略是不同的。比如对于别墅和普通的商品房选择的促销组合策略肯定是不同的。

(二)促销预算

不同的促销方式、促销组合，需要投入的资金总量不同。因此，企业的财务实力及其促销投资预算影响和制约着对促销组合的选择。因此，在满足促销目标的前提下，既要量力而行，又要用最少的费用实现最佳的促销组合，使其促销费用发挥出最好的效果。企业确定的促销预算额应该是企业有能力负担的，并且是能够适应竞争需要的。为了避免盲目性，在确定促销预算额时，除了考虑营业额的多少外，还应考虑到促销目标的要求、产品市场生命周期等其他影响因素。

(三)市场因素

在诸多市场因素中，主要是市场规模与集中性、购买者类型、消费者心理与行为和竞争对手的促销攻势对促销组合影响较大。

1. 市场规模与集中性

规模小且相对集中的市场，人员促销是重点；规模大、范围广且分散的市场，则应多采用广告、公共关系和营业推广。

2. 购买者类型

对个人家庭消费者应以广告、公关关系为主，辅之以营业推广；对组织用户、集团消费应以人员促销为主，辅之以公共关系和广告；对中间商则宜以人员促销为主，并配合营业推广。

3. 消费者心理与行为

主要是分析消费者处于购买决策的哪一阶段。广告与公共关系在认知阶段比营业推广和人员促销的作用大得多，应当作为促销组合重点选择；理解阶段主要选择广告、公共关系和人员促销；信服阶段，人员促销是重点；成交阶段应主要选择人员促销和营业推广；再次购买应以营业推广和人员促销为主，配合广告与公共关系。

4. 竞争对手的促销攻势

根据自身与竞争对手的实力分析和比较，选择针锋相对的促销方式或避其锋芒的促销组合。

(四)管理因素

不同的促销方式、手段，其管理复杂的程度有所不同。一般说来，公共关系和营业推广的管理更为复杂，如果管理水平不高，企业一般不愿意选择；而广告和人员促销相对说来管理简单些，容易被企业选择使用。

(五)时机因素

任何商品都会面临销售时机和非销售时机。显然，在销售时机(如销售旺季、流行期、特别活动和节日期等)应当掀起促销高潮，一般要以广告、营业推广为重点；而在非销售时期，则应以公共关系和人员促销为主。

(六)渠道因素

如果企业以中间商为主来分销商品，则应以广告、公共关系为主，为中间商创造有利的销售环境，再配合对中间商的促进，充分调动其积极性。如果企业以直销、多层传销等非流通渠道的销售方式为主，则重点是公共关系、人员促销和营业推广。

(七)经济前景

企业应随着经济前景的变化，及时调整促销组合。如通货膨胀时期，人们对价格十分敏感，企业可采取如下对策：第一，加强营业推广，减少广告；第二，在促销中特别强调产品价值；第三，提供咨询服务等。

【案例分析 9-4】

“花好月圆”开盘促销活动案例

1. 促销安排

目标客户：凡在 10 月 26 日前购买锦峰苑的客户（以签约为准），均可参加抽奖活动，在原有实惠的单价基础上，借此激发顾客产生强烈的购买欲望。

抽奖奖品：奖品设电脑与家电类产品，中奖率为 100%。其中，50%的客户可获赠价值 5000 元的品牌电脑一台，另 50%客户可获赠价值千元的其他产品，品种设定为家电系列，其价值可高一些，达到 2000 元左右，差不多是电脑价格的一半。这样对于那些没中大奖的人来说也不会觉得太遗憾。因为活动本身就是让所有参与者都能获奖。

时间安排：10 月 26 日为截止日，经过两天的准备于 10 月 28 日配合开盘活动。并在开盘活动的后半部分举行公开的抽奖仪式。

推广方式：为配合这一方案的实施，可适当在媒体上予以体现，比如，可以在 9 月 27 日的报纸上发布这一消息，开盘广告也可以发布公开抽奖的公告。

其他事项：抽奖仪式必须请公证处公证，结束后可当场发放奖品，这样可以配合开盘仪式营造出热烈气氛；也可以当场领取兑奖券。

活动安排：

13:00 业主进入会场，售楼处人员安排业主进入售楼处就座，派发宣传单，桌上配备茶点，并有音乐伴奏。

13:30 开发商带领全体业主至工地现场参观，售楼人员可随行讲解。

14:00 业主返回售楼处抽奖。

14:10 抽奖仪式开始，由主持人主持开奖仪式，具体流程如下：拟写好抽奖签，并由每家选出的一人作代表参与抽签，决定抽奖顺序。抽签结束，宣布抽奖开始，抽奖仪式记录在案，并至会场颁奖。现场由保安组织秩序。

14:50 抽奖结束，由班车接送至会场，会场有音乐伴奏与茶点。

15:30 业主会开始，由主持人简短发言，并邀请曹峰置业总经理王总发言，宣布优惠方案。

15:40 主持人客串发言（讲解稿由春之声准备），活跃现场气氛。

15:43 请曹峰置业副总发言（由开发商准备），并颁发抽奖奖品。

15:50 请物业公司总经理发言，宣布物业管理章程，并接受业主提问。

16:00 请业主发言，讲述自己选中“花好月圆”的故事经历。之后由开发商与售楼处人员回答业主提出的问题。

17:00 业主联谊会结束。

2. 促销执行

在活动现场巡视时，要考虑检查以下问题：

(1)正确的产品组合：是否是正在进行的促销产品；

(2)正确的形式：促销形式是否正确，产品陈列形式是否正确；

(3)正确的面位：产品陈列面位是否是促销协议中规定的；

(4)正确的位置；

(5)正确的助销工具：助销工具是否有助于增加销量；

(6)正确的信息传达；

(7)正确的促销活动信息：以正确的方式传达给消费者；

(8)正确的销售价格。

【思考题】 该次促销活动的安排有哪些重点？你觉得怎样才能算是一个成功的促销活动？

本章小结

本章主要介绍了房地产促销的相关内容。房地产促销策略，是指房地产开发商为了推动房地产租售而面向消费者或用户传递房地产产品信息的一系列宣传、说服活动。房地产营销促销方式主要有五种，分别是广告促销、人员推销、公共关系、营业推广、狭义的促销。所谓促销组合是一种组织促销活动的策略思路，主张企业运用广告、人员推销、公共关系、营业推广四种基本促销方式组合成一个策略系统，使企业的全部促销活动互相配合、协调一致，最大限度地发挥整体效果，从而顺利实现企业的营销目标。房地产企业在选择促销组合时应考虑多种因素，综合分析，采取符合具体房地产项目的促销组合。需要考虑的因素主要有产品类型、促销预算、市场因素、管理因素、时机因素、渠道因素、经济前景等。

关键概念

房地产促销　Real estate promotion

广告促销　Advertisement promotion

人员推销　Personal selling　　公共关系　Public relations

营业推广　Sales promotion　　促销组合　Promotion mix

复习思考题

1. 房地产促销的含义是什么？

2. 房地产促销主要有哪几种方式？

3. 房地产促销的目标是什么？

4. 房地产促销组合的特点有哪些？

5. 房地产促销组合的选择主要受到哪些因素的影响？

实践与训练

1. 报纸广告欣赏。收集、分析、研究当地的房地产报纸广告，从中选择你认为最佳的一则广告。说明该广告的优点和不足，提出改进方案。

2. 为题 1 中的楼盘设计广告宣传语，并选择某一促销方式，制订促销计划。

案例分析

房地产市场开发商 10 大促销手段

招式一：直接降价

这一促销手段，由于操作的透明度极高，对于开发商的真情表白，只要打折幅度达到心理价位，购房者都会欣然接受。上海楼盘的降价打折幅度从 5%到 40%不等，但真正能引发热销的楼盘，降价都在 20%以上，比如大华集团的锦绣华城将均价从 13500 元调整到了 9000 元，降幅近 35%。而万科在上海的三个销售中的楼盘，也降了 12%～15%。但直接降价，除了有“你越降俺越不买”的隐忧外，还可能会损害项目或企业品牌形象，所以大华是打着“17 周年庆”的旗号，万科则是启动一项“万科点亮生活”的行动。看看这两个地产大腕，连降价都降得“那么帅”。

招式二：免费送礼

在房展会上，司空见惯的是送把洋伞，也能排上几十米的长队。其余的小则送物业费、中央空调、全套橱柜，大则送车库、卫生间、小汽车。当然，消费者也不傻，若礼品正好是那根能改变其心理价位平衡的“稻草”，则会爽快出手，如果所送礼品价值或用途与消费者心理预期相差甚远，则往往会做隔岸观火状，此时开发商也只能是“热脸贴上冷屁股”。上海就有这么个送礼送上瘾的大盘项目，2003 年首度开盘之时，就打出“买房送车”的口号，一举打响了“上海康城”的名声，2004 年二期时又“买房送黄金”，创下单日售房 1027 套的记录，而 2005 年 3 月以来，随着宏观调控辣手频出，此盘演出了戏剧性的一幕：几百个前期已成交客户纷纷退房。而 9 月重新开盘，虽打出“买房送现金”的新招，岂奈风光不再。由此可见，送礼只能是锦上添花，要想逆流而上，怎一个“难”字了得？

招式三：内部员工价

浦东的一大型楼盘正大家园，就拿内部员工价说事。按销售人员的话讲，戴着面纱的女人就比其他女人的回头率高，因此可达到购房人高关注度的目的。另外，还可以回避前期高价购房业主来闹事(水岸蓝桥退房事件即为明证)，只有内部员工才能享受如此优惠的价格嘛，至于说内部员工是自住、炒房，开发商是管不着了的，反正只要销售放量就行。而事实上，这一价格确实很诱人：均价的五折——目前上海楼市最大的折扣。

招式四：搞团购

从开发商的角度来说，团购既可免去因降价而招致前期高价成交业主的声讨与退房之威胁——“集体买房，批发价天经地义”，又可借机炒作出销售量和知名度。对购房者而言，人多力量大，集体去砍价，还真有点要“翻身做主人”的味道。自2007年8月开始，在上海某网站的组织下，团购买房忽然在上海火了起来，有近百家开发商参与，比如嘉城、碧林湾、玫瑰99、欧风丽景等多个楼盘团购成功。而且，团购买房热有从上海蔓延到北京等地之势。

招式五：无理由退房

“无理由退房”，这一招看起来是开发商冒很大风险为消费者着想，但房子毕竟不同于一般小件消费品，真要退起来又谈何容易。首先，装修入住几年后，房子成为“家”的物质外壳，这种浓厚的感情寄托实在非金钱可以估价，因此岂能动辄割舍；其次，中国式买房是“宽进严出”，想退房，程序一大堆；最后，开发商都是项目公司，房子卖完后可能项目公司就不存在了，若承诺期过长，届时即使想退房也怕找不到主。无理由退房实属业内智多星潘石屹所原创，“既然日子过不下去了，不如心平气和地离婚吧”——这是为应付1999年“氨气事件”的危机公关的成功案例。

招式六：减首付

2000年曾有银行推出过零首付，减首付也算是开发商的又一发明。随着银行对购房贷款的收紧银根，此时开发商牺牲部分利益而抛出低首付的“绣球”对于某些购房者，尤其是上班不久积蓄不多的年轻族当然颇具吸引力。上海的欧风丽景推出首付10%，消费者只要准备一成的首付款，余下的两成首付款，可从某专业投资公司处无息(由开发商支付利息)获取，这笔款项的还款期限为交房时。当然，如果购房者以后的还款能力发生问题或交房时房价猛跌导致购房者不愿付这两成房款，后遗症就会发作，开发商可就“哑巴吃黄连”了。

招式七：保价计划

2005年9月，位于上海新江湾城的雍景苑推出了一项独创性的“购房价格全面保护计划”，根据承诺，计划实施期内(至2006年6月30日)购买该楼盘的消费者，可以在区域平均房价下跌时获得开发商的差额补偿。如此高招，一经推出便震惊楼市，说好听点这是开发商为民众谋福利，为楼市撑腰，说损点这可有点“寅吃卯粮”和“押宝”的味道。这一计划真要实施起来还有诸如区域均价如何具体界定等问题，但既然开发商理论上已“风险全担”，部分购房者果真怦然心动，开盘当天成交33套——这一数字足以让几个月没开锅的诸多开发商狂流口水了。以现在该楼盘的均价衡量，基本上与 2005 年 9 月持平，由此证明此招颇有成效。

招式八：先租后卖

"先租后卖"这一招够狠，完全解除了消费者的心理防御，"试住"一段时间不满意即可退房，这跟水果小贩们"先尝后买"的策略如出一辙。使用这一招，开发商要对自己的产品非常有信心，经得起客户的考验，待其产生恋家情结后（装修、家具、电器都配备舒心之后），除非楼市发生大的下挫（若真这样任何促销都无能为力），否则一般不会退租。这一招早先被香港人玩过，尤其在楼市低迷期，堪称促销的一大"撒手锏"，但也真有个别楼盘届时退租现象严重。2009 年，这一招数出现在次新房市场，那些房子套在手中的炒房者，为了挽回些许损失（尤其是避开当时出台的两年内转售需缴 5.5%营业税）采取了这一方式。

招式九：试住促销

活动内容：客户试住计划需交纳一定数额的定金及签署《预购（试住）合同书》，在签署《预购（试住）合同书》以后至入伙期间，开发商自行供楼。在入伙后正式试住物业，每月按照规定的租金交纳月租，试住期限为 3 年，在 3 年试住期间任一时间内，客户可将之前交纳的月租金抵作首期房款，在补齐首期房款后可签署《商品房买卖合同》，办理产权过户和银行按揭手续，进入供楼阶段。3 年试住期满，如客户不想购房，开发商可以退回定金，收回物业。

操作要点：开发商发放统一存折，客户每月自行存入。

注意事项：①客户 3 年内退房。试住超过 3 年才能退房，不满 3 年的，不退定金。②3 年后客户不买房，物业再次出售。办法一是按照现在的行情，3 年后物业价格会涨，可将物业重新定价进入三级市场销售，谋取意外的风险利润；二是如果楼市价格滑坡，可将物业出售给内部职工，减少损失。考虑到多种因素，再次销售物业的比例较小，无论采用何种方式对开发商的负面影响都不大。

招式十：房产中介促销

目前市场上中介的促销方式大概有三种。一是房源促销，这部分促销很大程度上是针对政策做出的反应，如现在一些中介门店提出的"免税房"就是一种。二是服务促销，中介公司在服务和行动上做出改善，吸引客户，比如中介人员进入小区为客户服务。三是联合促销，在房地产相关的产业链上完整服务，和相关产业的其他行业联合进行促销，也是一种新的尝试。据了解，这类中介服务进入社区的活动主要提供三大服务：第一是在现场设置场地提供买卖二手房的知识，这一服务在"社区行"的每一站都有提供；第二是争取在每一次进小区的活动中，都能配备专门人员现场讲解有关政策的各种知识；第三是如果可能的话，将在活动中举办客户讲座，指导居民购房，并对所在区域进行区域楼市走势分析。

（资料来源：根据《房地产市场开发商 10 大促销手段》整理，原文地址：http://www.fangce.net/article/

yingxiao/jiqiao/200805/1669.html。)

【思考题】

1. 案例中谈到的10种房地产商的促销招式，对此你做何评价？

2. 如何根据不同的房地产选择合适的促销方法？

第十章　房地产营销策划

学习目标

1. 理解房地产营销策划的概念、特点；
2. 了解房地产营销策划的作用；
3. 掌握房地产营销策划的主要过程；
4. 掌握房地产销售策划的内容与步骤；
5. 掌握房地产形象策划的内容；
6. 掌握房地产广告策划的内容及步骤。

引　例

某房地产开盘庆典活动策划方案

一、活动目的

利用开盘庆典造势，使目标客户群体知道、认识本案。同时，借美食节的东风，聚集开盘庆典的人气，为本案的成功启动埋下伏笔。

二、活动整体安排

1. 时间：××年6月18日上午9:00
2. 地点：拟定在××公园广场
3. 具体安排：

(1)地方政府领导、开发商及各界人士参加开盘仪式。
(2)开发商发言。
(3)开盘剪彩仪式。
(4)开盘庆典大型广场文艺演出。

三、信息传播

(一)美食节信息发布

1. 发布时间

本次活动拟在6月16日开幕，预定媒体造势的计划安排在5月中旬开始。

2. 发布方式

主要通过报纸、电视来传播本次活动，采用硬、软两种广告相结合的媒体造势方式进行。

(二)开盘庆典信息发布

1. 发布时间

开盘前一个月为广告预热和市场引导阶段。本案拟在6月18日开盘，预定媒体造势的计划安排在5月中旬开始(具体时间待定)。

2. 发布方式

主要通过报纸、电视、网络来传播本次活动，尽可能扩大本次活动的影响范围。

(资料来源：根据相关资料整理，原文地址：http://www.zgdcs.com/main/2008-07/6950.htm。)

【思考题】

1. 在这个策划案中，房地产公司为什么要把开盘典礼与美食节联系在一起？
2. 你认为这个策划存在问题吗？如果有，存在什么问题？

第一节　房地产营销策划概述

房地产营销策划是一项系统工程，它统筹所有房地产销售及宣传推广工作，是房地产开发商为了取得理想的销售推广效果，在进行环境分析的基础上，利用其可动用的各种外部及内部资源进行优化组合，制订计划并统筹执行的过程。一个新楼盘的营销工作一般可以分为前、中、后三个时期，每一个过程与环节都很重要。

一、房地产营销策划的概念、特点及作用

(一)房地产营销策划的概念

房地产营销策划，就是综合运用市场营销学及其相关理论，以房地产市场调研为前提，从项目竞争的需要出发，科学地配置企业可运用的资源，制订切实可行的营销方案并组织实施，以实现预定的营销目标的过程。也是对开发商的建设项目，在有限的条件下，正确地遵循科学的营销思路，组合运用房地产的四大营销工具(产品策略、价格策略、广告策略和销售策略)解决实际销售中的障碍，以及安排由此产生的工作人员组织架构等问题。即从观念、设计、区位、环境、房型、价格、品牌、包装、推广上进行整合，合理确定房地产目标市场的实际需求，以开发商、消费者、社会三方共同利益为中心，通过市场调查、项目定位、推广策划、销售执行等营销过程的分析、计划、组织和控制，在深刻了解潜在消费者深层次及未来需求的基础上，为开发商规划出合理的建设取向，从而使产品及服务完全符合消费者的需要而形成产品的自我销售，并通过消费者的满意使开发商获得利益的过程。

(二)房地产营销策划的特点

1. 以人为本

房地产开发企业面临的首要问题是使开发的房地产商品适合顾客的需要，从而促进销售，增加利润，加快资金周转。因此，房地产开发一定是首先强调“以人为本”的营销策划。中国自古的儒家仁爱思想和西方的人本主义思潮为房地产营销的人性理念提供了坚实的文化基础。企业的一切经营活动，都必须围绕消费者的愿望、需求和价值观念来展开，这是房地产营销策划的根本所在。

2. 理念是营销策划的灵魂

当前优秀的房地产营销策划的主导理念一般都包括生态理念。近代以来，地球环境污染加重，客观上要求房地产开发必须树立起可持续发展的生态理念，这不仅仅为目前的人类提供了更加适宜的生存空间，也为子孙后代的发展铺平了道路。

3. 系统性

房地产营销策划是一个庞大的系统工程，各个策划子系统组成一个大系统，房地产项目开发从开始到完成要经过市场调研、投资研究、规划设计、建筑施工、营销推广、物业管理等几个阶段，每个阶段构成策划的子系统，各个子系统又由更小的子系统组成。各个子系统各有一定的功能，而整个系统的功能并非简单地是各个子系统功能的总和，系统的结构与功能之间具有十分密切的联系。

4. 前瞻性

房地产营销策划本身就是对“未来”的未完成的“房地产”进行策划，所以它一定要有超前性和预见性；其次，房地产项目完成的周期少则二三年，多则三五年，甚至更长，如果没有超前的眼光和预见的能力，投入高产出少，企业就会遭受巨大损失。房地产策划的超前眼光和预见能力，在各个阶段都要能体现出来。在市场调研阶段，要预见到几年后房地产项目开发的市场情况；在投资分析阶段，要预知未来开发的成本、售价、资金流量的走向；在规划设计阶段，要在小区规划、户型设计、建筑立面等方面预测未来的发展趋势；在营销推广阶段，要弄清当时的市场状况，并在销售价格、推广时间、楼盘包装、广告发布等方面有超前的眼光。

5. 市场性

凡是商品都要考虑适销对路的问题，对房地产商品来讲，尤为重要，这也是由房地产的特性决定的。因为商品房建设周期长、使用期长，一旦空置，很难处理。因此，房地产营销策划就要时时刻刻考虑市场的方向问题，使房地产经营活动建立在良性循环的轨道上。为了更好地解决房地产策划适应市场的问题，可以从以下三方面着手：一是房地产营销策划自始至终要以市场为主导，顾客需要什么商品房，就建筑什么商品房，永远以市场需求为依据；二是房地产营销策划要随市场的变化而变化，商品房的市场变了，策划的思路、定位都要变；三是房地产营销策划要造就市场、创造市场。依据市场调研结果，营销策划要善于发现潜在的市场，占领空缺的市场；根据市场的发展趋向，营销策划要有超前的眼光，造就市场或创造出市场来。

6. 创新性

创新是房地产营销策划的生命所在。房地产营销策划创新，首先表现为概念新、主题新。因为主题和概念是项目的灵魂，是项目发展的指导原则，只有概念和主题有了新意，才能使项目有个性，才能使产品具有与众不同的内容、形式和气质。其次表现为方法新、手段新。策划的方法与手段虽有共性，但用在不同的场合、不同的地方，所产生的效果也不一样，因而还要通过不断的营销策划实践，创造出新的方法和手段来。

7. 操作性

房地产营销策划方案的实施是营销策划的直接目的，因而房地产营销策划应该具有充分的可操作性。要想操作好营销策划方案至少应具备三个条件：一是在实际市场环境中有可操作的条件；二是在具体的实施上有可操作的方法；三是策划方案要易于操作、容易实施。经常有一些策划方案制定了非常理想的策略，但完全脱离了市场的客观性或超出了开发商的负担能力和实施能力，因而也只能是空洞的纸上谈兵。

8. 地域性

房地产作为不动产，位置的固定性是无法改变的，因而房地产策划就自然地存在地域性的特征。从事房地产策划首先要考虑项目的地域性特征。第一要考虑房地产开发项目的区域性经济情况。由于各区域的地理位置、自然环境、经济条件、市场状况很不一样，要进行房地产策划就不能不考虑这些情况。第二要考虑房地产开发项目周围的市场情况。从房地产市场来讲，房地产策划要重点把握市场的供求情况、市场的发育情况，以及市场的消费倾向等。第三要考虑房地产项目的区位情况，如房地产项目所在地的功能区位、地理区位、街区区位等。

（三）房地产营销策划的作用

如今的房地产营销已走过了开发商盖个房子然后打个自吹自夸广告就能销售的阶段，步入了必须从消费者心理出发、必须切实满足消费者需求的境地。房地产营销策划的作用主要体现在以下几个方面：

(1)房地产营销策划能使企业决策准确，避免项目运作出现偏差。房地产营销策划可以作为房地产企业的参谋，使企业及企业家决策更为准确，尽量避免项目在运作中出现偏差。

(2)房地产营销策划能增强房地产开发项目的竞争能力，使其稳操胜券，立于不败之地。在当前房地产产业竞争十分激烈的情况下，房地产营销策划更能发挥它的特长，增强项目的竞争能力，赢得主动地位。

(3)房地产营销策划能探索解决企业管理问题，增强企业的管理创新能力。策划人遵循科学的策划程序，帮助房地产开发企业管理创新，从寻求房地产开发项目的问题入手，探索解决管理问题的有效途径。

(4)房地产营销策划能有效地整合房地产项目资源,使之形成优势。房地产策划参与到概念资源、人力资源、物力资源、社会资源等各种资源中去,理清它们的关系,分析它们的功能,使它们结合在一起,围绕中心,形成共同的目标。

此外,房地产策划还有预测未来市场、满足居民居住具体要求等作用。

二、房地产营销策划的内容

(一)市场分析

1. 市场供给调查分析

针对某一时期该区域市场供给状况的调查主要包括:市场上已有的在售住房;同期将要建设的项目以及它们的区位、结构、面积、售价、付款方式;同等级房地产企业的数量、实力和市场占有率;同等级房地产企业广告诉求重点、营销策略、服务以及效果;同等级房地产企业同时进行的项目销售情况和空置情况。

2. 市场需求调查分析

首先要调查消费需求的满足状况,即市场的实际需求状况,包括某一时期该城市现有家庭中有多少家庭住房已经得到满足;其次,这些有需求欲望的家庭结构和规模怎么样,他们需要什么结构和面积的住房;再次,他们的收入水平、受教育状况以及会购买、能够买什么样的住房,愿意以什么价格购买;最后,是这些潜在客户的集中分布状况,他们在租售、消费信贷等方面的消费心理和消费方式如何。

(二)项目自身分析

在分析外部环境的同时,必须分析其内部环境,即分析项目自身的能力和限制,找出其所特有的优势和存在的劣势。应使用一些方法对项目自身情况进行分析,一般使用 SWOT 方法,它能把内、外部环境有机结合起来,使企业能调整策略,谋求更好的发展,也能提高决策的质量。

(三)目标市场的确定

不同消费者的需求和偏好有很大差异。依据不同的区域特点,针对目标客源的特定需求,制定合理的市场定位,就能取得良好的销售业绩。选择了项目的目标市场也就确定了目标客户群,此时再对目标客户群进行深入分析是为了使项目推广能够更加准确有效。这里的分析结果将决定整个项目的营销策划,包括媒体的选择、组合,宣传主题、力度,诉求方式和其他辅助手段,同时,目标客户定位的结果也将影响价格定位和付款方式。做好目标客户定位,主要考虑目标客源的经济背景分析和目标客源的文化背景分析。

三、房地产营销策划的主要方法及过程

(一)房地产营销策划的主要方法

房地产营销策划的方法决定了策划的具体行动方案是如何产生的。方法多种多

样，各有优缺点，关键是如何对现有人力、物力进行科学的综合运用。房地产营销策划的方法主要有以下几种：

1. 调查法

调查法是指通过房地产策划者有组织的调查，得到相关的信息，然后对这些信息进行分析，得出结论，最后根据结论进行策划，策划的直接依据是通过调查得到的资料。市场调查是对复杂多变的房地产市场环境做出科学分析的基础，是房地产市场营销策划的起点。房地产营销策划首先要了解房地产现实的和潜在的市场状况，消费者的购买力、消费方式、购买欲望的特点，竞争性产品的优缺点，竞争对手的营销策略，科技进步给市场带来的冲击等，全面准确地掌握房地产市场信息之后，才能有针对性地进行营销创意、理念设计，制订可行的房地产市场营销方案，把策划出的创意、构思、设计和行为放到具体的市场营销环境和营销活动中认识和分析，并整合出符合客观实际的房地产策划方案。

2. 预测法

预测法是依靠房地产从业人员的观察分析能力、经验判断能力和逻辑推理能力所进行的预测分析，它是预测者根据他们所了解的情况和实践积累的经验，对客观情况所做的主观判断，其主要特点是利用直观的材料，依靠个人经验的综合分析，对事物未来状况进行预测。房地产项目从规划、开发建设到营销推广有很长一段时间，而房地产市场和消费者的消费情况则是瞬息万变，所以房地产营销策划要根据以往的从业经验，既要结合房地产市场的发展历程和发展趋势，还要对目标客户进行消费心理和行为分析，预测未来一段时间内房地产市场的发展前景、消费者会有怎样的变化，根据预测的结果进行策划，所做出的营销策划才有预见性。

3. 类比法

类比法也叫比较类推法，是指由一类事物所具有的某种属性，可以推测与其类似的事物也应具有这种属性的推理方法。其结论必须由实验来检验，类比对象间共有的属性越多，则类比结论的可靠性越大。有时房地产公司所开发的项目在公司的历史上是没有的，是全新的，营销策划的项目没有以前的资料或实例做参考，因此需要寻找与本项目类似的项目进行类比，可以是由点到面的类比，也可以是区域内雷同项目的类比，还可以是国内外同类项目的类比，具体分析各因素的关系与地位，从而对本项目有一个清晰的认识，这样做出的房地产营销策划才有的放矢。

（二）房地产营销策划流程

在不同的房地产营销策划理论和不同的策划阶段，房地产营销策划的流程也会有所不同。因为在实际的策划操作过程中，可能会随着不同阶段出现不同的问题而提出有针对性的解决方法，其具体的操作过程也不会一成不变。房地产营销策划一般按以下流程进行：

1. 市场调研

主要对宏观环境以及项目所在区域竞争对手进行分析。

(1)导语。包括本次市场调研的背景、动机、运用手段、目的等。

(2)市场分析。当前市场分析，如开发总量、竣工总量、积压总量等数据的统计，主要分析大的区域的宏观走势；区域市场分析，包括销售价格、成交情况的统计分析，对项目所在区域的楼盘的供求状况、趋势的分析。

(3)近期房地产的有关政策、法规、金融形势分析。

(4)竞争个案项目调查与分析。

(5)消费者调查。对消费者的分析应该有针对性，而且要尽量详尽。主要包括购买者地域分布、购买动机和功能偏好；消费者对楼盘外观、小区格局、建材、公共设施、地点等的反应，消费者对价格、付款方式、户型面积、楼盘的购买时机、季节性的购买反应等。

(6)结论。总结以上调研的分析结果，得出概括性的项目面临的市场情况。

2. 项目环境调研

(1)地块状况。包括地理位置、地块面积、地块的地形、地块的环境面貌、地块开发的性质。

(2)地块本身的优劣势。

(3)地块周围景观。包括项目地块前后左右景观，远近景观以及人文景观。

(4)环境污染及社会治安状况。包括是否有水、空气、噪声等污染以及污染的程度，对项目造成的影响以及社会治安问题。

(5)地块周围的交通条件、毗邻该项目的公共交通条件，地块的直入交通是否方便等。

(6)公共配套设施。包括菜市场、商店、购物中心、公共汽车站、学校、医院、文体娱乐场所、银行、邮局、酒店等公共设施，是否方便居民的生活。

(7)地块地理条件的强弱势分析。通过 SWOT 坐标图、综合分析等方法进行分析。

3. 项目投资分析

(1)投资环境分析。主要分析当前经济环境，如银行利息、金融政策、开发程度等；房地产的政策法规；目标城市的房地产供求现状及走势(价格、成本、效益)。

(2)土地建筑功能选择。

(3)现实土地价值分析判断。以周边竞争楼盘的售价和租价作为参照。

(4)土地延展价值分析判断。

(5)成本敏感性分析。主要分析容积率、资金投入和边际成本利润。

(6)投入产出分析。主要分析成本与售价模拟表和股东回报率。

(7)同类项目成败的市场因素分析。

4. 营销策划方案

(1)本项目特点分析。包括项目特性分析:优劣势判断,在同类物业中的地位排序;建筑规模与风格;建筑布局和结构:实用率、绿地面积、配套设施、厅房布局、层高、采光通风、管道布线等;装修和设备:是豪华还是精装修,保安、消防、通信等设备;功能配置:游泳池、网球场、俱乐部、健身房、学校、菜场、酒家、剧院等功能性配套是否完善;物业管理:是自己管理还是委托他人管理、收费水平、管理内容等;开发商背景:开发商实力、以往业绩、信誉、员工素质等;结论和建议:通过对本项目的分析,提出需突出、需弥补、需调整的建议。

(2)目标客户分析。经济背景:分析目标客户的经济实力和所从事的行业的特征以及收入消费水平,希望的付款方式和按揭方式;文化背景:通过分析目标客户的文化背景,以确定适合他们的推广方式、选择能让目标客户最大频率接触的媒体以及能够让他们接受的创意和表达方式等。

(3)价格定位。理论价格:根据开发商确定的期望回报率和成本来确定的价格;成交价格:实际成交的价格;租金价格:根据本区域同质楼盘的租金价格确定的本楼盘的预期租金价格,这个价格对于主打投资概念的楼盘影响很大;价格策略:一般来说,为了显示物业具备升值的空间和潜力,惯用的价格策略是低开高走。

(4)入市时机、入市姿态的选择。选择合适的入市时机和姿态对以后的销售有至关重要的作用,选择合适的入市时机可以提高楼盘销售的速度,进而提高资金回收率。

(5)广告策略。包括广告的阶段性划分:一般情况,房地产销售期一般分为准备蓄水期、内部认购期、开盘强销期及持续期,但是要根据每个楼盘不同的情况来确定各阶段的时间长短,有时甚至将两个阶段合二为一;阶段性的广告主题;阶段性的广告创意表现;广告效果监控。

(6)媒介策略。包括媒介选择、软性新闻主题、媒介组合、投放频率和费用估算。

(7)推广费用。包括现场包装(营销中心、示范单位、围板等)、印刷品(销售文件、售楼书等)和媒介投放费用等。

5. 概念设计

(1)小区的规划布局和空间组织。

(2)小区容积率的敏感性分析。

(3)小区道路系统布局(人流、车流)。

(4)小区公共配套布局安排(学校、会所、购物场所等)。

(5)小区建筑风格的形式及运用示意。

(6)小区建筑外立面色彩的确定及示意。

(7)小区户型比例的搭配关系。

(8)小区经典户型的功能判断及其面积划分。

(9)小区环境主题风格确定及示意。

6. 识别系统

(1)核心部分。包括本项目的名称、标志、标准色和适合项目定位的标准字体。

(2)运用部分。主要包括施工现场和营销现场。销售现场包括彩旗、挂幅、欢迎牌等烘托气氛的工具，营销中心的形象墙、门楣标牌、指示牌、展板的规范，营销人员的胸卡、工作牌、台面标牌等；而施工现场的识别系统主要是工地围板，工地办公室要设置经理办公室、工程部、保安部、财务部等保证工程和接受客户咨询和下属汇报的职能部门；功能性标牌：设置请勿吸烟、防火、防电、配电房、火警119、消防通道、监控室等安全功能指示牌。

7. 营销策划方案的实施

营销策划方案实施过程中的组织、指挥、控制和协调工作。

8. 营销策划方案的评估与修正。

第二节　房地产营销策划的主要类型

房地产营销策划的类型主要有房地产销售策划、渠道策划、促销策划、企业形象策划、广告策划等，本书主要论述房地产销售策划、房地产形象策划和房地产广告策划三种。

一、房地产销售策划

(一)房地产销售策划的含义

房地产销售策划是指为了实现项目或楼盘的销售目标，对楼盘的销售计划、价格、推广、促销等一系列工作进行有意识的整合，使楼盘按照规范的操作手段进行运作，从而实现项目或楼盘的总体目标的一种创意活动。

房地产销售策划是房地产营销策划中最主要的一项策划工作，后面讲到的形象策划和广告策划实际上也是销售策划的一部分，都是围绕销售策划进行的。

(二)房地产销售策划的内容

项目的销售推广是一个庞大的系统工程，涉及方方面面的细枝末节，必须充分调动各方面的资源和力量，群策群力，精心策划，确保项目的销售推广达到预期效果。房地产销售策划的内容与步骤如图10-1所示。

1. 项目研究

即对项目销售市场及销售状况的研究，详细分析项目的销售状况、购买人群、接受价位、购买理由等。

2. 市场定位

对项目所在区域的竞争性楼盘做一次全面、深入、细致的调查，把构成产品的所有细节因素罗列出来，然后将本项目与之逐一进行比较，找出本项目的最佳市场切入

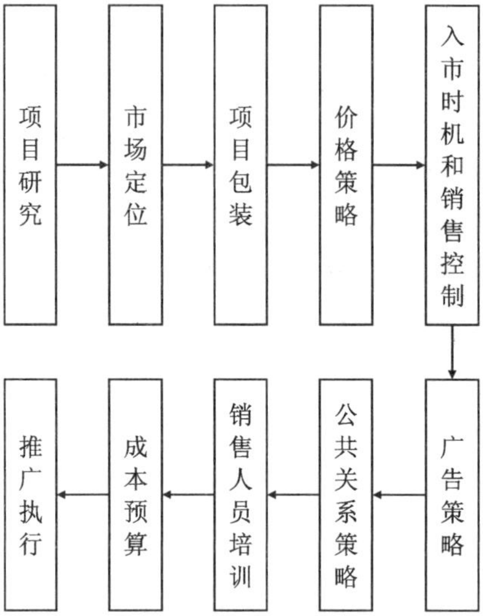

图 10-1 房地产销售策划步骤

点，从而发挥产品的优势点去适合目标客户，并有力抗击竞争性楼盘的威胁。要对所有竞争对手进行详细了解，所谓“知己知彼，百战不殆”。

3. 项目包装

在进行了有效的市场调查和准确的市场定位以后，开发商必须采取措施，使项目形成一个整体上的概念。例如，郑州·帝湖花园项目，将“回家即是度假的开始”这一概念深植人心，令其多年保持旺销。为此，开发商采取各种有效手段对项目进行包装，从而向目标客户准确传达项目形象。项目包装可以从以下几个方面着手：

(1)销售现场包装

俗话说：卖房子就是卖梦想。要把一个美好家居生活的梦想成功地推销给消费者，就要有一个好的造梦环境，也就是应做好销售现场的包装，追求每一个细节的完美，使每一位来看楼的人都能体会到美妙绝伦、美梦成真的感觉。现场包装的工作主要包括售楼部的布置、样板间的布置、现场绿化、工地围墙、建造牌坊等。

销售现场的包装在整个房地产终端营销过程中具有十分重要的作用。有人说：好的现场包装等于销售成功的一半。尽管有些夸张，但却相当在理。另一方面，美观优雅的环境也有助于楼盘吸纳买家、聚集人气。在房地产行业里有一句话，叫“有人气才有财气”，人头攒动、成交热烈的销售现场特别容易造成准买家的“羊群效应”，从众心理会驱使很多原本还在犹豫不决的买家当场下单。要营造出人气旺盛的销售现场，除了很多技术性的处理以外，销售现场包装的作用也是毋庸置疑的。

①现场售楼处。售楼处的设置与包装应充分考虑项目的规模、档次、房价高低、目标客户特征、开发周期长短及所处地理位置。售楼处的外立面风格、色彩搭配应与楼盘自身相符，并能够充分展示楼盘和开发商的形象，发挥其特有的广告作用。就其

内部而言，各个功能分区（模型区、洽谈区、控台区、建材展示区）的设计包装应与销售动线配合，并能详尽展示楼盘的特点、品质及开发商形象。开发商应尤其注意形象墙、模型、接待台、围椅、围台、各种展板的包装及灯光的配置、色彩的搭配等方面，力求向目标客户准确地传达项目的品质与形象。

②样板房。如果有样板房，就不必设售楼处，销售人员可直接在样板房里向客户讲解和推销。样板房可以使客户直观地了解房屋内部构建并联想到今后房屋的品质和新的生活方式。样板房的设计风格、装修档次、色彩搭配、灯光配置、家具款式、厨厕等设备配置要根据目标客户的文化背景和品位来定。在多数情况下，女人和孩子是购买决策者，所以，开发商应特别注意将女人和孩子的生活功能区（如主卧室、卫生间内的女人化妆用区、儿童用房等）精心布置，细致入微，使他们有家的感觉，来了就不想走，这将有助于现场销售的达成。样板房的细致程度不仅直接影响到消费者的临场情绪以及对整个楼盘素质的判断，而且，消费者往往还会通过对样板间的细节观察，来判断开发商的实力，甚至憧憬未来美好的生活。

③工地现场。混乱无序的施工现场会使项目的良好形象大打折扣，为此，开发商必须对工地进行包装。工地包装要强调项目特色，力求塑造一个良好的视觉形象。具体内容包括工地围墙包装、工地立柱广告牌制作、工地公共标牌制作、彩旗制作和路灯安装等，还可根据需要在工地围墙沿线做适当的绿化。试想，如果消费者被吹得天花乱坠的广告所吸引，兴冲冲地跑到现场一看，工地现场混乱不堪，谁会相信开发商所许下的种种承诺呢？

（2）宣传媒介包装

①售楼看板和路牌广告。售楼看板和路牌广告均属户外广告，其作用在于反复提醒目标客户，所以其主题表达要语言简练、明确突出，色彩搭配要简明并能突出诉求重点。例如，广州奥林匹克花园树立的大型看板以深绿色作背景颜色，以白色和黄色的字体反复提醒客户："运动就在家门口！房产精品，健康管家！"寥寥15个字，把项目的形象定位准确传达给了目标客户。

②售楼书。售楼书是关于楼盘最详尽的宣传资料，对于价位高、品质高的楼盘而言，制作精美的、能体现客户身份地位的售楼书是十分必要的。从某种意义上讲，卖房子是在向目标客户推介一种生活方式，售楼书的设计包装必须服从这一要求，通过语言、色彩、图片的精心组合向目标客户强力推介。精心包装的售楼书会让客户产生认同感，进而促进楼盘的销售。售楼书设计要遵循从感性到理性的一般规律，要考究、有特色，语言要精练、优美、朴实，不能过分夸张。售楼书中的图片要朴实且能烘托出为目标客户精心设计的社区生活范围。

③报刊广告。报刊广告的包装主要是在透彻分析、理解产品主要卖点及目标客户的文化背景和消费心理的基础之上，通过广告创意、广告平面设计、广告文案的创作，向目标客户准确传达项目的形象，力求形成名牌效应，造成销售现场足够的有效

人流，从而促进项目的销售推广。

4. 价格策略

(1)价格控制原则。房地产营销的核心内容是价格控制。一般可有序设置开盘价、封顶价、竣工价和入住价四个价格，并根据市场反应情况实施小幅频涨的价格策略。价格控制应遵守以下两个原则：

一是低价开盘，开盘后房价只升不跌。房地产价格在销售期下调，不仅会严重损害已购房者的利益，而且会使楼盘市场信誉度下降，失去市场。

二是留有升值空间。价格控制过程中的小幅频涨必须以市场反应为根据，不能无理由涨价，更须避免价格上调幅度过高、速度过快。一旦发现"曲高和寡"，再欲下调而又无法下调时，开发商将会陷入极大的困境。价格调整要既能使已购房者产生信心，又能使预购未购者产生购买欲望。

(2)付款方式。付款方式的设计是价格策略的重要组成部分。从种类上看，付款方式包括一次性付款、分期付款、银行按揭、延期付款等。付款方式的确定要充分考虑开发商的财务状况、目标利润水平、阶段性销售目标、竞争楼盘的促销手法以及目标客户的经济承受能力和消费习惯及偏好。对于有的项目来说，轻松的付款方式是其主要卖点。

(3)低价开盘与高价开盘。在项目整体价格策略之中，开盘价是关键的一步。究竟是低价开盘还是高价开盘要取决于实际情况。一般情况下，如果项目特色不突出，开发量过大，或者市场竞争太激烈，可采取低价入市的策略。低价入市便于成交及未来的价格调整，但容易给人以低品质的印象。如果项目的综合质素高、性能上佳、主要卖点突出、市场竞争力较强，则可采取高价开盘的策略，能够让人感觉到高价高质，但日后价格调控余地少。

【课堂讨论 10-1】

某房地产项目价格策划方案

某房地产公司在同一小区内开发了四幢楼，分别称之为牡丹苑、兰花苑、菊花苑、茉莉苑，这四幢楼只是在外观颜色上根据其起名而分别是红色、蓝色、黄色和白色，实际并没有什么成本上或质量上的区别，房地产公司却对四幢楼制定了不同的价格，分别是每平方米 8888 元、8788 元、8688 元、8588 元，实际销售说明了该定价策略较为成功。

【思考题】 针对该公司的价格策略，谈谈你的看法。

5. 入市时机与销售控制

(1)入市时机。这里所说的入市时机并不是指时间概念上的时机，而是指根据自身情况和市场状况来决定什么时候开始进入市场，是卖楼花还是卖现楼；是在建中就开始卖还是等到封顶再开始卖；是按部就班、调整完步伐再卖还是急急忙忙、仓促上马;是抢在竞争者前卖还是等人家卖完了再卖等。

根据多年的经验和教训,一个项目理想的入市姿态,一般应具备以下条件:开发手续与工程进展程度应达到可售的基本要求;已经知道目标客户是哪些人,而且知道适合的目标客户,已确定目标客户更能接受的合理销售方式;已经找出项目定位和目标客户背景之间的谐振点;已确定最具震撼力的优势并能使项目由始至终地保持一个完整统一形象的中心主题;已制定出具竞争力的入市价格策略;已制定合理的销控表;精打细算推广成本后制定了有效的推广执行方案;组建了一支专业销售队伍并拟订了一个完善的培训计划;竞争对手还在慢条斯理地等待旺市;其他外部条件也很合适。

(2)销售控制。销售控制主要是掌握楼盘的销售节奏。对楼盘销售节奏的控制是很重要的,如果操作不当其损失非同小可。有些公司在开盘后为了加速回笼资金,实行"全面开花"的办法,客户需要什么房源就面市什么房源,结果导致朝向不好、楼层不好的房子卖不出去,使开发商的利润被"套牢"在积压房上。所以,在销售节奏的控制上开发商不能太性急,而应有计划、有步骤地进行。一般来讲,销售期可划分为开盘期、强销期、持续期三个阶段,各阶段放盘量要充分考虑当地楼盘开发总量、市场容纳量、开发商市场占有率、开发商营销手法、搭配艺术等因素。

6. 广告策略

当确定了产品的广告诉求点和广告基调后,制定切实可行的广告计划便成为实现最终销售目的的必要步骤。广告策略是房地产营销策略的重要组成部分,应精心策划,以确保用较少费用达到最优效果。推广计划应根据具体项目的不同特点,采用不同的传播渠道与推广手段,更要综合各种媒体的不同优势,充分利用时效长且针对性强的专业媒体资源,来实现广告的最终目的:降低客户成本,一切为了销售。广告策略可从以下几个方面来把握:

(1)市场分析。广告策略是以对市场情况的了如指掌为前提的。市场情况分析直接影响对广告的把握,通过客户的购买行为过程影响广告的效果。

(2)投放媒体选择。通常,报纸是房地产广告的最主要媒体。一个项目的广告不可能全部覆盖当地的各大报纸,需进行比较选择。一般需通过广告费用与广告效果的比较及广告主要诉求对象的特点,来选择几种报纸进行适当投放。

(3)投放日期排布与投放频率。在各种广告大量充斥的现代社会,简单的一两次广告已没有什么明显的效果,只有精心筹划的组合型广告才能发挥强大的攻势。从大的方面讲,广告日期排布应从属于营销周期各阶段,即筹备期、开盘期、强销期和持续期开始;从小的方面看,一般以每周四或周五投放为宜,逢"五一"、"十一"等重要节日广告投放要相对密集。广告投放频率取决于不同营销阶段的需要。筹备期、开盘期、持续期广告投放频率相对小些,强销期投放频率要大得多。

(4)诉求侧重点。广告诉求侧重点在营销周期各阶段应有所不同,其根本原则是服务于各阶段营销方案的需要。一般情况下，筹备期侧重诉求品牌形象；开盘期侧重诉求商品卖点；强销期展开立体广告攻势，强力塑造商品整体气势；持续期侧重诉求剩余商品的卖点。

7. 公共关系策略

公共关系活动在项目销售推广中具有不可替代的特殊作用。有计划地举办一些公关活动有助于塑造企业形象、提高项目的知名度并加快项目的推广速度。在项目的销售推广中，开发商可考虑以下几项公关活动：

(1)参加公益活动。开发商参加公益活动的目的在于向社会公众表明其强烈的社会责任感，从而建立良好的企业形象，为促进销售奠定基础。

(2)举办客户联谊会。开发商可以在项目竣工前举行1～2次客户联谊会，邀请代理商、设计师、承包商、装修商、设备供应商及客户参加，充分听取各方面意见，以增进交流。开发商须在联谊会上通报一下工程进展情况，并应抓紧机会向客户推介其即将推出的新产品。

(3)举行项目开工典礼和竣工庆典。开发商邀请社会各界(包括新闻媒体)和部分目标客户参加项目开工典礼和竣工庆典，可使外界及时了解项目进度，增强对项目的信心，激发社会更多地关注项目，从而促进项目的销售推广。

(4)做客户通讯。客户通讯主要是向已购房客户适时介绍工程进度、开发商动态。做客户通讯的目的在于让客户感受到即便付了钱开发商仍在继续关爱自己，这样可使客户放心、安心、舒心，从而为项目赢得良好的口碑，促进项目的销售推广。一个老客户往往会带来好几个新客户，使开发商的销售业绩平稳增长，而这一切工作的成本是十分低廉的。

8. 销售人员培训

房地产购买行为是理性占主导，这使得房地产销售比其他产品销售要复杂得多。不少开发商在楼盘本身的设计和建造上倾注了很多心血，但在软件的营造上却存在着严重的问题，其中就包括销售队伍的素质。售楼部杂乱无序，售楼员不是聊天、看报就是吃零食，推介楼盘时苍白无力或词不达意，对客户的问询一问三不知等，这样的销售很容易就会使前期成功策划的成果付诸东流。为了顺利达到预期销售目的，需要对房地产销售人员进行全面、严格的知识技能培训。针对一个具体项目，培训内容应包括开发商概况、企业文化、公司规章制度、本项目的详细情况、房地产专业知识、售楼相关知识、售楼模拟演示与售楼现场训练等。除此以外，售楼人员还必须接受全面、严格的团队精神教育。售楼处是企业的窗口，售楼处工作人员的工作状态、相互配合程度和个人修养对楼盘和开发商形象有很大影响。所以销售人员的团队精神相当重要，缺乏团队精神必然损害楼盘整体形象，影响销售工作的顺利、平稳进行。对受训人员进行强有力的团队精神教育是不可或缺的一个重要环节。

9. 成本预算

每个项目的推广成本差别很大，即使同样规模的项目，由于其定位不同，决定了其媒体选择、广告投放都不一样。因此，推广成本预算是没有公式可循的，正常情况下，销售推广成本要占到销售额的1%～3%，严格把握和控制销售推广成本直接影响到开发商可获利润的多少。为了获取最大利润，需要掌握以下两个基本手段：

(1)准确预测投放广告效果和促销活动效果。凭借策划者的实际经验，做到对广告投放和促销活动效果心中有数，并根据市场的反应及时调整广告计划和促销活动计划，以使有限的广告费用带来最大的效益。如果策划者经验不足，应该向广告专家和经验丰富的房地产经纪人请教，绝不能凭空想象。

(2)严格控制销售周期。销售周期并没有统一的时间标准，各个楼盘的销售周期相差比较大。衡量销售周期的标准是顺利回笼资金，严格控制销售周期的目的也就在于及时、顺利地回笼资金。如果操作不当，销售周期拖得过长，将会使销售成本大大超过预算，使开发商由盈利变为亏损。

10. 推广执行

房地产销售的阶段性非常强，如何把握整体冲击力、弹性与节奏、步骤与策略调整，体现了操盘者控制局面的能力，同时往往也决定了整体胜负。以上所做的种种工作，其成效均在销售推广阶段才能得以实现。如果推广执行操作不当，势必造成重大损失，前功尽弃。因此，制定一个周密细致的推广执行方案是十分必要的。推广执行方案实质上就是一个操作命令系统，它必须列明每一个操作步骤——什么时间做？谁来做？怎么做？谁配合？有什么前期准备和要求？需要达到什么效果？公司各部门领导只有对推广执行方案有全面的了解，才有利于相互间的配合与协调，充分调动各方面的资源和优势，做好销售推广工作。在操作过程中，还要建立一个严格、有效的效果控制与反馈分析制度。它需要每周由销售部经理主持总结，每阶段由公司总经理主持总结，根据各方面信息的反馈与分析，及时调整战略部署，力求达到最优推广效果。

二、房地产形象策划

(一)房地产形象策划的含义

房地产形象或者说楼盘形象是指楼盘文化物质形态，是项目在人们心目中形成的总体印象和评价。楼盘竞争优势的形成往往首先依靠楼盘形象的影响力。

房地产形象策划是指对楼盘的形象、命名、视觉、理念、行为各子系统的规范与整合的过程，通过CIS企业识别系统来实施。CIS可以帮助项目树立建筑形象、企业形象，提高消费者对项目的认知程度，实质是帮助项目实施差异化发展战略。

(二)房地产形象策划的内容

房地产形象策划的内容主要有：房地产形象定位、楼盘命名策划、楼盘形象设计、楼盘形象包装。

1. 房地产形象定位

(1)房地产形象定位的含义

房地产形象定位是指为房地产的具体项目或楼盘塑造一个恰当的公众形象，通过这样的形象体现楼盘的各方面优势和卖点，经过形象的表现和推广，达到房地产项目的营销目的。

房地产形象定位与一般商品的形象定位一样，首先承担表现产品、告知信息和塑造形象的功能，最后达到促进销售的目的。但与普通商品形象定位相比，又有自己的特殊之处。如房地产产品本身比较复杂，不像普通商品一下能介绍清楚；同时消费者的购买行为也比较复杂，往往是各种因素综合作用的结果，很少有普通商品的纯功能性购买和冲动性购买。所以，房地产形象定位一般都要同时解决项目独特性和整体综合性两个问题，增加了定位的难度。

(2)房地产形象定位的内容

房地产形象定位的内容主要包括对产品与客户的诉求。在罗列了产品与客户的卖点以后，要提炼出符合产品与客户特征的诉求，易于引起目标客户的共鸣。房地产形象定位的具体内容有：

①项目形象主题。项目形象主题是在项目总主题下的具体化和深化，它是房地产项目形象的抽象化体现。在项目推广过程中，楼盘形象主题体现在标语口号、广告诉求语以及各项推广活动中。

②建筑立面形象定位。房地产项目在前期的设计策划和产品策划中，根据市场调研和目标客户群的定位，已经对建筑立面的总体形象进行了定位，但这还不够，在进入营销策划时，还应根据楼盘当时的市场态势进行完善和补充，有时还要做一定的修改，使楼盘形象更加丰满和鲜明。这一方面是因为随着时间的推移，市场会发生变化，另一方面更是为了丰富和提升楼盘的突出形象。

③市场推广形象定位。在市场推广过程中，售楼处的布置、户外广告的安排、样板房的格调、现场工地的包装、各种营销活动的展开等，都要在项目形象定位的基础上进行体现。

④视觉识别形象定位。视觉识别是凭借形态、色彩、文字来构建形象的一种可视符号。当文字、形态、色彩等各种信号不断地作用于顾客的视觉时，会引起顾客的注意，激发顾客的心理需求。对视觉识别形象定位，要依据楼盘的形象定位思路进行具体实施。

2. 楼盘命名策划

楼盘命名就像给人起名字，虽然尽可由策划人员依据本案的地理位置、风格品位、风土人情等自由发挥创意，但是要起一个符合易经五行风水原理，并且做到寓意贴切、涵盖深邃的好名字，就非一般人士所能做到了，必须是执业多年、经验丰富的易经大师才能胜任。一个响亮的、令人耳目一新的楼盘名字肯定比一般的、没特色的名字容易被人记住，能被人记住的楼盘当然会比名不见经传的楼盘更容易被人接受。因此，取一个好的名字对楼盘的销售是有好处的。楼盘的名称不仅要考虑传统，还要具有崭新的时代特色，切忌雷同。厦门“家家景园”案名就是其中一例，此名一听朗朗上口，稍有所思，大脑中便呈现出一幅美妙图画：每家每户生活在一片绿色海洋的景园之中，心旷神怡。

(1)楼盘命名原则

①体现楼盘的特色，反映楼盘的个性；

②好听、好记、好念、好写、好认的“五好”原则；

③具有美感，给人以良好的想象；

④具有一定的含义，尤其是文化含量要丰富；

⑤简洁、明了。

(2)楼盘命名方法

①地段位置命名法。如朝阳园、国展家园、贡院六号、陇海花园等。这些项目通过案名显示地段的位置优越性，以独特的黄金地段为卖点，地段名包含在案名中，直观地反映了楼盘的区域，可以很好地针对有效客户群。

②目标客户命名法。如北京财富中心、东方银座、紫荆豪庭等。财富成为有钱人时髦的话题，有些楼盘吸引的主要是身份比较显赫、家境较富裕的群体。这些楼盘是根据目标客户的群体特征来命名的，使楼盘名字与客户的身份特征相符，客户的心理感受是倾向于寻找阶层群体感觉和归属感，这也是楼盘销售成功的有效方法。

③异域风情命名法。如普罗旺斯、曼哈顿、雪梨澳乡、蓝堡、米兰天空等。这类楼盘多以极具欧美风情的名称来提升楼盘的文化品位。

④时尚创意命名法。如花样年华、锋尚、尚座、爱尚、青年居易、时尚 PARTY、非常男女、LOHAS 等。这些项目代表一个时代流行的趋势，这种命名个性张扬，主要为了迎合部分年轻人的口味，拥有一种时尚的意味。

⑤通俗文化(市井)命名法。如富田丽景花园、丽茵小区、顺心居等。这些项目案名的通俗性迎合普通大众的口味。

⑥品牌命名法。如万通新新系列(万泉新新家园、龙山新新小镇)，今典品牌(今典花园、今日家园)，金地系列(金地国际花园、金地格林小镇)，万科系列(万科·城市花园、万科·四季花园)等。一些较大的传统知名企业，以自己的品牌作为项目名，既有效地巩固和推广了自己的品牌，又使得顾客对这样的楼盘产生信任感，可以达到以最少的广告投入获得最佳的传播效果的目的。

⑦数字类。如住邦 2000、阳光 100、九台 2000 等。这些项目用数字来强化在买房人心目中留下的印象。

⑧楼盘特色命名法。命名可以体现楼盘的特色，反映楼盘的个性。一般来说，一个楼盘的营销策划中都会有一个重要的宣传点，也是项目的主要卖点，配合完善的市

政配套设施、浓郁的文化底蕴等，向顾客传达、引导一种新的居住理念。比如建业·枫林上院，项目设计就规划在小区内种植365棵枫树，形成一个枫树林；楼盘的目标客户主要是30岁左右的中间阶层，“上”寓意进取人生新境界，“院”是传统的家的概念，整个楼盘的特色通过名称一目了然。

⑨自然风光命名法。如风林绿洲、碧海蓝天、碧水云天、万科·西半岛等。这些项目主要以优美的自然风光来吸引客户。

3. 楼盘形象设计

一个好的楼盘，必须有一个代表企业品质、信誉、物业管理、开发能力和盈利能力的好形象。一个好的楼盘形象，会让顾客对该房地产企业的楼盘产生信任感，并认同该开发商的产品，它帮助房地产企业把楼盘理念、楼盘形象以及楼盘的整个优势传递给公众，让消费者对楼盘产生良好的印象。楼盘形象的设计，一般是通过企业形象识别系统来完成的。

4. 楼盘形象包装

在钢筋水泥浇铸的城市里，到处填充着千篇一律的楼盘；疲软的市场，激烈的竞争，是开发商不得不去面对的。楼盘的形象包装，不应再是沉睡着的印刷精美的文字，而应是兵不血刃的营销实战利器，这是被许多楼盘所验证的，具有可操作性和实践性。如果形象包装做得比较好，楼盘就等于在无声地吆喝自己，能够为销售的顺利进行推波助澜。包装得好，会不断提升楼盘的价值。

楼盘形象包装是指为促进销售、倡导新的生活理念，运用一定的技术手段、工具和策略对房地产内外形象、销售现场形象和概念性房地产形象的设计和实施过程。

包装是对楼盘整体形象的总体设计，其目的并不是直接的自我表现，而是目标客户群体为满足自己的需要进行的文化和观念消费，因而，包装不是一种外在的形式，而是构成形象的过程，是形象产品和目标客户的联系过程，主要有六个方面：

(1)楼盘产品形象

由于目前市场上绝大多数楼盘以期房的形式出现，致使消费者只能通过沙盘、宣传图册等销售道具及售楼人员的介绍来间接地了解楼盘的产品，所以这就要求开发商在楼盘的产品类别、户型设计、节能技术、建材运用、配套设施、景观规划等方面都要做大量细致的工作。例如，介于公寓房与别墅之间的花园洋房、Townhouse(联排别墅)，这种产品形象已经越来越受消费者的欢迎；复式、空中花园、大露台等高端产品的设计更是开发商用来决战市场的撒手锏；目前葫芦岛市场掀起的有氧运动、水净化、中央除尘、中央空调供暖、二十四小时供热水等高科技技术及建材设备的运用同样受到了消费者的追逐；楼盘景观配套设施更是成了消费者居住质量的衡量标准……所有这些都在很大程度上给楼盘的产品形象大大地加了分，为楼盘的质量保证做了保障，为产品在市场上的推广打下了坚实的基础。

(2)楼盘品牌形象

①楼盘名称。一个好的楼盘名应该是响亮、易记、有韵味、有一定寓意的，能够起到彰显楼盘特色的作用，让人产生美的联想的靓丽的名字。

②楼盘标志。给楼盘设计的标志，要能够充分反映楼盘的个性与理念，必须简洁、明快，不能太复杂，让人记不住。

③标准字。标准字就是对楼盘名称的字体进行艺术化处理，是为了更有效、更突出地展现楼盘的形象。楼盘标准字体要既能够独立运用，又能够与标志等联合在一起使用，使合与分都能产生良好的效果。

④楼盘象征图案。楼盘象征图案是对标志与标准字的一个有力补充，能起到装饰作用，有时又能代表一定的含义。这种图案运用得较少，只是在一些广告等宣传中才使用到。

⑤楼盘色彩。作为地域文化及民俗，颜色是不可缺少的研究范围，不同的民族对色彩有不同的要求和好恶，所以楼盘在选定色彩方面要特别小心。

⑥楼盘绿化。作为一个生活小区，楼盘内的布局是靠绿化来进行点缀的，但是绿化中植物品种的选择也是有讲究的。这就要请园林专家按照整个楼盘的定位来进行配合，真正使楼盘锦上添花。

⑦楼盘造型。一个楼盘中的建筑外观是什么形状的，直接影响到整个楼盘的销售。实际上，建筑物的每一种线条、每一块色彩、每一组空间比例，都是蕴含着各种含义和思想的一串符号。正是这些符号，使人们能够感受到故宫太和殿的气势雄浑与君临天下、巴黎圣母院的幽清俊朗、悉尼歌剧院的深情而奔放、白宫的华贵而坦荡。一幢楼是一种氛围、一种身份、一种精神，这是人们都能感受到的。建筑语言是无声的语言，是文化的积淀，人们只有用心灵来感受它。

(3)楼盘附加形象

如果说楼盘的产品是人的身体的话，那么楼盘的附加值则是人的漂亮衣服。一个体格再健壮的人如果没有衣服的衬托，那他也得不到靓丽的外表，同样得不到他人的认可。房地产也是如此，房地产从最初的产品营销时代到现今的概念营销、品牌营销时代，不难发现开发商所做的即是在不断地增加楼盘的附加值。例如，在一些大城市出现的度假式概念、健康概念、运动主题概念、地铁概念、国际化小区概念、亲水住宅概念、原生态住宅概念等。

(4)楼盘广告形象

打开电视、翻开报纸、走在马路上……房地产广告无处不充斥着人们的眼睛。这正反映了现在房地产市场上激烈的竞争状态。在一个完整的楼盘项目的推广过程中，广告费用一般占到了整个销售总金额的2%左右，一些大企业的广告费用甚至会远远地超过这个比例。现在市场上流行的概念炒作、品牌建立、形象塑造、产品推广等各方面的工作在很大程度上都是依靠广告来实现的。可以说广告已经成为了产品与消费者之间的沟通媒介。

目前房地产广告一般通过如下几种形式宣传：户外广告，如广告牌、路牌、道旗等；报纸广告，如软广告（软文）、硬广告、杂志广告等；多媒体广告，如电视广告（CF）、电台广告（RD）、楼宇广告等；派发广告，如DM、海报、派报等；销售道具，如楼书、折页、展板等。

（5）现场销售形象

楼盘都是通过销售而卖出去的，其中现场销售占很大的比例，所以，对现场销售的形象要求是很严格的。

①销售人员的形象。对销售人员的形象要有如下要求：相貌端正、身材修长、气质优雅；思维敏捷、口齿伶俐、心理承受能力强；专业知识丰富，掌握销售技巧；自信心强，热情开朗；服饰恰当，举止大方；要有耐心。

②售楼部的布置。对售楼部的布置要突出以下两点：①要突出楼盘品牌形象；②要与目标顾客的文化背景相协调。

售楼部的布置并不是越豪华越好，而是要有个性。这就可以应用楼盘标志、标准字、标准色以及广告词等，将楼盘模型、电视机、花木、楼型结构图等进行精心布置。

③样板房的布置。销售房子，光凭售楼员做介绍不足以使消费者相信，而需要样板房来发挥作用。样板房集中了开发商对目标客户的承诺兑现。样板房要按照目标客户的要求、文化背景等来进行设计。

（6）楼盘服务形象

服务的形象主要在于物业管理，在楼盘的正常使用中，创造一个真正和谐、美丽、宁静的小区文化，要求物业管理人员的行为形象、效率形象、语言形象、服饰形象等要有一个标准，才能使楼盘有一个良好的形象。

三、房地产广告策划

（一）房地产广告策划的含义

房地产广告策划是在广泛调查研究的基础上，对房地产市场和个案进行分析，以决定广告活动的策略和广告实施计划，力求广告进程的合理化和广告效果的最大化。房地产广告策划不仅能够进一步明确开发商的目标市场和产品定位，而且能够细化开发商的营销策略，最大限度地发挥广告活动在市场营销中的作用。

（二）房地产广告类型和策划原则

1. 房地产广告类型

根据广告的目的，房地产广告大致可分为四种类型：

（1）促销广告。大多数的房地产广告属于此类型，广告的主要目的是传达所销售楼盘的有关信息，吸引客户前来购买。

（2）形象广告。以树立开发商、楼盘的品牌形象并期望给人留下整体、长久印象为广告目的。

(3)观念广告。以倡导全新生活方式和居住时尚为广告目的。例如“广州后花园”概念楼盘就是传播一种在繁忙紧张工作之余，去郊外居所里享受轻松生活的新观念。

(4)公关广告。通常以软性广告的形式出现，如在大众媒介上发布的入伙、联谊通知，各类祝贺词、答谢词等。

2. 房地产广告策划原则

开发商可根据营销战略的需要，将几种广告类型结合起来考虑，组合运用。在进行广告策划时，应遵循以下原则：

(1)时代性。策划观念应具有超前意识，符合社会变革和人们居住需求变化的需要。

(2)创新性。策划应富有创意，能够塑造楼盘的独特风格，体现“把握特色，创造特色，发挥特色”的策划技巧。

(3)实用性。策划应符合营销战略的总体要求，符合房地产市场和开发商的实际情况，具有成本低、见效快和可操作的特点。

(4)阶段性。策划应围绕房地产营销的全过程有计划、有步骤地展开，并保持广告的相对稳定性、连续性和一贯性。

(5)全局性。广告、营业推广、人员推销和公共关系是开发商促销组合的四种手段，广告策划需兼顾全局，考虑四种方法的综合效果。

(三)房地产广告策划的内容

房地产广告策划内容丰富，步骤众多。策划者各有各的做法，繁简不一，没有统一模式。大体上可分成五个部分，即广告目标、市场分析、广告策略、广告计划和广告效果测定。

1. 广告目标

广告目标主要确立广告的类型、广告欲达到的目标和有关建议。

2. 市场分析

市场分析主要包括营销环境分析、客户分析、个案分析和竞争对手分析等。若开发商在营销策划时已将宏观和微观营销环境分析得透彻、准确，则可将重点放在其他几项分析上。客户分析主要分析客户的来源和购买动机，如信赖开发商、保值增值、楼盘设计合理、地段较好、价位合适等，也要分析客户可能拒绝的原因，如附近有更合适的楼盘、交通不便、购房投资信心不足等。个案分析主要分析开发商的实力、业绩，楼盘规划、设计特色，主要设备和装修情况，配套设施情况以及楼盘面积、结构、朝向、间隔、价位等方面的情况。进行竞争对手分析时，除了要分析竞争对手实力和竞争楼盘的情况外，还要分析竞争对手的广告活动，以吸取有益的东西，扬长避短。

3. 广告策略

广告策略的制定可从以下五个方面着手：

(1)目标市场的策略。开发商通常并不针对整个目标市场做广告，而是针对其中的某个细分市场。哪个细分市场需要广告配合，广告就应该以哪个细分市场为目标并采取相应的广告策略。以兼有多层和高层住宅的小区广告策划为例，当小区刚起步时，以开发深受市场欢迎的多层住宅为主，这时可采用开拓性广告策略：广告结合多层住宅的销售热潮，不断强化小区的知名度和客户的认知度，使楼盘迅速进入市场。当小区逐步成型时，则采用劝说性广告策略：广告以说服客户购买，提高市场占有率为目的。当小区初具规模，欲推出高层楼盘时，可采取提示性广告策略：以造声势、提醒客户留意认购期为主要目的。

(2)市场定位策略。定位策略的根本目的是使楼盘处于与众不同的优势位置，从而使开发商在竞争中占据有利地位。定位时可根据目标客户群的要求，采取价格定位策略、素质定位策略、地段定位策略、时尚定位策略等。市场定位不能有偏差或含混不清，否则广告诉求时重点不明，难以给受众留下特定的鲜明印象。

(3)广告诉求策略。根据诉求对象、诉求区域的特点，房地产广告可采用理性诉求策略，即通过真实、准确、公正地传达开发商或楼盘的有关信息或其带给客户的利益，让受众理智地做出决定；也可采用感性诉求策略，即向受众传达某种情感或感受，从而唤起受众的认同感和购买欲；当然还可用情理结合的诉求策略，即用理性诉求传达信息，以感性诉求激发受众的情感，从而达到最佳的广告效果。

(4)广告表现策略。广告表现策略要解决的是广告中信息如何通过富有创意的思路、方式以及恰如其分的广告表现主题传达给受众。广告诉求的重点通常是楼盘的优点和特色，而广告表现的主题则具有更深一层的内涵，即楼盘带给客户的是生活品位的提高和由此而生的自豪感、优越感。广告表现策略要求用创意对广告信息进行包装并确定广告设计、制作的风格和形式。广告创意讲求新颖独特，但不能离奇古怪。失败的创意有时让人厌恶，给楼盘销售带来负面影响。

(5)广告媒介策略。据统计，80％的广告费用用于广告媒介，媒介选择不当，就有可能造成投入高、见效低的结果。通常房地产广告可以选用四大媒体：报纸、广播、电视和杂志，还有户外广告，如工地围墙宣传画、巨幅电脑喷画、路牌、灯箱、车身广告、横幅等，这些可统称为线上媒介。线下媒介也是开发商常用的，像展销会、直邮、赞助及其他推销用的楼书、优惠券、海报等。广告媒介策略要求开发商和代理商首先要合理选择媒介组合，形成全方位的广告空间，扩大广告受众的数量；其次要合理安排广告的发布时间、持续时间、频率、各媒体发布顺序等，特别重要的广告要提前预订好发布时间和版面位置。

4. 广告计划

广告计划又称广告实施计划，内容包括广告目标、广告时间、广告诉求、广告表现、媒体发布计划、与广告有关的其他公关计划、广告费用预算等。在形成书面的广告计划书时要注意提案的技巧、文字的风格和格式的赏心悦目。

5. 广告效果测定

广告效果通常是在广告发布后测定的，对于房地产广告却不太合适，事后测定不利于控制广告效果。较为明智的做法是在广告发布前就进行预测。先邀请目标客户群中的一些代表对广告的内容和媒介的选择发表见解，通过分析反馈意见再结合部分专业人士的建议，反复调整，就可使广告计划日臻完善。

（四）房地产广告策划的步骤

通常情况下，一个规范性的房地产广告策划可分为市场分析、战略规划、计划制订、文本编写四个阶段。在这四个阶段中，由于侧重点的不同，工作步骤也各有所异。

1. 市场分析阶段

这一阶段的基本工作就是进行市场调查和相应的分析研究。承担这项工作的主要是专业调研人员，其工作内容是收集相关的资料数据，并对这些数据进行分析评论。从总体上讲，广告调研中的营销环境、楼盘状况、消费群体、企业及竞争对手、同类产品的广告战略分析等，与营销调研基本相似，但在具体执行中却另有侧重。它是在选择吸收营销分析成果的基础上，立足于楼盘与消费者的沟通，使广告信息与消费者态度和行为之间趋于一致。因此，广告调研实际上就是要帮助确立广告目标，提出广告策略，并决定支持这种策略的计划措施。

2. 战略规划阶段

这是房地产广告策划的核心部分。它集中并总结归纳了前期调查的成果，对各种数据资料和研究结构进行决定性选择。在这一时期，对同样一个调查数据，由于观察角度不同，往往会有不同的或截然相反的策略判断。因此，对于房地产广告策划来说，仅仅凭借大量的调查数据并不能保证策略正确、广告成功。策略规划要以策划创意人员为中心，结合对广告目标的深入细致分析，根据广告定位和广告诉求，进而发展创意和表现策略，根据产品、市场及广告特征提出合理的媒介结合策略和促销组合策略等。

3. 计划制订阶段

把战略规划加以具体细化，并运用系统形式使之规范化，这就是计划制订阶段的工作。制订计划首先是确定广告运作的时间和空间范围。在这里，时间不仅指广告的运作周期，而且也代表了对广告机会的合理选择。制订计划的依据，首先是战略规划和具体战术的应用，此外各种调查所提供的客观依据也很重要。同样，空间范围的确定也很重要，任何一个策划都是对特定市场空间的策划，计划就是要详细地对这一空间进行限定，以便于集中有效地体现战略战术。房地产广告策划中好的计划不仅能保证策略执行，而且也能完善和补充策略的某些欠缺和不足。另外，如果把房地产广告策划作为一项工作过程看待，计划本身就是对策划工作的一种检视和管理，它规定了每一步工作的具体任务和发展节奏，能够确切地调控房地产广告策划运作过程中所出现的各种偏差。

4. 文本编写阶段

房地产广告策划在完成了一系列策略和方案之后，需要一个系统全面的文本来说明整个策划，这种文本形式通常叫作房地产广告策划书。房地产广告策划书是对房地产广告策划思想、广告信息战略以及广告实施计划的集中表达。房地产广告策划书不仅集中体现了房地产广告策划的结果，也是策划人员向上级主管或广告客户说明工作、争取业务的依据。房地产广告策划书作为策划中各个阶段工作的系统整合，必须脉络清楚、层次分明、自始至终贯穿着一条主线，这就是广告的基本策略。市场分析是为了提出有效的策略，各种战略战术规划是要具体强化策略，计划制订是为了保证策略实施，策划书文本是为了说明策略。

由以上对房地产广告策划四个阶段工作的描述可以看出，房地产广告策划作为一种可行性决策和规划，在其完整的操作过程中，核心就是提出科学可行的战略战术决策。市场分析是为决策提供基本依据，文本编制是对决策进行书面化归结。这种由决策性战略战术规划所达成的规范的文本形式，就是房地产广告策划书。

（五）房地产广告策划的媒体选择

1. 房地产广告媒体

房地产广告媒体主要有报纸、杂志、电视、无线电广播、户外广告、交通广告、网络、直接函件广告（邮寄 DM）、报纸夹页广告（DM 夹报）、POP 广告（购买地点广告）、特殊广告（如赠品、月历、手册等）等。

2. 影响房地产广告媒体选择的因素

房地产广告如何选择经济、有效的广告媒体呢？这就必须从市场、媒体、广告主三方面做基本考虑。

（1）市场方面的因素

①考虑购房者的属性。由于消费者会根据个人口味来选择合乎他们需要的传播媒体，因此，不同受教育程度或职业的购房者对媒体的接触习惯也不同。例如，受教育程度高者较偏重于印刷媒体，受教育程度低者较偏重于电波媒体。因此，房地产营销人员应认清消费者的性别、年龄、受教育程度、职业、地域的特性，再决定选择何种广告媒体。

②考虑商品的特性。房地产营销人员要针对不同商品的特性来选择广告媒体。

③考虑商品的数量及销售范围。建筑个案的总销售金额大的，可考虑将市场扩大到全国性的销售。建筑个案的总销售金额小的，则只限于地方局部市场。

（2）媒体方面的因素

①考虑媒体发行量的价值；②考虑媒体读者层或视听的价值。

（3）广告主方面的因素

①考虑广告主销售方法的特性；②考虑广告主的销售战略（促销战略）。

由于各种广告媒体均有其特性，购房者接触的媒体也各有不同，因此为了达到广告效果，广告资讯不能只使用某一种特别的媒体，而必须借助各种不同媒体（这种配合手法称为广告媒体组合或称媒体的交错使用），来达到预期的销售目标。

3. 房地产广告的媒体选择

在广告媒体的选择上，尤其是占据房地产广告半壁江山的报纸媒体的选择上，受预算制约，很多开发商喜欢选择发行量大的报纸，这本无可厚非，但是在千人成本与目标客户的媒体接受习惯之间，应该有着内在的密切的契合，广告才能有的放矢。

房地产界盛行“以人为本”的金律。但这大都体现在社区规划、户型设计等与产品直接相关的方面，关乎目标客户的媒体客户群如何接收信息的却极少。

很多开发商在把商品信息传播出去的时候，经常站在自己的或功利的角度，想当然地考虑问题，而不是仔细地去辨明客户群喜欢接触什么样的媒体。所以有的时候虽然是一些很好的楼盘，但是在媒体选择上出现了失误，导致了整个项目的失败。比如有一些很精良的楼盘，却在大众化的报纸上露面，就显得压低了自身形象。

在选择了一个主流的媒体的同时，应该适时调整同属主流媒体范围内的一些如精品购物指南之类的媒体，使覆盖结构更为合理。

当然，其他精选的二线媒体也不可或缺，像杂志、广播等。它们具有较强的指向性，有利于在圈定客户阅读偏好的基础上，强化项目的诉求深度。

【课堂讨论 10-2】

万万没想到

互联网带来的悄然转变，万达万科谋划千亿级合作。“二万”合作是基于战略和集团层面的长期性合作，围绕项目和业务层面展开。具体来看，拟合作的方向包括共同拿地开发、轻资产运营与金融创新、社区消费 O2O 等方面，区域则可能涉及国内市场和海外市场。

20 年转瞬即逝，转眼又过去七八年，所有传统经济都面临着互联网的“颠覆”，房地产业也不例外。万达于 2015 年顺应潮流地和阿里合作，成立了万达电商，据不靠谱传言说，是因为王思聪在京东买了一张需要等 N 久的电脑桌，从而导致了“一个电脑桌引发的投资”。

王思聪，是万达在互联网时代的一个“副品牌”，他的身份是王健林的独子，也被网友戏称为“国民老公”。一次媒体访谈中，王健林表达了对爱子的期待是“希望王思聪更稳重”。百度搜索“王健林”的搜索词条数是“约 4980000 个”，而王健林的儿子，江湖人称“国民老公”的“王思聪”的搜索词条数是“约 8350000 个”，青出于蓝而胜于蓝。

互联网使得传统的父子关系、情侣关系变成了资源，而这些资源又转化成企业的影响力。因为王思聪和田朴珺，以及新浪微博这个公众平台，两家传统房地产公司的一举一动成为全民关注的热点，人们在八卦的同时，也关注到了传统房产企业的转型和升级。

而两家公司也以互联网的方式迎来了合作。5月13日晚，从万达内部流出的一份《关于“万万”合作事件的宣传要求》显示，万达要求所有项目公司当天全部微信头像换成集团LOGO，并转发同一内容。

由于非常成熟的互联网信息披露模式，很多人怀疑，此次合作是否是一种炒作，在披露合作消息时，甚至没有停牌。持这一观点的人认为，万达以三四线城市为主，万科则以一二线城市为主，双方在国内合作范围有局限；二是同为行业龙头，合作后出资比例、利润分配、话语权等必将产生争夺。

（资料来源：根据“《互联网带来的悄然转变，万达万科谋划千亿级合作》，《经济参考报》2015-05-22”整理。）

【思考题】

1. 针对案例中的互联网对房地产的影响谈谈你的看法。
2. 互联网会不会代替纸媒成为媒体传播之王？
3. 如何看待房地产营销中“微信”媒体的应用？

目前房地产市场的一个特点是：众多楼盘越来越重视楼盘的包装和宣传策划，言必称“营销”；而目前市场的另一个特点是：种种营销战略、企划方案往往初看新颖、颇有创意，在市场上也确实营造了浩大声势，但市场的洗礼常常很残酷，日趋理性的消费者个体的心思并不那么好捉摸，结果是除了少数热销楼盘切准市场的脉搏，一时独领风骚之外，众多房地产商吃力不讨好，巨额的广告投入和凶猛的促销让利都拉不动疲软的市场需求。开发商、代理商、策划商都只能对曾被视为“救命稻草”、“包治百病”的营销策划苦笑：谁叫现在是买方市场呢！

房地产营销策划在房地产开发项目建设中贯穿始终，为项目成功开发保驾护航。房地产开发项目建设要完成一个项目周期，需要经过市场调研、项目选址、投资研究、规划设计、建筑施工、营销推广、物业管理等一系列过程，这些过程中的某一环节出现问题，都会影响到项目的开发进程，甚至使项目变成“半拉子”工程，使企业的增产扩效成为一句空话。房地产营销策划参与项目的每个环节，通过概念设计及各种策划手段，使开发的商品房适销对路，占领市场。实践证明，哪些项目在开发过程中运用了科学、规范的策划理念及手段的指导，哪些项目就获得成功；反之，则一败涂地，损失惨重。

房地产营销策划是一个综合性、系统性的工程，需要在先进的营销理论指导下运用各种营销手段、营销工具来实现房地产价值的兑现，实质上是一个从了解市场、熟知市场到推广市场的过程，其中心是顾客。顾客的需求千差万别，注定房地产营销策划从单一化趋向全面化，营销服务从注重表面趋向追求内涵。它不仅要体现物业特征，还要体现市场特征和消费习惯及发展要求，体现市场的要求。

本章小结

本章首先介绍了房地产营销策划的概念、特点、内容，以及常见的几种营销策划的主要方法及其流程，这是进行房地产营销策划的基础。接着阐述了三种主要的房地产营销策划：第一种是房地产销售策划，主要论述了房地产销售策划的含义、内容与步骤，结合具体案例分析其价格策略；第二种是房地产形象策划，主要论述了房地产形象策划的含义和内容、房地产形象定位、楼盘命名策划、楼盘形象设计以及楼盘形象包装，结合平常生活中出现的为大众所喜闻乐见的案例进行了分析；第三种是房地产广告策划，本部分内容主要阐述了房地产广告策划的含义、房地产广告类型和策划原则、房地产广告策划内容、房地产广告策划的步骤，结合具体案例分析了房地产广告策划的媒体选择。房地产营销策划是企业进行房地产营销的关键一环，策划水平的高低将直接影响营销的效果。

关键概念

房地产市场营销策划　Real estate marketing planning

房地产营销策划流程　Real estate marketing planning process

房地产销售策划　Real estate sales planning

房地产形象策划　Real estate image planning

房地产广告策划　Real estate advertising planning

复习思考题

1. 简述房地产营销策划的含义及其特点。
2. 简述房地产营销策划流程。
3. 简述房地产销售策划的内容与步骤。
4. 简述房地产形象定位的内容。
5. 简述房地产广告策划的内容及步骤。

实践与训练

根据所学内容，结合你所在的城市情况，选择一个刚规划的楼盘，为其量身制订一个房地产营销策划方案。

案例分析

某房地产项目媒体整合推广策划方案

1. 市场分析

个性化、形象化竞争日益激烈，将成为房地产发展的潮流。物业项目要取得优异的销售业绩，就必须把握时机，尽量利用自身的个性资本和雄浑的实力，把自身打造成极富个性和口碑，拥有良好公众形象的楼盘。

2. 项目物业概述（略）

3. 项目物业的优势与劣势

(1)优势

位置优越，交通便捷。处于北城区的成熟社区之中心；徒步 3 分钟即可到达酒店、食府、剧院、商场、超市等，社区设施一应俱全。

区内康体娱乐、休闲设施一应俱全。室外设施：活动广场、小区幼儿园、医院、购物广场、篮球场；室内设施：桑拿浴室、健身室、乒乓球室、桌球室、卡拉 OK 酒廊。

户型多样。2 房 2 厅，3 房 2 厅，面积在 68.79～106.92 平方米之间的小户型，以及提供菜单式装修，对于事业有成、家庭结构简单、时尚、享受的目标购房群极具吸引力。

(2)劣势

环境建设缺乏吸引性景观。不利于引发目标购房群兴趣；不利于提升 HS 花园在公众中的知名度、美誉度和形成记忆；同时也不利于满足区内居民的荣誉感需求（现代住宅不仅要满足居住的需要，还要满足居住者特殊的心理需求）。

物业管理缺乏特色服务。物业管理方面未能根据目标购房群的职业特点和实际需求（事业有成、时尚、享受）开展特色服务，使 HS 花园在服务方面缺乏了应有的个性和吸引力。

4. 目标购房群

(1)年龄在 35～60 岁之间，经济富裕，有投资意识或习惯在北城生活的中老年人。家庭构成：1～3 口、中老年夫妻或带一个小孩、单身中老年。

(2)年龄在 28～45 岁之间，事业蒸蒸日上，月收入在 3000 元以上，时尚，享受在北城工作的管理者或小私营业主。家庭构成：1～3 口、中青年夫妻或带一个小孩、单身中青年。

（资料来源：根据相关资料整理，原文链接：http://www.zgdcs.com/main/2007-04/5101.htm。）

【思考题】

1. 根据案例中所给的资料，结合所学内容，对该楼盘进行形象定位。
2. 根据案例中所给的资料，结合所学内容，为该楼盘设计一个媒体推广方案。

第十一章 房地产营销的绩效考核与风险管理

学习目标

1. 掌握房地产营销绩效考核的方法与进行风险管理的意义；
2. 掌握房地产营销绩效考核的含义与目的；
3. 理解房地产营销绩效考核、房地产营销风险评估等概念。

引例

2016房地产：风险和机遇博弈

关于2016年房地产市场的预测，机构观点可谓是“喜忧参半”。有机构认为受城镇居民住房需求高潮已过、库存压顶难以缓解、楼市扶持政策边际效应减弱的影响，2016年楼市并不会有明显起色；但是也有机构持不同观点，在他们看来，高层“去库存化”意图坚定，政策已箭在弦上，目前是房地产市场购房的最佳时机。

同策咨询研究部总监张宏伟认为，虽然一系列救市政策的出台已经导致楼市的基本面转好，但是好转局面不会持续，当前楼市形势越严峻，未来楼市面临的问题就越多，未来仍然会隐藏更多的市场风险。对于大多数大中城市来讲，仍然面临较大的去库存压力，楼市基本面并没有实质性改变，这也决定了未来楼市仍然会面临阶段性调整的市场压力。

离岸资产配置专家刘磊认为，虽然2015年一线城市房价逐步企稳，但是对于投资者而言，投资市场的介入和回暖还远未到来。

虽然，机构和专家们看空的悲观情绪较浓，但是持乐观预测的机构也不在少数。易居研究院智库中心研究总监严跃进认为，2016年房价上涨难动摇。严跃进指出，一二线城市房价继续上涨毋庸置疑，但三四线城市的房价可能处于一个相对不涨不跌的态势，主要原因在于人口背后的需求还没有被挖掘出来。

高盛房地产投资研究部主管王逸也持相同观点。王逸认为，2016年，中国内地的房地产政策会偏向宽松，这应该会支持房价持续复苏。

在全国主要城市房地产销售价格、销售量方面，中金公司研究部做出如下预测：预计一二线城市销量将持平，而销售均价将上涨10%。三四线城市的房地产市场受高库存和弱需求以及当前宏观经济低迷的影响，2016年房地产销量将下降10%，销售均价将下跌5%。2016年，房地产去库存将成为中国经济的一个关键指标，但这需要一方面鼓励房地产商降价，另一方面推动整个行业兼并重组，提高房地产业集中度，推动城市化进程，鼓励农民进城购买适销对路的房产。

可见，2016 年房地产市场机遇与挑战并存，风险与机遇博弈，究竟谁能胜出呢？

（资料来源：根据“东方财富网 2016-01-06”整理。）

【思考题】

1. 当前房地产面临的风险主要有哪些？
2. 为什么有些专家的意见如此悲观？
3. 为什么有些专家的意见如此乐观？
4. 你认为 2016 年的房地产是怎样的？

第一节 房地产营销的绩效考核

房地产营销的绩效考核是计算房地产企业营销的合力的过程，通过一定的手段衡量出哪些营销策略推动房地产企业发展，哪些营销策略制约企业发展，从而找到平衡点，以达到企业和谐发展的目的。

一、房地产营销绩效考核的特殊性

绩效考核原本是人力资源管理的一个重要构成部分，是指考评主体对照工作目标或绩效标准，采用科学的考评方法，评定员工的工作任务完成情况、员工的工作职责履行程度和员工的发展情况，并且将评定结果反馈给员工的过程。

房地产营销的绩效考核作为房地产企业人力资源管理的核心工作之一，直接关系和影响到房地产营销的效率与成果，进而影响企业的凝聚力。与一般商品市场营销相比，房地产市场营销的主要特点是其交换对象的特殊性。这决定了房地产市场营销具有不同于一般普通消费品市场的特点，因此，对房地产营销的绩效考核也不同于一般工作的绩效考核。其特殊性主要表现在以下方面：

（一）房地产营销绩效考核的复杂性

房地产营销绩效考核包含了从市场调研、楼盘的命名、产品的定价、销售渠道的选择、促销到物业管理等一系列复杂绩效考核的过程。这一过程涉及很多领域，牵涉复杂的法律关系，需要很多专业人员参与；而且房地产市场营销的绩效考核还极易受到外部环境的影响，比如国家的方针政策和法律法规、通货膨胀、股市波动等都会对房地产营销的绩效考核结果产生重要影响，所以要进行房地产营销的绩效考核，需要统筹多方面的因素。

（二）房地产营销绩效考核的差异性

房地产的区域性和异质性决定了房地产商品不可能像其他商品一样可以大批量地复制和生产，产品本身具有差异性；在房地产营销过程中，营销人员每次面临的顾客几乎都是全新的，消费行为也具有较强的差异性。因此，在房地产营销绩效考核过程中，也会出现各种差异，所以考核的指标体系选取尤为重要。

二、房地产营销绩效考核的方法与程序

房地产营销绩效考核的方法很多，基本上可分为非系统的绩效考核方法和系统的绩效考核方法。非系统的绩效考核方法主要针对的是组织个体，系统的绩效考核方法多与组织的战略目标、企业文化、经营目标、核心能力培养等目的相关。目前常常使用的此类方法有：与企业年度经营计划相联系的目标管理法（MBO）；以确保企业在行业内竞争优势的标杆超越法；以提高企业核心竞争能力的关键绩效指标法（KPI）；以全面衡量企业经营能力的平衡记分卡法（BSC）等。系统化的考核方法，强调企业是一个整体，每一个部门和岗位都是作为组织系统中的有机细胞而存在。本书主要介绍三种常用的房地产营销绩效考核方法：关键绩效指标法（KPI）、平衡记分卡法（BSC）和目标管理法（MBO）。

（一）关键绩效指标法（Key Performance Indicator，KPI）

1. KPI

KPI 是用于考核和管理被考核者绩效的可量化的或可行为化的标准体系，它能体现对组织战略目标有增值作用的绩效指标，是连接个体绩效与组织战略目标的一个桥梁。通过在关键绩效指标上达成的承诺，房地产营销者与管理者就可以进行工作期望、工作表现和未来发展等方面的沟通。基于 KPI 的房地产营销绩效考核与传统的绩效考核的区别，如表 11-1 所示。

表 11-1　基于 KPI 的绩效考核与传统的绩效考核的区别

内容	基于 KPI 的绩效考核	传统的绩效考核
假设前提	假设人们会采取一切必要行动努力达到事先确定的目标	假设人们不会主动采取行动以实现目标；假设人们不清楚应该采取什么样的行动以实现目标；假设制定与实施战略与一般员工无关
考核目的	以战略为中心，指标体系的设计与运用都是为组织战略目标的达成服务的	以控制为中心，指标体系的设计与运用来源于控制的意图，也是为更有效地控制个人的行为服务
指标产生	组织内部自上而下对战略目标层层分解产生	通常是自下而上，根据个人以往的绩效与目标产生
指标来源	基于组织战略目标与竞争要求的各项增值性工作产出	来源于特定的程序，即对过去行为与绩效的修正

续表 11-1

内容	基于 KPI 的绩效考核	传统的绩效考核
指标的构成及作用	通过财务与非财务指标相结合，体现关注短期效益，兼顾长期发展的原则；指标本身不仅传达了结果（“What”），也传递了产生结果的过程（“How”）	以财务指标为主，非财务指标为辅，注重对过去绩效的考核（“What”），且指导绩效改进的出发点是过去的绩效存在的问题，绩效改进行动与战略需要脱钩

2. KPI 的构成

通常 KPI 由以下几个层级构成：一是公司级 KPI，它由公司的战略目标演化而来；二是部门级 KPI，它是根据公司级 KPI 和部门职责来确定；三是由部门 KPI 落实到具体岗位（人）的业绩衡量指标。

3. KPI 类型

通常来说，KPI 主要有四种类型：数量、质量、成本和时限，如表 11-2 所示。

表 11-2　基于 KPI 绩效考核的类型

指标类型	举　　例	数据来源
数量	客户投资额 房产销售面积 房款应收额	业绩记录 财务数据
质量	回答政策等信息的准确性 客户满意度 招商的创造性、独特性	客户考核 上级考核
成本	客户实地考察的招待成本（餐费等） 招商成本（电话费等）	财务数据
时限	为客户办妥投资手续的周期 掌握招商政策等信息的及时性	客户考核 上级、同级考核

（二）平衡记分卡法（Balanced Score Card，BSC）

1. BSC

平衡记分卡源自于哈佛大学教授 Robert Kaplan 与诺朗顿研究院（Nolan Norton Institute）的执行长 David Norton 于 20 世纪 90 年代所从事的名为“未来组织绩效衡量方法”的一种绩效评价体系。当时该计划的目的在于找出超越传统以财务量度为主的绩效评价模式，以使组织的“策略”能够转变为“行动”。经过将近 20 年的发展，平衡记分卡已经发展为集团战略管理的工具，可以在房地产集团战略规划与执行管理方面发挥非常重要的作用。根据解释，平衡记分卡主要是通过图、卡、表来实现战略规划的。

2. BSC 的内涵

BSC 在保留财务指标的基础上，为了向房地产公司管理层传达未来业绩的推动要素，以及如何通过对客户、员工、流程等方面的投资来创造新价值，又补充了三个重要的考核维度：顾客维度、内部业务流程维度和学习与成长维度（如图 11-1 所示）。

（1）顾客维度（Customer Perspective）。在设计顾客维度的指标时，企业必须清楚：谁是我们的目标顾客？我们为之服务的价值定位是什么？许多企业虽然声称有自己的目标顾客，但它们实际上是在“为所有的顾客生产所有的东西”，这种面面俱到的战略会使企业组织无法显示出自己与竞争对手的差别。所以对顾客恰当的价值定位是非常重要的。

（2）内部业务流程维度（Internal Process Perspective）。在这个维度上，要找出企业为了持续地增加顾客和股东的价值所必须擅长的关键流程。或者说，为了实现企业的价值定位，需要特定的内部业务流程的有效运作。

（3）学习与成长维度（Learning and Growth Perspective）。一旦确定了顾客和内部业务流程维度的指标，往往就会发现现有的员工技能、知识与实现这些目标所应该达到的水平之间存在差距，而学习与成长维度设计的指标将有助于缩小这种差距，因此，它是实现 BSC 其他三个维度目标的“强化剂”。

正如保罗·尼文所形容的：“可以把学习与成长看作是一棵树的根，通过内部业务流程这个树干引发顾客成果这个树枝，最终带来财务回报这片叶子。”

（4）财务维度（Financial Perspective）的指标很重要，它是指已经通过指标细化的战略实施的其他维度是否导致了最终结果的改善。也就是说，没有财务指标的回报，其他维度的指标的价值就很有限。财务维度通常是一些传统的滞后指标。

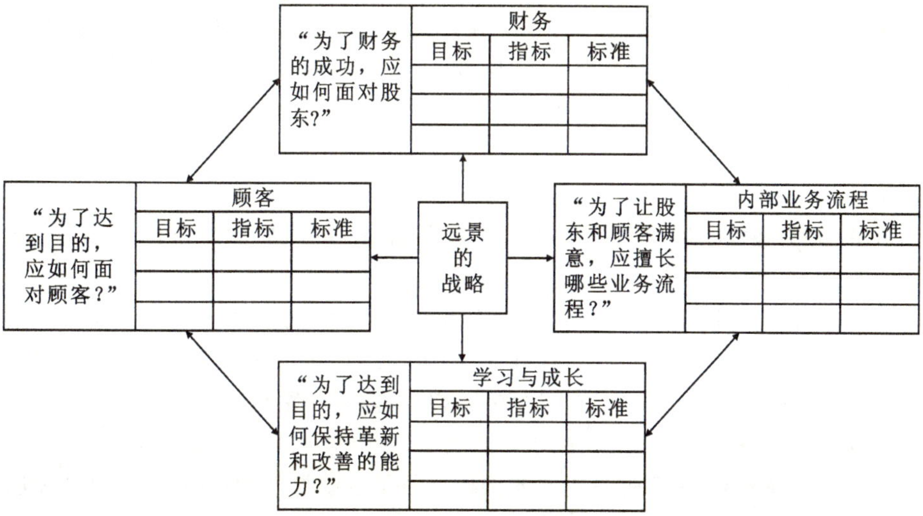

图 11-1　BSC 的考核维度

3. BSC 中的“平衡”

BSC 通过财务、顾客、内部业务流程、学习与成长四个维度有效地实现了至少四个方面的平衡，平衡是这个系统的关键。

(1)财务与非财务绩效指标之间的平衡：通过加入未来绩效动因并平衡其与财务绩效指标之间的关系，BSC 弥补了依赖财务绩效指标的局限，这是该系统的基本特点。

(2)企业组织内外部群体的平衡：在 BSC 中，顾客和股东是外部群体，而员工和内部业务流程是内部群体。BSC 认识到在有效实施战略的过程中平衡这些群体之间时而发生的矛盾的重要性。

(3)前置与滞后指标的平衡：滞后指标通常代表过去的绩效。顾客满意度和利润就是典型的例证。虽然这些指标很直观，也容易获得，但是它们通常缺乏预测功能。前置指标是取得滞后指标的绩效动因。它们通常包括对业务流程和行动的评价。及时交付率和准确率是顾客满意度这个滞后指标的前置指标。BSC 应该包括前置指标和滞后指标的组合。如果没有前置指标，滞后指标无法反映如何实现目标。相反，如果没有滞后指标，前置指标可能反映了短期改善，但不能说明这些改善是否对顾客和股东有益。

(4)短期与长期的平衡：BSC 既要求关注短期战略目标和绩效指标，也要求关注长期战略目标与绩效指标。

(三)目标管理法(Management By Objective, MBO)

1. MBO

房地产营销活动是各个部门(尤其是营销部门)及个体活动的有机叠加，因此只有当各个部门及员工的工作对组织活动做出期望的贡献时，房地产营销目标才可能实现。所以，如何使全体员工、各个部门积极主动、想方设法为组织的营销总目标努力工作就成了决定管理活动有效性的关键。目标管理法正是解决这一问题的具体方法。

2. MBO 的实施过程

MBO 的实施程序即是目标管理法的具体操作，可以分为以下四个步骤(见图 11-2)：

(1)绩效目标的设定。在实施 MBO 的组织中，通常是上级考核者与被考核者共同制定目标。目标主要包括期望达到的结果，以及为达到这一结果所应采取的方式、方法。MBO 是否成功，主要取决于这些绩效目标陈述的贴切性和清晰性。

(2)制定被考核者达到目标的时间框架。MBO 强调自我控制、自我突破，但绝不是要放弃管理控制，只不过是用双向沟通代替了专制管理，通过确定绩效目标达成时间的有效约束，可以更有效地保证组织目标的实现。

在实施 MBO 第一步和第二步的过程中，在填写自我目标时，员工往往会把容易

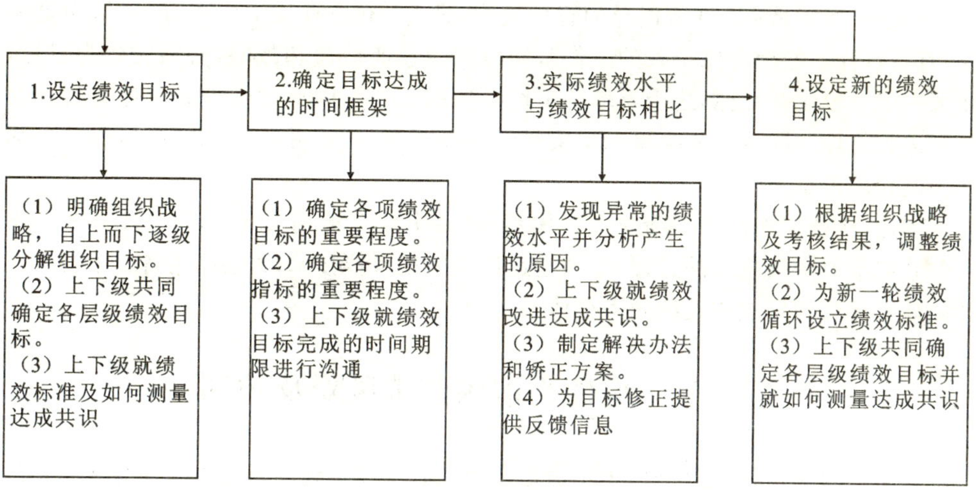

图 11-2　MBO 的实施过程

完成的工作定为主要目标，并在确定绩效目标的时间框架上将自身利益凌驾于组织利益之上，甚至为了体现业绩而用短期见效目标取代意义重大但长期见效的目标。因此在实施 MBO 时，管理者一定要把好绩效目标、指标的“权重关”。

（3）将实际达到的绩效水平与预先设定的绩效目标相比较，这样考核者就能找出为什么未能达到、超出预先设定的绩效目标的原因。这一步骤不仅有助于决定对培训的需求，还有助于确定下一绩效考核周期的各级绩效指标。同时也能提醒上级注意到组织环境对下属工作表现产生的影响，而这些客观环境是下属本身无法控制的。

（4）制定新的绩效目标，以及为达到新的绩效目标而可能采取的新的战略。凡是已经成功实现其绩效目标的被考核者都可以参与下一考核周期新的绩效目标的设置过程。没有达到既定的绩效目标的被考核者，在与其直接上级进行沟通、判明困难的出现是否属偶然现象、找出妨碍目标达成的原因并制定相应的解决办法和行动纠正方案后，才可以参与新一轮考核周期绩效目标的设置。

房地产公司是一类特殊的企业，其营销工作的独特性表现在：不仅要体现作为企业角色的经济意识，而且必须从上到下贯穿类似于一个政府职能部门的服务意识，甚至在某种程度上，表面看似与售楼卖房无关的、大量的“招商、亲商、富商”服务活动，恰恰是决定房地产公司售楼卖房、实现经济效益成败的关键。

针对房地产营销工作的多样性、多维性，需要运用 BSC 技术，从财务、顾客、内部业务流程、学习与成长四个维度，进行多角度、多方位的考核，才能全面、科学地反映其绩效，也唯有如此，才能正确地引导营销工作的方向。

在选择绩效考核指标时，运用 KPI 技术，选择那些能体现对组织战略目标有增值作用的可量化、可行为化的绩效指标，从而将营销部门、个人的绩效与组织的战略连接起来，将注意力放在绩效指标与企业战略的挂钩上。

而这一切正是MBO所倡导的管理理念，即“并不是有了工作才有目标，而是相反，有了目标才能确定每个人的工作”，同时，“企业的使命和战略，必须转化为目标，如果一个领域没有目标，这个领域的工作必然被忽视”，因此，“管理者应通过目标对下级进行管理”，即将上一级目标层层有效分级至下一级，并将目标完成情况的好坏作为奖罚的依据。

因此，构建房地产营销绩效考核体系，是一个综合运用BSC、KPI、MBO三种不同的系统绩效考核技术的过程，单独地运用某一项考核技术，将会因为各自本身存在的缺陷而无法很好地构建绩效考核体系。

第二节　房地产市场营销风险及控制

房地产市场营销风险是指由于房地产企业制定并实施的营销策略与企业营销环境的发展变化不协调，从而导致营销策略难以顺利实施、目标市场缩小或消失、产品难以顺利售出、盈利目标无法实现而产生的可能性。企业在开展市场营销活动的过程中，必须分析市场营销可能出现的风险，并努力加以预防，设置控制措施和方案，最终实现企业的营销目标。

一、房地产市场营销风险的分类

（一）市场需求变化带来的风险

市场需求变化带来的风险，是目前房地产市场营销面临的最大风险。随着我国市场经济体制的建立、发展和完善，房地产企业的生产经营活动愈来愈受制于市场需求，而市场需求则是一个不断发生变化的不可控因素。目前我国房地产企业所面对的市场需求，已经由数量型需求转变为质量型需求，并且正朝着个性化需求演进。当企业市场营销活动不适应市场需求变化时，就会产生营销风险。市场需求由低层次向高层次变化、由数量型向质量型变化、由群体共同性向个体独特性变化，是一种客观存在的趋势，不充分认识其客观性，并努力调整市场营销活动，就不可避免地会产生营销风险。

（二）经济形势与经济政策变化产生的市场营销风险

几十年来，我国经济发展的方方面面，无一不在快速变化中，并继续快速变化着，新的经济政策也在不断出台，所有这些都会直接或间接地影响并决定房地产企业的市场营销活动；如果再考虑国际重大事件的影响，那这种影响变化将更大，当某种变化呈现不利因素时，就会产生营销风险；国家经济政策的变化导致了经济形势及市场需求发生变化，进而也会给企业的市场营销活动带来风险。

（三）科技进步带来的市场营销风险

进入20世纪90年代以来，在以电子计算机技术和互联网技术为代表的新技术基础上产生的网络营销，对传统营销带来的冲击是十分猛烈的，可以这么说，不懂网络营销，可能就会使企业处于十分危险的境地。科学技术的进步，对房地产企业的营销组织结构、营销人员结构、营销战略与策略、营销的方式和方法等，都将产生巨大的影响，进而导致变革。变革不仅意味着新的机遇，更意味着风险。

（四）法律法规带来的市场营销风险

在我国，涉及房地产企业营销的法律法规主要有广告法、产品质量法、消费者保护法、反不正当竞争法、计量法、包装法、专利法、合同法、商标法、环境保护法等。法律法规对企业的行为进行约束，如果自觉或不自觉地违反，风险就会降临。此外，还有执法风险，主要体现在企业的知名产品或品牌被不法商家假冒，影响企业品牌声誉，这种风险企业必须高度重视。

（五）其他因素带来的市场营销风险

政治因素、军事因素等都会使房地产企业间接产生市场营销风险，如“香港回归”事件引发的香港房地产价格初期大跌，而后又大涨。国家内部的政局稳定与否、国家与国家间的外交与合作关系等，也都会影响并使房地产企业产生国内市场营销风险和国际市场营销风险。

二、房地产市场营销风险分析

营销风险的识别是营销风险管理活动的基础性步骤。它是指企业风险管理人员运用各种风险识别方法，通过对大量来源可靠的营销信息资料的系统分析，了解和分析企业所面临的各种营销风险，确定营销风险发生的内在与外在原因，并且把握其发展规律。需要注意的是，这里所谓的“风险”不仅包括已发生的风险事故，还包括企业运营可能发生的潜在风险。而对于未发生的营销风险的识别和分析，对于企业防范风险的发生、最大限度地降低风险的损失，更具有重要意义。

营销风险识别的第一步就是通过各种方法感知营销风险。由于房地产行业的特殊性，房地产营销风险相对复杂，但可以通过以下方法识别房地产企业面临的主要风险：

1. 房地产企业的组织结构图分析

组织图分析是企业感知风险的最一般而又必要的方法之一。与其他方法比较，它的一个重要特点是能够揭示企业关键人物对企业经营的影响。通过组织图分析能反映以下事实：

（1）企业活动的性质和规模。例如，一个企业集团是由哪些子公司组成的，是否有国外子公司，它们各经营什么性质的业务等。

（2）企业内各部门之间的内在联系和相互依赖程度。

（3）企业内部可以分成独立核算单位。这是对风险做出财务处理决策时所必须考虑的。

(4)企业关键人物。如有权参与制定和实施企业经营决策的人,能够提供风险管理人员所需的技术和其他信息的人等。

(5)企业存在的可能使风险状况恶化的因素。

2. 财务报表和原始资料分析

风险管理试图避免的风险事故都可能导致对财务的负面影响,所以财务报表提供了关于这些事故的线索,因而揭示出企业需要保护的对象,这样,仔细研究资产负债表、损益表、财务状况变动表等,能够使风险管理人员识别企业哪些方面存在着风险。

3. 营销流程图分析

一幅流程图能生动、连续地描绘一个特殊活动过程,在辨别整个生产过程的关键工序上是非常有用的,这些工序常被叫作所谓的“瓶颈”——即该工序发生任何事故都会造成整个生产的停止。这样的流程图可能贯穿于整个生产活动中,甚至是整个经济活动中(企业仅作为一部分参与,如在原材料—产成品—销售这一活动过程中的各企业、组织)。损失风险的流程图分析建立在每个企业价值提升的前提下,因为它对原材料进行加工,提高它们的价值,并且生产出成品。依照这个逻辑,无论将企业作为一个整体,还是作为整个经济活动中的一环,只要一些事件使得生产减慢或停止,都会使企业遭受损失。需要注意的是,一个简单的流程图,不可能包含整个活动过程的全部细节和内容,因此,如有必要,可对每一独立部门、每一个营销环节的流程图进行分析,以识别其各个部门和营销环节的风险。

4. 房地产营销环境分析

房地产营销面临的宏观环境和微观环境是复杂的、动态的。营销环境不断变化会给营销带来许多不确定性,引起不少风险事故,带来很多的营销风险损失。营销环境从宏观上看有人口、经济、自然、技术、法律、政治、社会文化等主要因素,从微观上看有顾客、中间商、企业内部各部门、竞争对手、社会公众等主要方面。在分析这些环境因素时,重点考虑企业受宏观环境因素最直接的影响;对微观环境中的风险因素则要考虑企业与这些单位之间的联系特征和这些联系的波动性。

5. 风险分析调查表

风险分析调查表是营销风险管理人员及有关专家学者,通过对企业营销可能遭遇到的风险加以详尽的调查与分析,编制各种调查表供企业参考的一种方法,该调查表应尽量提出较全面的问题。这种方法在美国主要是由保险公司的专家制定各种调查表,如保险调查表、保单对照表、资产损失分析表等。这些表格是适用于所有企业的大众化的调查表。从营销风险管理来看,目前在国际上尚没有此类标准调查表。因而,企业在进行营销风险管理时,可以组织营销风险管理人员和经营人员根据本企业的特点,设计出一套适用于本企业的表格,从而进行风险识别。

6. 房地产营销风险分析问卷

营销风险分析问卷是以系统论的观点和方法识别企业营销系统所面临的风险,

由于系统主管对本部门的情况最为了解，能为风险管理者提供许多有价值的信息。设计这种调查问卷时要把营销中的各种因素看成一个整体，即作为一个系统来处理。风险分析调查问卷一般的形式如表 11-3 所示。

表 11-3　房地产风险分析调查问卷

风险所在	损失时机	损失原因	损失幅度	损失估计的可信度	损失概率估计	风险率	建议
环节 地方	最有利 最不利		最大预期损失 可能最大损失		高 中 低		

(1)风险所在。要求回答什么环节和什么地方会发生重大营销损失。

(2)损失时机。要求回答当损失发生时，什么时候损失最大，什么时候损失最小。

(3)损失原因。回答损失是由什么问题引起的。

(4)损失幅度。估算损失值。

(5)损失估计的可信度。这一栏要求被调查者回答第四栏中两个估计损失的金额的可信赖度有多大。

(6)损失概率估计。要求被调查者对损失概率做主观估计。

(7)风险率。是风险损失概率估计、风险损失幅度及损失估计的可信度三者的乘积。

(8)建议。请被调查者给出控制营销风险的建议。

三、房地产营销风险评估方法

营销风险的评估，也叫作营销风险衡量或评价，是在营销风险识别和分析的基础上进行的，它是指对特定的某种营销风险，通过相关资料和数据信息的处理，衡量其直接的和间接的损失大小、造成的后果以及损失发生的频率和幅度。通过营销风险的衡量，对营销风险发生概率进行计算，能对损失频率和损失严重程度做出定性及定量分析，使营销管理者能够明确风险事故发生的后果，按轻重缓急分配精力和资源去处理和规避各种营销风险，将风险损失降低到最低限度。

在识别了企业所面临的各种营销风险之后，风险管理人员就应开始对营销风险进行评估，为拟订营销风险处理方案、进行营销风险控制做准备。营销风险评估是在对过去营销损失资料分析的基础上，运用专家评估、概率、数理统计等方法，对某特定营销风险事故发生的概率和营销风险事故发生后造成的损失的严重程度做出分析，从而预测出满足一定规律的结果。

(一)房地产营销风险定性评估方法

定性风险评估可以采用专家意见来确定风险的相对等级。主要方法如表 11-4 所示。

表 11-4 房地产风险定性评估方法

方法	简要评析
头脑风暴法	头脑风暴法又叫集思广益法，它是通过营造一个无批评的自由会议环境，使与会者畅所欲言，充分交流、相互启迪，产生出大量创造性意见的过程。头脑风暴法以共同目标为中心，参会人员在他人的看法基础上提出自己的意见。它可以充分发挥集体的智慧，提高风险评估的正确性和效率。应用头脑风暴法要遵循一个原则，即在发言的过程中没有讨论，不进行判断性评论
德尔菲法	德尔菲法是美国兰德公司于 1964 年首先用于决策领域的，是一种重要的多目标决策方法，其主要优点是简明直观。实践中经常使用德尔菲法确定各目标权数，并进行多目标决策。德尔菲法的思路是请一批有经验的专家（老手）对如何确定各目标权数发表意见，然后用统计平均方法估算出各目标权数。运用德尔菲法的要点为：①独立性。专家尽可能互不见面，防止心理影响（权压、声压、从众行为）。②进行统计处理。③运用滤波技术
层次分析法	层次分析法是由美国匹兹堡大学教授 T. L. Saaty 在 20 世纪 70 年代中期提出的。它的基本思想是把一个复杂的问题分解为各个组成因素，并将这些因素按支配关系分组，从而形成一个有序的递阶层次结构。通过两两比较的方式确定层次中诸因素的相对重要性，然后综合人的判断以确定决策诸因素相对重要性的总排序。层次分析法的出现给决策者解决那些难以定量描述的决策问题带来了极大的方便，从而使它的应用几乎涉及所有科学领域
模糊综合评价法	模糊综合评价法是模糊数学在实际工作中的一种应用方式。采用模糊综合评价法进行风险评估的基本思路是：综合考虑所有风险因素的影响程度，推算出风险的各种可能性程度，其中可能性程度值高者为风险水平的最终确定值

（二）房地产营销风险定量评估方法

房地产营销风险的定量评估主要是依据专家打分和现有数据库并运用定量分析模型来预测风险事件发生的概率和后果。主要定量风险评估方法如表 11-5 所示。

表 11-5 房地产风险定量评估方法

方法	简要评析
概率分析方法	概率分布是预测各种结果发生概率的函数。风险分布中常用的概率分布有离散分布、等概率分布、泊松分布、二项分布、正态分布和对数正态分布等。 在风险估计中，概率分布用来描述损失原因所致损失发生的可能性大小的分布情况。 确定风险事件的概率分布一般有三种方法：根据历史资料确定风险事件的概率分布、利用理论概率分布和主观概率法。一般来讲，风险事件的概率分布应当根据历史资料来确定，但当风险管理人员没有足够的资料来确定风险事件概率分布时，也可以利用理论概率分布进行风险估计
蒙特卡洛模拟	蒙特卡洛模拟是一种通过对随机变量的统计试验求得近似解的数学方法，特点是用数学方法在计算机上模拟实际概率过程，然后加以统计处理。风险评估常用概率型、损失/收益型和均值-方差型三种模型

四、房地产市场营销风险控制

房地产营销风险在大部分时间里处在一种失衡的状态，在一个具有复杂系统特征的动态的市场环境里，各种风险因素的状态总是存在一种从失衡到稳定，再到失衡的过程。因此必须对风险因素进行动态分析，采取动态的风险防范与控制机制，才能把握营销风险管理的实质。

房地产营销风险动态防范是指企业在实施市场营销风险防范与控制措施时，依据营销风险的变化情况，制定有针对性的防范与控制措施，并对原有营销风险防范与控制系统进行持续优化和改进，使之适应营销风险管理要求的一系列活动。

（一）进行充分的市场调查分析

科学、全面、客观的市场调查是做出正确项目决策的基础。营销风险是指在营销过程中存在各种不确定因素，从而使实际收益偏离预期收益的可能性。减少这种不确定性，从而减少这种偏离的最好方法，就是通过市场调查，获得尽可能详尽的信息，把不确定性降低到最低限度，从而较好地控制房地产营销过程中的风险，通过对房地产市场的供求状况和趋势进行全面的调查分析，从中选择社会最需要的并能够取得较大收益的投资项目。这部分工作可以由投资者自己对房地产市场进行调查，也可委托咨询公司等中介机构进行。市场调查的内容主要有以下几点：

(1)城市人口数量及其变化；

(2)家庭人口结构的变化；

(3)居民收入水平、结构及其预期变动趋势；

(4)城市住宅的价格水平；

(5)城市居民对住宅的购置情况；

(6)经济周期性的影响；

(7)宏观经济政策的影响。

通过市场调查，弄清城市各种不同类型房地产产品的供求状况及其变化趋势，在此基础上，做出投资决策。在投资前，还必须进行投资项目的可行性研究，以保证决策的科学性，避免投资盲目性。

（二）对投资项目进行科学决策

房地产投资项目种类较多，它们的风险度大小不一，有的风险度较大，可能遭遇风险的不确定性也较高，而有些投资项目的风险度较小，选择风险小的投资项目，可以使投资收益得到有效的保证，这个策略的一个不良后果是得到高额利润的机会也就被减少了。预期收益值随着风险大小而增降是自由市场的一个不可避免的特性。

（三）合理组织融资形式，滚动开发

房地产投资需要资金量大，必须以一定的形式筹措资金，以满足需要。房地产融资的形式主要有以下几种：

(1)通过发行金融债券,筹集开发资金;

(2)通过预售开发的商品房,从客户那里筹集房地产持续开发所需的资金;

(3)利用已取得的土地使用权到银行获得抵押贷款;

(4)利用在建工程进行抵押获得银行贷款;

(5)组建股份公司,申请成为上市公司,从资本市场上融资。

各房地产开发公司应根据自身的实际情况,选用最适合的融资方式,以便迅速、大量、低成本地融入资金,投入房地产开发。房地产开发公司不但要掌握融资技巧,而且还要采取切实可行的措施提高资金使用的效益,比如在投资项目管理中,引入竞争机制,运用多种手段促使施工单位降低工程造价,提高工程质量,缩短建设周期。房地产企业还要增收节支,提高劳动效率,减少经营管理费用,以保证所投入的资金获得最大的经济效益。

(四)对于拟选择的动态联盟伙伴企业进行充分了解和评估

盟主企业必须对拟选择的合作伙伴企业进行详尽的调查,充分了解其资金实力、专长、质量控制能力、相应资质水平、控制风险的能力、主要项目负责人的基本情况等,这些条件是虚拟企业未来成功的基本条件,也是进行虚拟营销成功的关键。企业务必将这些工作做在前面,以防发生纠纷时再借助于行政或法律手段进行解决,费时费力,甚至导致虚拟营销活动的失败。

(五)通过多项投资组合及多种经营分散风险

由于不同投资项目的风险、收益等因素大不相同,所以,实行多项目投资组合可以获得比所有投资集中于一个项目上更稳定的收益。当然,各项目之间的相关性不能太强,否则起不到降低风险的作用。

(六)通过加强资产管理来控制风险

一个投资项目能否达到预期的收益水平,管理人员是最为重要的因素。提高管理人员的素质和管理水平,可以提高对市场的可预测性,降低不确定性,更有效地使用资产,减少经营费用,降低空置率,提高收益水平,进而降低和控制风险。

(七)制定有效的销售价格体系,组建完善的售后服务体系

房地产企业必须在物业开发之时,就着手进行营销策略的制订,选择适当的销售时机,发掘更多的销售渠道,制订合理的租售方案,运用各种市场推销手段和各种宣传媒介,广泛宣传和推销自己的房地产产品。另外,企业还必须为自己已出售(出租)的房地产建立完善的售后服务体系,解决客户的后顾之忧。还有一点也很重要,一个有远见的开发企业,应通过各种渠道,在各种场合,树立本企业的声誉和良好形象。作为一个现代企业,其产品的质量与竞争对手的差异已经不大,在此情况下企业形象的好坏,直接影响到企业占据市场的份额大小,这一点往往被很多房地产开发企业所忽视。

以上各要点是房地产企业实施动态营销风险防范与控制机制的前提条件,企业只

有充分认识并把握这些条件，才能对房地产营销过程中的风险进行有效控制与防范。

本章小结

房地产营销是一项巨大而繁重的工作，与一般性的营销活动相比，风险更大。房地产营销的绩效考核是计算房地产企业营销的合力的过程，通过一定的手段衡量出哪些营销策略推动房地产企业发展，哪些营销策略制约企业发展，从而找到平衡点，以达到企业和谐发展的目的。其绩效考核方法主要有关键绩效指标法(KPI)、平衡记分卡法(BSC)、目标管理法(MBO)等。

房地产营销风险研究是一个复杂的系统工程，涉及风险理论、市场营销理论、营销风险理论、房地产营销理论等多方面的理论，学习这些理论并对其进行系统整合，对房地产营销风险管理是十分必要的。首先，需要进行房地产营销风险识别；其次，进行房地产风险评估；最后，进行房地产营销风险动态防范与控制。

关键概念

绩效考核　Performance examine

关键绩效指标法　Key performance indicator, KPI

平衡记分卡法　Balanced score card, BSC

目标管理法　Management by objective, MBO

风险管理　Risk management

复习思考题

1. 绩效和绩效考核的含义是什么？
2. 房地产营销绩效考核的基本方法有哪些？
3. 房地产营销风险控制有哪些基本途径？
4. 房地产营销风险管理的含义是什么？

实践与训练

实地考察身边的房地产企业，了解其房地产营销的绩效考核体系与风险管理体系，写出一篇500字左右的报告。

课堂讨论

3～5个同学一组讨论房地产营销绩效考核和风险管理的必要性。

案例分析

万科：控制风险是前提

作为国内的房企龙头，万科在海外市场的布局算是“积极而谨慎”。

2013年，万科首次进军海外市场。在这一年的前4个月中，万科一口气进入了中国香港、美国、新加坡三个市场，总投资额约44亿元。今年2月，万科又落子纽约曼哈顿。

万科在海外市场的布局主要有两条不成文的规矩，一是优先考虑在海外华人集中的地区开展业务，二是必须有当地的合作伙伴，没有合作伙伴的海外项目，万科不做。

目前，万科在海外主要有四个项目：香港荃湾项目、美国旧金山Lumina项目、新加坡林曦阁（The Glades）项目和纽约曼哈顿列克星敦大道610号项目。

选择华人聚集区的原因很简单，国内开发商在海外市场的知名度较低，选择华人市场就意味着销售更有保障，而且越来越多的国内投资者选择到海外进行房产投资。

不过，今年万科刚在纽约曼哈顿拿下的列克星敦大道610号项目，目标客户便不再是海外华人和中国人，而是主要面向纽约及国际高端客户，竞争曼哈顿房地产市场。

但与当地合作伙伴共同开发这一点，是从未变化的：香港荃湾项目是与新世界发展有限公司合作；美国旧金山Lumina项目是和当地龙头房企铁狮门房地产公司合作；新加坡林曦阁（The Glades）项目是与亚洲顶级开发商之一的吉宝置业合作；纽约曼哈顿列克星敦大道610号项目则是跟美国知名地产商RFR、Hines携手开发。

万科方面对《第一财经日报》记者表示，这些项目都由合作方操盘，万科参股，并跟进项目日常运营，协助安排中国境内销售工作。而在万科已进入的城市中都会有团队驻守，团队人数不等，比如在纽约有7个人。

例如美国旧金山Lumina项目，是万科在2013年2月与铁狮门房地产公司成立合资公司共同开发的。该项目为高层豪华住宅公寓，整个项目预计耗资约6.2亿美元，其中，万科投资1.75亿美元，铁狮门投资7500万美元，剩余资金由债务融资获得。这一合作中，万科权益比例占到70%，铁狮门占30%。铁狮门负责整个项目的设计、开发、销售和运营，万科以管理合伙人及财务投资者的角色参与项目的全过程。

在纽约曼哈顿列克星敦大道610号这个项目中，万科会更加深入地参与项目的管理和运营。

2013年2月，在刚拿下美国旧金山Lumina项目时，王石曾感叹道："我搞房地产搞了二十年，在中国国内从来没有拿到过这么好的地块，没有过这么快的谈判速度，也没有这么快的投资，这么快就会看到什么时候开工、什么时候完工、能销售多少、资金怎么安排。"

不过，美国市场也存在很多让人"头疼"的事情。

一位对美国房地产市场颇有研究的业内人士对《第一财经日报》记者表示，美国的房地产法律非常繁杂，每一个项目都需要很多法律文件，涉及产权、环评、规划等，需要聘请当地的律师协助。而且由于美国的土地是私有的，每一块土地都需要跟产权所有人进行谈判，而土地的产权、容积率等都需要请律师进行鉴定。

上述业内人士还表示，美国的税法也是全世界最为复杂的，各个州的税法都不同，而联邦政府对外国人的征税也有差异，如何运用合法杠杆降低税负对于国内房企来说就是一门很大的学问。

万科表示："万科进行海外投资，前提是确保能控制好风险。"

（资料来源：根据"《第一财经日报》2014-07-17"资料编写。）

【思考题】

1. 万科控制的风险是什么？
2. 万科通过什么样的措施控制风险？能给其他房地产开发商借鉴的有哪些？

参考文献

[1]王爱民．房地产市场营销[M]．上海:复旦大学出版社,2006.

[2]左斌．房地产营销与风险防范[M]．北京:中国建筑工业出版社,2006.

[3]叶剑平,邹晓燕．房地产市场营销[M]．北京:中国人民大学出版社,2012.

[4]邓永成．房地产营销[M].上海:立信会计出版社,2004.

[5]张沈生.房地产市场营销[M].大连:大连理工大学出版社,2009.

[6]张原,苏萱.房地产营销[M].北京:机械工业出版社,2006.

[7]黄建聪,黄元亨.房地产营销实务[M].北京:高等教育出版社,2006.

[8]刘文彬.市场营销[M].北京:经济科学出版社,2007.

[9]阿德里安娜·施米茨．房地产市场分析:案例研究方法[M]．张红,等译.北京:中信出版社,2003.

[10]陈放．房地产营销[M]．北京:蓝天出版社,2005.

[11]尹军,尹丽.房产市场营销[M]．北京:化学工业出版社,2005.

[12]袁野,王霞,王新军,等.房地产营销学[M]．上海:复旦大学出版社,2005.

[13]菲利普·科特勒.市场营销管理(亚洲版)[M].洪瑞云,等译．北京:中国人民大学出版社,1997.

[14]姚玲珍．房地产市场营销[M]．上海:上海财经大学出版社,2004.

[15]高炳华．房地产市场营销[M]．武汉:华中科技大学出版社,2004.

[16]吴翔华．房地产市场营销[M]．南京:东南大学出版社,2005.

[17]郭馨梅．房地产营销[M]．北京:经济管理出版社,2005.

[18]郑华．房地产市场分析方法[M]．北京:电子工业出版社,2003.

[19]彭加亮．房地产市场营销[M]．北京:高等教育出版社,2006.

[20]余源鹏．房地产实战定价与销售策略[M]．北京:中国建筑工业出版社,2006.

[21]房天下.http://www.fang.com/.

[22]亿房网.http://www.fdc.com.cn/.

[23]房策网.http://www.fangce.cn/.

[24]新华网.http://news.xinhuanet.com/.

[25]国房网.http://fz.china-house.com/.

[26]合作经济与科技网.http://www.jjykj.com/.

[27]房地产广告策划流程与创作阶段简析.http://www.zgdcs.com/main/2008-07/6980.htm.

[28]房地产广告特色及广告媒体选择要素. http://www.zgdcs.com/main/2007-07/5632.htm.

[29]百度百科. http://baike.baidu.com/.